WITH A LITTLE HELP FROM MY FRIENDS
Joe Cocker

J. P. Bean

WITH A LITTLE HELP FROM MY FRIENDS
Joe Cocker

hannibal

erschienen 1990 by Omnibus Press
(A Division of Book Sales Limited) London

Lektorat und Bearbeitung: Wolfgang Smejkal
Titelphoto: Keystone Press Agency, A-1060 Wien
Satz: Andrea Pokorny GesmbH, A-2500 Baden bei Wien
Druck: Ebner Ulm
ISBN 3-85445-064-8

Inhalt

Vorwort

Ich möchte dem Autor für seine ausgiebigen Nachforschungen zu diesem Buch danken. Viele meiner alten Freunde müssen ziemlich überrascht gewesen sein über dieses plötzliche Eindringen in ihr Leben. Für mich hat er jedenfalls einige Zweifel über die Zeit von 1973 bis 1978 aus der Welt geräumt.

Im Moment sind Pam und ich glücklich verheiratet und ziehen durch die Staaten mit der 'Band of Doom'. Ich freue mich, daß Chris Stainton wieder Keyboards bei mir spielt, er hat immer eine sehr wichtige Rolle in meiner musikalischen Karriere gespielt und er ist ein großartiger Freund.

Für die Zukunft wünsche ich mir nur, gesund zu bleiben und aktiv im Studio und 'on the road' zu sein. Irgendwo sehen wir uns bestimmt 'mal wieder.

Cheers -

Joe Cocker
New York, im Juli 1990

Einleitung

Als ich Joe Cocker, der gerade mit einigen Freunden bei einem Drink zusammensaß, um seine Zustimmung zu diesem Buch - dem ersten vollständigen Bericht über sein Leben und seine Karriere - bat, zögerte er nicht eine Sekunde. Obwohl wir einander nur wenige Minuten vorher vorgestellt worden waren und er kaum etwas über mich und meine Arbeit wußte, stellte er keinerlei Bedingungen und sagte nur, daß eine Biografie eine gute Idee sei und er mir helfen würde, so gut er könnte.

Er hielt sein Wort und forderte nie eine Gegenleistung. Zum ersten Mal sah ich Joe 1965 auf der Bühne als Sänger seiner kurzlebigen Band Big Blues. Die Erinnerung, die mir von diesem Abend - einer Tanzveranstaltung des Jugendclubs in der Kirche - blieb, ist Joe Cocker, wie er am Rand der Bühne schwankend und mit einer Kiste Bier zu seinen Füßen auf der Harmonika wehklagt und sich die Seele aus dem Leib singt mit Titeln wie 'Hoochie Coochie Man' und 'Georgia On My Mind'.

Aus der Entfernung beobachtete ich, wie seine Karriere nach einigem Stottern an Schwung gewann: Die Grease-Band, 'With A Little Help From My Friends', Woodstock und Mad Dogs and Englishmen. Dann lief jedoch alles schief, und die einzigen Nachrichten über Joe Cocker für den Rest der Siebziger Jahre schienen nur schlechte Nachrichten zu sein. Trotzdem nahm er weiterhin Langspielplatten auf, die genauso gut klangen, wie die ersten Veröffentlichungen. Sein Leben war voller Unruhe, doch die Qualität seiner Aufnahmen schwankte nie. Titel wie 'Guilty', 'The Moon's A Harsh Mistress' und 'You Are So Beautiful' - Songs, die zu Joe Cocker's Klassiker wurden, stammten alle aus diesen dunklen Tagen zwischen 1973 - 74.

Zu Beginn der Achtziger Jahre schien Joe Cockers Karriere bereits das Endstadium erreicht zu haben. Mehr als drei Jahre waren vergangen ohne eine Langspielplatte. Da tauchten auf einmal The Crusaders auf und luden ihn ein, bei den Aufnahmen des Titels 'I'm So Glad I'm Standing Here Today' mitzuwirken, und plötzlich sah alles wieder rosiger aus. Der Text dieses Songs besagte alles - es war Joe Cocker nicht bestimmt, wie schon so oft vorausgesagt, sich der langen und mit Stars gespickten Reihe von Rock-Opfern anzuschließen. Die Mießmacher und Untergangspropheten hatten nicht mit seiner Dickköpfigkeit und seinem Stehvermögen gerechnet, durch das er bereits einmal vom Gas-Installateur in die oberste Etage des Rock gesprungen war, obwohl von Beginn an alle Chancen gegen ihn standen. Von diesem Zeitpunkt an ging es eigentlich nur noch bergauf.

Bereits einige Monate bevor ich den Segen zu diesem Buch erhielt, hatten die grundsätzlichen Recherchen begonnen. Man hatte mich schon frühzeitig darauf hingewiesen, daß es in Joe's Vergangenheit einige Abschnitte geben könnte, über die er - trotz seiner Einwilligung zu diesem Buch - nicht gerne sprechen würde. Freunde, die ihm in der Zeit nach der Mad Dogs-Ära nahegestanden hatten, meinten, daß er unter keinen

Umständen über diese Tour und ihre Nachwirkungen diskutieren würde. Ebenso galt es als potentiell gefährlich, andere nicht gerade glückliche Perioden anzusprechen. Ich kann nur sagen, daß er alle meine Fragen ausnahmslos beantwortete und sich selbst dann nicht um die Antwort drückte, wenn es ihn ganz offensichtlich schmerzte, die Erinnerungen zurückzuholen.

Während der Tour durch Westdeutschland in '87 und '88, auf diversen kurzen Reisen nach England und am transatlantischen Telefon opferte er viele Stunden seiner Zeit, um sich befragen zu lassen. Ich bin zutiefst dankbar für sein Vertrauen, seine Kooperation und seine Großzügigkeit. Besonderen Dank auch an Pam Cocker, Joe's Ehefrau, für all ihre Freundlichkeit und Ermutigung; an seinen Bruder Vic und an seinen Vater, Harold, der mir uneingeschränkten Zugang zu dem Schatz von Erinnerungsstücken gewährte, die seine verstorbene Frau Madge gesammelt hatte.

Michael Lang, der Joe's Karriere - und mehr - gerettet hatte, muß besonders erwähnt werden. Für seine Unterstützung und die Zeit, die er mir geopfert hat, bin ich ihm zu großem Dank verpflichtet. Ich bezweifle, ob dieses Buch zustande gekommen wäre ohne Ray Stuart, der mein erstes Zusammentreffen mit Joe arrangiert hatte, und ohne Jim Foster, der mich mit dem Cocker-Clan auf der Tournee durch Westdeutschland 1987 bekannt machte.

Für ihre Begeisterung und ihre unterschiedlichste Hilfe danke ich außerdem: - David Beal, Dave Berry, Skip Blauner, Ray Capewell, Bill Carr, Mike Chambers, Rita Coolidge und ihrem Manager, Tim Goodwin, Denny Cordell, Phil Crookes, Nigel Cross, Rick Cunningham, Gerard De Kovel, Bob Everson, Tommy Eyre, Kevin Falvey, Reg Featherstone, John Firminger, John Fleet, Rick Gilbert, Charlie Giordano, Clift Goodwin, Phil Grande, Rick Grech, Dave Green (Big Blues), David Green (tour manager), Maxine Green, David Halliday, Malcolm Hill, Nicky Hopkins, Dave Hopper, Neil Hubbard, Pete Jackson, Phil Kaufman, Jim Keltner, Marty Kersich, Albert und Karen Lee, Jeff Levine, Rod Libby, Danny Louis, Mareike Malzkörn, Larry Marshall, Marshall Arts, David McPhie, Dave Memmott, Frank Miles, John Mitchell, Stuart und Monica Moseley, Jerry Moss, Vernon Nash, Ray Neapolitan, Eric Parker, Bernard Pendry, Jeff Pevar, Rüdiger Plegge, Bruce Rowland, Gin Saw, Glyn Senior, Carolyn S. Shaw, Janice Singleton, Kenny Slade, Alan Spenner, Chris Stainton, T. M. Stevens, Liz Stuart, Tom Sullivan, Nigel Thomas, Terry Thornton, John Troy, Carla Vaughn, Mick Weaver, Heide Woicke und Frank White.

Für ihre Hilfe in Form von Zeitungsartikeln über Joe Cocker danke ich: - Express Newspapers, The Japan Times - Brian Harrell, Los Angeles Times, New Zealand Herald, Rolling Stone, San Bernadino Sun, Sheffield Newspapers Ltd - Tony Fry, Alan Powell und Keith Strong, Sydney Sun-Herald, Time-Life International, Toronto Globe and Mail, Vancouver Sun, Western Australian und Winnipeg Free Press.

Schließlich danke ich meinem Agenten, Mic Cheetham, und meiner Familie und meinen Freunden für ihre Geduld und ihre Unterstützung während der Arbeiten an diesem Buch.

J. P. Bean
1990

Kapitel 1

1944 - 1960
„I Wish I Could Be Up There“

Tasker Road Nummer 38 ist die Hälfte eines Doppelhauses in Crookes, einem Vorort von Sheffield, direkt vor dem höchsten Punkt eines der sieben Hügel der Stadt. Das im vorigen Jahrhundert erbaute Haus war das Heim von Harold Cocker und seiner verstorbenen Frau Madge seit deren Hochzeit im Jahre 1937. Ihr erstes Kind, Victor, wurde dort im Oktober 1940 geboren, nur Wochen bevor Sheffield von den Deutschen Bombern getroffen wurde; am 20. Mai 1944 kam dann John Robert. Zu diesem Zeitpunkt diente Harold Cocker in der Air Force, war weit weg von daheim und der Neuankömmling war bereits drei Monate alt, als sein Vater ihn zum ersten Mal sah.

Wie aus John Robert Joe wurde, ist eine Geschichte aus seiner frühen Kindheit. Joe erklärte, das es sich so ergab, „einfach beim Cowboyspielen als Kind - Cowboy Joe.“ Einer seiner Freunde jedoch wird da genauer. John Mitchell, der gegenüber von Cocker's, Tasker Road 47, lebte, erzählt: „Der Name kommt von einem alten Fensterputzer, Joe, über den wir jedesmal kicherten, wenn er mit seinem Eimer und seiner Leiter vorbeikam. Jeder von uns wurde nach ihm benannt. Ich wurde Joe Mitchell und er wurde Joe Cocker.“ Wie auch immer, der Name blieb und aus John wurde Joe. Es überrascht nicht, daß seine Familie längere Zeit brauchte als seine Freunde, um sich mit dieser Namensänderung anzufreunden. Madge war die Erste, die ihn Joe nannte, während Vic ihn weiterhin mit John anredete, bis „es bei den Konzerten zu Verwechslungen kam und die Leute nicht wußten, von wem ich redete.“ Nur Harold blieb standhaft. Selbst heute, wenn das Telefon aus der entferntesten Ecke der Erde in der Tasker Road klingelt und eine vertraute Stimme „Hi Dad, ich bin's, Joe“ sagt, antwortet Harold gewöhnlich: „Noch nie was von dir gehört.“

* * *

Jeder, der Joe Cocker in seiner frühen Jugend kannte, erinnert sich an ihn als einen warmherzigen, freundlichen Jungen. Sorglos, immer fröhlich und überschwenglich und besitzergreifend - wie ein Schulfreund ihn beschreibt - eine anziehende Persönlichkeit; an Mangel an Freunden litt Joe nie. Sein Bruder Vic erinnert sich an ihre gemeinsame Schulzeit, als er in der Unterstufe und Joe bei den Vorschulkindern war: „Wenn sie diese Kinder zum Spielen herausließen, erreichte immer einer von ihnen als erstes mit lautem Gebrüll den Spielplatz - Joe! Er muß damals ungefähr sechs Jahre alt gewesen sein.“

Harold Cocker, heute in seinen Achtzigern, erinnert sich an die extrovertierte Seite seines jüngeren Sohnes während der Familienferien in den frühen Fünfzigern. „Wir besuchten verschiedene Orte, aber sein Lieblingsort war Great Yarmouth. Dort war er glücklich. Er mochte die Waffeln und die Schwimmbäder, und pflegte die Burschen zu beobachten, die in witzigen Klamotten ihren Unsinn auf dem obersten Sprungbrett trieben. Wieder nach Hause zurückgekehrt, dauerte es kaum eine Viertelstunde, bis er wieder draußen war und umgeben von einem zahlreichen Publikum, alles vorführte, was er gesehen hatte - Kopfsprünge von der hohen Gartenmauer und lauter solche Sachen. Er schien bei allen Kindern sehr beliebt zu sein, sowohl in der Schule als auch daheim.“

Es war eine glückliche, sorglose Kindheit in einer Familie, in der die sich entwikkelnde Persönlichkeit von Joe auf unterschiedliche Weise von jedem Elternteil positiv beeinflußt wurde. Harold Cocker hatte einen sicheren Arbeitsplatz beim National Assistance Board, wo er die Verteilung der Arbeitslosenunterstützung verwaltete. Ein ruhiger, aufrechter Mann, der davon überzeugt ist, daß Joe seine Sturheit und seine Zielstrebigkeit, die ihm über die steinigen Abschnitte seiner Rock-Karriere geholfen haben, von ihm geerbt hat. Harolds Interessen waren und sind noch immer die Gärtnerei und das Hören von Musik - sein eigener Vater war ein Amateursänger gewesen in einer Zeit, als die Menschen noch selbst für ihre Unterhaltung zu Hause sorgten, und er liebte schon immer „the old music“, wie er es nennt. Harold war ein großer Fan von Mario Lanza und Joe erinnert sich daran, wie er einmal spät abends ins Haus schlich, und sein Vater auf dem Sofa saß und aus voller Kehle zu den Platten von Mario Lanza sang. Oder wie sie gemeinsam ins Kino gingen, um den Sänger in dem Film *Der große Caruso* zu bewundern.

Joe's Mutter Madge, die im Dezember 1984 ganz unerwartet starb, war umgänglicher und offenherziger als ihr Mann. Alle, die sie kannten, sprechen von ihr mit großer Zuneigung - Freunde, Musiker und Joe's Fans aus aller Welt konnten sich immer darauf verlassen, daß Tee und Kuchen sie erwartete, gleichgültig wann immer sie auf der Türschwelle der Tasker Road 38 auftauchten. Vic Cocker berichtet: „Meine Mutter hatte sowohl Joe als auch mich stets dazu ermutigt, die Dinge im Leben zu tun, die wir tun wollten. Es gab keine vordergründige Beeinflussung ... lediglich eine grundsätzliche Unterstützung.“

In den folgenden Jahren, als die Verrücktheiten der Welt des Rock and Roll unerträglich wurden, kehrte Joe immer wieder in das gemütliche Zuhause in Crookes, Sheffield, zurück.

* * *

Im Juli 1987 trat Lonnie Donegan als Gast in der BBC Radiosendung ‘Sounds of the Sixties’ auf, wo er einige seiner Lieblingsplatten spielte. Den Titel ‘Delta Lady’, ein Joe Cocker- Hit aus dem Jahr 1969, stellte er mit der einfachen Behauptung vor: „Joe Cocker ist der beste weiße Bluessänger der Welt.“

Tatsächlich ein großes Lob von diesem früheren Skiffle Star, der drei Jahrzehnte früher das erste musikalische Idol des jungen Joe Cocker gewesen war!

Joe war elf Jahre alt, als die Skiffle-Explosion 1957 Großbritannien erreichte. Wie nahezu alle im Alter zwischen acht und achtzehn war auch er hingerissen von dieser einfachen, lauten und klimpernden Musik - und natürlich vom König des Skiffle, Lonnie Donegan. Er gab sein ganzes Taschengeld für Donegan - Platten aus, begierig kaufte er 'Rock Island Line' und sämtliche Folgetitel, sobald sie veröffentlicht waren - 78-iger wie 'Stewball', 'Don't You Rock Me Daddio' sowie die beiden aufeinander folgenden britischen Nummer-1-Hits des Sängers: 'Cumberland Gap' und 'Putting on the Style.' Als einer der ersten Jungs in Crookes wurde er Mitglied im offiziellen Lonnie-Donegan- Fanclub und trug fortan stolz das Club-Abzeichen: eine kleine Gitarre. In kürzester Zeit kannte er die Texte sämtlicher Songs auswendig und in regelmäßigen Abständen probierte er von nun an, Donegan vor dem Spiegel mit einen Tennisschläger als Gitarre zu imitieren.

Wahrscheinlich überrascht es nicht, daß Joe nur wenig Interesse für die Schule zeigte. „Er machte ständig etwas anderes als das, was er tun sollte." Mit elf Jahren verließ Joe die Lydgate Lane Schule und ging aufs Gymnasium zur Western Road Secondary Modern. Den letzten Tag in Lydgate im Juli 1955 feierte Joe's Klasse mit der Aufführung der Operette *Prince Ju Ju*. Joe, der in der Rolle des Prinzen sein Talent zur Komik zeigte, war ein großer Hit. Ein Foto mit dem Ensemble der Show zeigt ihn, plump lächelnd, in einem Aladin-Kostüm, mit einer Ukulele in der Hand. In den zwei Jahren, die er an der Western Road verbrachte, bevor er weiter an die Central Technical School im Zentrum von Sheffield wechselte, hatte sich Joe anscheinend weniger mit dem Stundenplan als mit der Entwicklung seines rhythmischen Feingefühls beschäftigt. Ein ehemaliger Klassenkamerad erinnert sich an ihn: „Ständig trommelte er auf seinem Tisch, ständig! Seine Hände und Füße waren ununterbrochen in Bewegung." Bob Everson, der ganz in der Nähe von Joe wohnte und zusammen mit ihm an die Western Road gewechselt hatte, erinnert sich an den ungefähr eine halbe Meile langen Heimweg von der Schule: „Meistens war der ganze Heimweg eine einzige Non-Stop-Skiffle-Session... sämtliche alten Skiffle-Songs wurden gesungen. Und das jeden Tag."

* * *

Mitte 1956 tat Vic Cocker etwas, was Tausende andere britische Fünfzehnjährige damals auch taten - er gründete, zusammen mit drei Freunden, eine Skiffle-Band. The Headlanders - Vic am Waschbrett, ein Freund am Banjo und zwei andere spielten Gitarre - hatten den Namen von der nicht weit entfernten Headland Road. Ihr Skiffle-Repertoire übten sie mal bei dem einen, mal bei dem anderen zu Hause. Gelegentlich spielten sie auf Teenager-Tanzveranstaltungen und in einigen Jugendclubs in der Umgebung von Crookes. Wie zu erwarten, war Joe bei diesen Anlässen ein begieriger Beobachter. Es war in einem solchen Jugendclub, in der Fir Street in Walkley, als Joe zum ersten Mal auf die Bühne gerufen wurde.

Vic Cocker: „Dave Brooksbank, der Banjo-Spieler und einer der führenden Musiker in der Band, war schon immer davon überzeugt, daß Joe eine gute Stimme besaß. Er holte Joe auf die Bühne, um mit der Band zu singen. Er war damals etwa zwölfeinhalb Jahre alt. Und an jenem Abend bemerkte ich es auch zum ersten Mal."

Von diesem Abend an gab es kein Zurück mehr, aber der Weg war niemals einfach und viele Rückschläge lagen vor ihm. Kurze Zeit später nahmen die Headlanders an einem Talentwettbewerb im 'Sheffield Empire' teil. Der Ansager war Jim Dale vom '6. 5 Special', der ersten Rock-and-Roll-Show im britischen Fernsehen. Bei einer so hochkarätigen Veranstaltung, dem Schaufenster für die Creme der Skiffle-Gruppen in Sheffield, war für den kleinen Bruder des Waschbrett-Spielers kein Platz auf der Bühne. Joe mußte sich mit einem Sitz im Publikum zufrieden geben: „Ich erinnere mich noch, wie ich im Empire saß und dachte, mein Gott, wäre das schön, wenn ich jetzt auch da oben auf der Bühne stehen könnte. Ich habe mich noch oft gefragt, ob das meinen Anspruch auf Berühmtheit erfüllt hätte."

Dreißig Jahre später erinnert sich Joe noch genau, sowohl an seine Gefühle nach dieser ersten Enttäuschung als auch an einen weiteren Vorfall, nachdem er im Alter von dreizehn Jahren an die Central Technical School gewechselt hatte: „An der Central Tech gab es eine Skiffle-Band. Ich weiß noch, wie der Schulleiter verkündete: 'Wir haben heute ein paar Jungs, die für euch spielen werden ... eigentlich schreckliche Musik, aber ich bin sicher, daß sie euch gefällt.' Und dann stand dieser Typ auf und begann mit 'Hey Lawdy... Lawdy Lord' ... Ich saß in der ersten Reihe und kochte innerlich. Ich wollte doch so gerne auch da oben dabei sein. Ich war wie ein ungeduldiges Kind, daß unbedingt mitmachen wollte. Ich wußte, daß ich großartig sein würde, aber irgendetwas hielt mich zurück."

Stärker als diese Enttäuschung ist Joe seine Frustration in Erinnerung geblieben, die er trotz seines Hanges zur Selbstdarstellung und Beliebtheit unter seinen Freunden empfunden hatte. „Ich konnte mich selbst nie so einfach in den Vordergrund stellen. Schon seit meiner frühen Kindheit hatte ich ein Gewichtsproblem, das mich über die Jahre befangen gemacht hatte - ich war einfach ein bißchen zu pummelig. Mädchen gegenüber war ich immer sehr schüchtern und so. Irgendetwas hielt mich zurück ... der Gedanke, daß die Leute mich so nicht mochten."

Als er damals jedoch die Chance bekam, Lonnie Donegan persönlich zu begegnen, war von Zurückhaltung nichts mehr zu spüren. Es war am Bühneneingang des Sheffield Empire und Lonnie Donegan befand sich auf dem Höhepunkt seiner Karriere. Nachdem Lonnie dem Schuljungen Joe das Autogramm gegeben hatte, soll Lonnie ihn gefragt haben: „Nun, was machst du denn so?" und Joe zögerte nicht einen Moment und sagte: „Ich möchte so werden wie Sie!"

* * *

„Es war etwas ganz Natürliches - jugendliches, musikalisches Interesse" - Phil Crookes war vierzehn Jahre alt, als er Joe Cocker 1958 zum erstenmal beim Zeitungsaustragen begegnete. „Wir trafen uns an bestimmten Punkten unserer Route, rauchten eine Zigarette zusammen und quatschten ein wenig. Joe war damals sehr redefreudig. Von einem Jungen aus der nächsten Straße hatte ich etwas Gitarrespielen gelernt und Joe hörte all die Schallplatten. Schließlich besorgte ich mir eine billige Gitarre und besuchte Joe zu Hause. Es war das erste Mal, daß wir in dieser Richtung etwas unternahmen."

Zwar war Phil Crookes, genau wie Joe, ein Mitglied des Lonnie Donegan-Fanclubs, doch der Skiffle hatte bereits den Rückzug angetreten und die beiden waren dabei, die amerikanischen Rock and Roller zu entdecken - Elvis Presley, Chuck Berry, Eddie Cochran und Gene Vincent, auf den Joe zum erstenmal im Crookes Picture Palace aufmerksam wurde. „Plötzlich ertönte 'Be-Bop-A-Lula' ... noch nie hatte ich etwas derartiges gehört! Gene Vincent hat mich einfach umgehauen. Ein paar Tage später traf ich Phil und wir haben tatsächlich eine Aufnahme gemacht. Es war nur eine einfache Bandmaschine, die mein Vater mir gekauft hatte - man schließt sie an den Plattenspieler an. Ich erinnere mich noch, daß wir eine Version eines Big Bill Broonzy-Titels aufgenommen hatten und die Skiffle-Band meines Bruders sehr beeindruckt von Phils Gitarrenspiel war."

Big Bill Broonzy war bereits Anfang 1958 in der Sheffield City Hall aufgetreten und Joe und Phil hatten beide im Publikum gesessen. Phil war nicht wenig überrascht, als er bei seinem Besuch in der Tasker Road feststellte, daß Joe einige Platten des Mississippi-Bluesman besaß. Die Tonbandmaschine war zu damaliger Zeit ebenso eine Rarität. Es war die erste, die Phil je in seinem Leben gesehen hatte und sie verbrachten eine Menge Zeit damit, Elvis-Presley-Imitationen aufzunehmen, um nachher herauszufinden, wer das Timbre von Elvis' Stimme am besten einfangen konnte. Phil Crookes hat lebhafte Erinnerungen an Joe in jenen prägenden Jahren. „Er hat die Musik verschlungen. Ich meine damit, er war ein richtiger Narr, dieser Joe, und seine Mutter mußte ständig hinter ihm her sein ... Joe dies und Joe das. Ich kam oft vorbei und selbst während er beim Essen war, hörte er die ganze Zeit seine Platten. Big Bill und die ersten Elvis-Platten ... Carl Perkins. Nachdem Joe einmal diese Musik gehört hatte, war er von ihr besessen. Es war, als hätte ihn irgendetwas gefangen genommen. Es war alles so neu damals, richtig kostbar für ihn, weißt Du."

Außer Big Bill Broonzy hatte Joe in den späten fünfziger Jahren noch einige andere bemerkenswerte amerikanische Besucher in Sheffield erlebt. Einer von ihnen war Buddy Holly - „Ich erinnere mich noch genau an diesen langen Gitarrenhals, ein langes Kabel das über die ganze Bühne reichte, aber Buddy Holly selber hat mich nicht beeindruckt. Dann Jerry Lee Lewis, der hat mich wirklich umgeworfen! Das war das erste Mal, daß ich ein verstärktes Klavier hörte: alles, was er hatte, war ein 30-Watt-Fender- Verstärker, aber er hängte ein Mikrofon noch direkt drauf. Er spielte 'Move On Down The Line' und wir stürmten die Bühne!"

Es gab noch eine Menge mehr Rocker, die Joe auf der Bühne erlebte, und unzählige Schallplatten, die er sich anhörte. Alles wichtige Einflüsse, die er in sich so lange aufsog und verschlang, bis daraus später sein eigener, unverwechselbarer Musikstil wurde. Aber der Mann, der am meisten dazu beitrug, diesen Stil zu prägen, der Mann, den Joe noch heute *The Genius* nennt, sollte erst später in sein Leben treten...

* * *

1959, zehn Jahre, nachdem er seine ersten Schallplatten für kleine, obskure Labels gemacht hatte, erreichte Ray Charles schließlich mit einer Eigen-Komposition - 'What'd

I Say' - die Hitparaden der ganzen Welt, einem Song, den er ursprünglich als Pausenfüller bei einer Tanzveranstaltung improvisiert hatte. Eine starke, rhythmische, heisere Liebeserklärung, die zu spielen sich einige amerikanische Radiostationen weigerten, weil sie den Song für zu obszön hielten. Das war der beste Ray Charles, den man je gehört hatte - er spielte diese treibende Mischung aus Gospel und Bar-Room Blues, die später zum Bindeglied in der Entwicklung der schwarzen Musik Amerikas wurde.

Joe Cocker hatte 'What'd I Say' zum ersten Mal aus seinem Transistorradio gehört, welches er immer bei sich hatte. Es war eine heiße Sommernacht und er war gerade zusammen mit ein paar Freunden in Crookes unterwegs und tat, was Fünfzehnjährige so tun: „ Ich stand eigentlich mehr so auf Rock'n'Roll Platten, aber dann war da auf einmal diese magische Stimme, die aus meinem Transistorradio kam. Seine Stimme hatte es mir angetan. Ich raste los und kaufte mir die Scheibe, und auch die danach folgende 'I'm Moving On' - aber erst bei der B-Seite, einem Song, der sich 'I Believe To My Soul' nannte, wurde mir klar, daß Ray Charles „es" hatte - und daß das, was er machte, nicht nur 'smash' und 'bang' war, sondern daß zum Rock'n'Roll ein wenig mehr gehörte."

Joe wurde richtig besessen von Ray Charles. Er kaufte sein Album 'Yes Indeed' und begann nichts anderes mehr zu hören, als die Musik von Ray Charles. Jahre später erzählte er John Mendelsohn von der *Los Angeles Times*, „Wenn man das lange genug tut, dann erreichst du einen Punkt, wo du es plötzlich im Hinterkopf hast, wo der Einfluß ein Teil von Dir selber wird und du fängst an, in einer ganz bestimmten Art zu singen, ohne besonders darüber nachzudenken. Wenn ich heute singe, dann kommt es so raus wie es kommt, ohne dabei bewußt wie Ray Charles klingen zu wollen."

* * *

Im Winter 1959-60 gründeten Joe Cocker und Phil Crookes ihre erste Band. Es war eine allmähliche Entwicklung von den Sessions mit ihrem Tape-Recorder im Wohnzimmer des Hauses in der Tasker Road . Und sie brauchten nicht lange nach den zwei anderen Mitgliedern der Gruppe zu suchen, die dann später als die Cavaliers bekannt wurde.

Schon seit den ersten Schultagen in Lydgate Lane war John Mitchell ein Freund und Nachbar von Joe gewesen. Als er dreizehn war, hatte ihm sein Vater ein Banjo gekauft und gemeinsam hatten sie viele glückliche Stunden auf der Gartenmauer mit Skiffle- Songs verbracht. Er stieg auf Gitarre um, und übernahm die Rolle des Rythmus-Gitarristen neben Phil Crookes' Solo-Gitarre. Bob Everson, mit dem Joe immer auf dem Heimweg von der Western Road School gesungen hatte, bastelte sich Zuhause im Keller eine Bassgitarre.

Was noch fehlte, war ein Schlagzeuger, und der war 1959 nicht so einfach in Sheffield zu finden, allein schon wegen der Kosten für das Schlagzeug. Aber auch dieses Problem wurde gelöst, denn Joe kaufte sich eine Snare-Drum und ein paar Becken und übernahm sowohl die Rolle des Schlagzeugers als auch die Rolle des Sängers in der Band.

Einen Verstärker zu haben war äußerst wichtig und als erstes Bandmitglied bekam John Mitchell einen. Seine Mutter mußte ihn beim Kauf begleiten, um nämlich den Kaufvertrag zu unterschreiben für einen 14-Watt Watkins-Verstärker, der in Raten bezahlt wurde. Sowohl John als auch Phil Crookes benutzten den Verstärker gleichzeitig und Bob

Everson kaufte sich dann einen 10-Watt-Verstärker, der Lautsprecher wurde durch seinen Bass zu Tode gehämmert. Schließlich kaufte Joe sich noch ein Mikrofon, obwohl er noch keinen Verstärker besaß. John Mitchell: „Er hatte das Mikrofon in der Stadt gekauft und ich fragte ihn: 'Wo willst du es anschließen, Joe?.' Er sagte: 'Keine Ahnung', und wir hängten es auch noch an meinen Verstärker, obwohl dieser schon mit den zwei Gitarren überlastet war. Aber irgendwie gings."

Harold Cocker erinnert sich: „Sie probten bei uns im Wohnzimmer. Wir mußten immer in das Nebenzimmer verschwinden. Sie hatten Trommeln und Verstärker und all solchen Kram... Das ganze Haus geriet ins Wackeln! Ein Wunder, daß unsere Nachbarin sich niemals beschwert hat. Aber sie war Witwe und ging jeden Abend aus. Vielleicht hat sie das alles gar nicht mitbekommen. Sie haben jedenfalls viel geprobt."

Alle früheren Mitglieder von *The Cavaliers* erinnern sich, daß sie viel Zeit bei den Proben in Joe's Haus verbracht haben, ja sogar zum Teil dort gewohnt haben, nachdem sie die Gruppe hatten. Mit Mr. und Mrs. Cocker gab es nie Schwierigkeiten wegen der nächtlichen Invasionen. Harold nahm alles gelassen hin und Madge war stets, wie Bob Everson es ausdrückt: „So locker, daß man es kaum für möglich hielt."

* * *

Nach vielem Proben wurden The Cavaliers für ihren ersten öffentlichen Auftritt in einem Jugendclub in der Wesley Hall in Crookes engagiert. Sie kamen dort am Abend des Auftrittes, ausgestattet mit vollständigem Equipment, an. Zwar hatten sie nicht erwartet, wie große Stars behandelt zu werden, doch war der Empfang schließlich doch eine Überraschung. „Wir mußten sogar Eintritt zahlen!" erzählt Phil Crookes. „Drei Pence. Wir sagten dem Burschen an der Tür, daß wir spielen sollten, aber er erwiderte nur: 'Ja - und ihr werdet bezahlen.' Also mußten wir den Eintritt zahlen, sonst hätten sie uns gar nicht 'reingelassen."

Aber noch eine Überraschung erwartete sie, als der Produzent des Abends darauf bestand, daß die ganze Gruppe Make-up trug. Schließlich gingen sie auf die Bühne. Sie spielten 'Johnny B. Goode', den ersten Titel, den sie als Gruppe eingeprobt hatten, sowie 'Move It', 'Twenty Flight Rock' und 'I'm a Man', wobei Joe eine Doppelrolle als Sänger und Schlagzeuger übernahm. Während des ganzen Auftritts bestand Phil Crookes darauf, dem Publikum den Rücken zuzudrehen. „Phil konnte die Scheinwerfer nicht ertragen", erzählt Bob Everson. „Er war von Anfang an brilliant. Wir alle hatten gerade erst angefangen zu lernen, er jedoch stand mit seinen sechzehn Jahren bereits auf Chet Atkins." Nach diesem Auftritt in der Wesley Hall spielte die Band noch einige Male in anderen Jugendclubs, dann suchten sie sich etwas, ohne das eine aufstrebende Gruppe nicht existieren konnte, einen Manager.

Ray Capewell besaß alle Fähigkeiten, die erforderlich waren, um The Cavaliers zu managen. Er war vier Jahre älter als die Mitglieder der Gruppe, er besaß 'Kontakte' und - am wichtigsten von allem - er konnte den Firmenbus nachts benutzen. Er arbeitete für einen TV-Verleih in Sheffield, bei dem Bob Everson Lehrling war, und nachdem er von der Gruppe gehört hatte, ging er eines Abends zu Joe, um der Band beim Spielen im Wohnzimmer zuzuhören. Ihm gefiel, was er hörte, und er versprach, ihnen zu helfen, Auftritte in den Arbeiter-Clubs zu bekommen, wo sein Vater verantwortlich für die Konzertplanung war. Die Jungs waren glücklich - sie hatten einen Manager, und der hatte einen Bus, der sie und ihre Ausrüstung transportieren konnte. Visitenkarten wurden gedruckt und die ersten Auftritte arrangiert. The Cavaliers waren auf dem Weg nach vorn.

Mittlerweile jedoch hatte der Sänger und Schlagzeuger Probleme. „Ich weiß noch, wie die Band sagte: 'Joe, du kannst nicht singen und gleichzeitig Schlagzeug spielen. So etwas hat es noch nie gegeben'", erzählt Phil Crookes. „Joe hatte Schwierigkeiten, die Snaredrum zu spielen und gleichzeitig weiterzusingen. Also, und das ist das Komische an der Sache, wir entschlossen uns, einen Sänger in die Band zu holen ... er war ein gutaussehender Typ. Seinen Namen habe ich vergessen."

Erstaunlicherweise kann sich keiner der ehemaligen Cavaliers an den Namen dieses zeitweiligen Eindringlings erinnern, doch man ist sich einig darüber, daß er gut aussah, auf der Bühne Stoffschuhe trug und nicht singen konnte. Er war dabei, als The Cavaliers ihren ersten Auftritt im Arbeiter-Club in Heely Green hatten, einem kalten Bau aus Fertigteilen. Der Konzertsaal war halbvoll und Kinder lagen zum Teil schlafend auf den Stühlen, während die Gruppe spielte. Sie kamen ganz gut an, doch die folgenden Konzerte waren nicht besonders gut und der Sänger sehr enttäuschend. Als er schließlich ausstieg, übernahm Joe wieder seine Rolle. Ray Capewell erinnert sich, daß Joe das Publikum im Sheffield Trades and Labour Club mit dem Titel 'Blue Moon' „wirklich eroberte"; als die Gruppe in jener Nacht den Club verließ, mußten sie feststellen, daß man die Luft aus allen vier Reifen ihres Busses herausgelassen hatte.

Ray Capewells Zeit als Manager von The Cavaliers endete abrupt, als er in einen Verkehrsunfall verwickelt wurde, bei dem er seinen Bus verlor und sich beide Beine brach. Die Gruppe besuchte ihn im Krankenhaus und auch später bei seinen Schwiegereltern, wo er sich erholte. „Sie kamen alle und saßen um das Bett herum und spielten Schallplatten. Meine Schwiegermutter war richtig verärgert, weil Joe die ganze Zeit mit seinen Händen und Füßen herumtrommelte und damit sogar den Fernseher übertönte." Am lebhaftesten erinnert sich Ray noch daran, als The Cavaliers auf seiner einundzwanzigsten Geburtstagsparty in einer kleinen Wohnung in Sheffield spielten. „Die ganze Gruppe war dort mit ihren Verstärkern. Joe sang und spielte Schlagzeug. Es war eine Nacht, die ich nie vergessen werde!"

* * *

Als Gruppe existierten The Cavaliers etwas länger als ein Jahr. Ein großer Teil dieser Zeit wurde im Wohnzimmer in der Tasker Road mit Proben und dem Erlernen von neuen Songs verbracht. Das Repertoire bestand aus Titeln von Elvis Presley, Cliff Richard, Eddie Cochran and Chuck Berry, gelegentlich vermischt mit einem Shadows-Instrumentalstück. Von den Shadows stammte auch die Idee, auf der Bühne Smokingfliegen zu tragen, was in den Arbeiterclubs besonders gut ankam. Bis dahin spielten sie nur sehr wenige Ray Charles-Titel, denn zu der Zeit betrachteten alle außer Joe diese Musik noch als Underground-Musik. Trotzdem brachte Joe 'Georgia on my Mind' wieder ins Programm, nachdem der andere Sänger rausgeschmissen worden war.

Selbst wenn sie nicht probten oder auftraten, verbrachten The Cavaliers den größten Teil ihrer Zeit zusammen, entweder in ihrer Lieblings-Fish & Chips-Bude oder bei 'Tiler', einem Kräuterhändler, wo sich viele von Joe's Freunden am Sonntagnachmittag trafen und 'Sasparella' tranken. Samstags ging die Gruppe immer von Crookes in das Stadtzentrum von Sheffield, wo man den Nachmittag damit verbrachte, in Schallplattenläden herumzustöbern. John Mitchell: „Joe gab sein ganzes Geld nur für Schallplatten aus. Wenn er dann nach Hause kam, hörte er einen Chuck Berry-Song zwanzigmal hintereinander. Uns hing das zum Hals heraus, aber Joe sagte immer: 'Ich höre das nun mal gerne immer wieder, und nur so kann ich den Text richtig mitkriegen.' Er war wirklich verrückt nach dieser Musik."

Wenn er abends ausging, wußten die Nachbarn stets Bescheid. „Er spazierte durch Crookes und sang so laut er konnte", sagt Stuart Moseley, ein örtlicher Pianist, dessen Freundschaft mit Joe zu dieser Zeit begonnen hatte. „Man konnte ihn meilenweit hören! Er sang aus voller Kehle und die Leute sagten: 'Aha, Joe ist auf dem Heimweg!'"

In der Zwischenzeit hatte Joe im Sommer 1960 die Central Technical School 'offiziell' verlassen. 'Offiziell' deshalb, weil er dort sowieso schon seit geraumer Zeit nicht mehr aufgetaucht war. Als er mit dreizehn Jahren auf die Schule kam, hatte er sich um die Kurse für Maschinenbau beworben, statt dessen hatte man ihn in einen Kurs für Hoch- und Tiefbau gesteckt. Da ihn die Schule sowieso nicht interessierte, verbrachte er die meiste Zeit damit, zu träumen oder die Bilder seiner Rock'n'Roll-Helden in sein Klassenheft zu malen. Als dann im letzten Schuljahr die Busfahrer in Sheffield streikten, war dies eine passende Gelegenheit, aus dem Schulbetrieb auszusteigen mit der Begründung, keine Transportmöglichkeit zu haben. „Für uns war dieser Streik wirklich toll", erzählt Joe. „Als er beendet wurde, bewarfen einige der Schüler den ersten Bus, der in Crookes ankam, mit Steinen!" Da er nie wieder in der Schule erschien, flog er schließlich 'raus. Seine Eltern waren nicht besonders erfreut darüber, doch was machte das schon aus für einen Sechzehnjährigen, der nichts anderes als Rock 'n' Roll im Kopf hatte.

Kapitel 2

1961 - 1963
Vance Arnold & The Avengers

Vance Arnold & The Avengers war ein modischer Name für eine Rock 'n' Roll-Gruppe in Sheffield im Jahr 1961. Es klang viel pfiffiger als The Cavaliers und stellte klar, daß die Gruppe einen Solosänger hatte. Auf den Namen befragt, erklärte Joe stets, die Idee aus der Lokal-Zeitung zu haben. Sogar die anderen Mitglieder der Band glaubten daran, bis Joe 1982 in einem Interview im Radio Hallam mit seinem alten Freund Ray Stuart enthüllte, daß er diesen Namen selbst ausgedacht hatte. „Zu der Zeit klang das einfach schräg", sagt er. „Joe Cocker war damals kein so annehmbarer Name. Es war immer mein großes Geheimnis, daß niemand außer ich selbst dafür verantwortlich war, daß ich mich Vance Arnold nannte."

Der erste öffentliche Auftritt dieser neubenannten Gruppe war in der Minerva Tavern, einem kleinen Pub mitten in Sheffield. Sie kamen so gut dort an, daß sie ein regelmäßiges Engagement für Freitagnachts bekamen - es war üblich, daß sich das Publikum an diesem Abend prügelte, während die Band spielte. Manchmal ging es so schlimm zu, daß der Wirt sich hinter der Bar verstecken mußte und von dort aus die Polizei rief, und es war ganz normal, daß die Tanzfläche am Ende des Abends mit Blut beschmiert und mit Glassplittern übersät war. Eines Nachts hatte Phil Crookes voll einen Schlag auf die Nase bekommen und zwar von einem Typ, der ihn beschuldigte, seiner Freundin zu tief in die Augen gesehen zu haben und ein anderes Mal mußte er einem Bierglas ausweichen, das ihm jemand an den Kopf werfen wollte, während er auf der Bühne spielte.

Joe erinnert sich begeistert an die Zeiten im Minerva-Club: „Das waren damals wirklich tolle Tage. Jung zu sein - was konnte man sich sonst noch wünschen?" Jedenfalls nicht Geld - der Gig brachte fünf Pfund und Joe, der außer Schlagzeuger und Sänger nun auch noch der Manager der Band war, mußte davon für den Hin- und Rückweg je zwei Pfund für Bus und Fahrer zahlen, so daß nur ein Pfund übrig blieb, das unter den vier Bandmitgliedern aufgeteilt wurde. Einmal mußten sie sogar ihr Equipment in öffentlichen Verkehrsmitteln zum Gig schleppen. „Das war der Abend, an dem Joe seine Snaredrum vergessen hatte", erinnert sich Bob Everson. „Er hatte sie auf die Wäscheleine gehängt, um das Fell zu trocknen, und dann vergessen, sie wieder abzunehmen! Er mußte lediglich an die Trommel und an das Becken denken, und die Trommel hat er vergessen!"

Vom Minerva, wo man nur mit Coverversionen von aktuellen Hits wie 'Let's Twist Again' und 'Here Comes Summer' überleben konnte, stiegen Vance Arnold & The

Avengers eine Stufe auf, als sie ein Engagement im *Fleur De Lys*, einem Club am Rande von Sheffield, bekamen. Zu dieser Zeit blühte die Club-Szene und es gab Dutzende von Lokalen und ein paar hundert Gruppen, die scharf darauf waren, zu spielen, und das *Fleur De Lys* hatte den besten Namen. Phil Crookes: „Das war wirklich der heißeste Laden, alle Bands spielten da. Als wir zum erstenmal dort spielten, dachten wir, das ist nun das Größte. Wir waren alle nervös - der Auftritt war sogar in der Zeitung angekündigt." Das Publikum im *Fleur De Lys* zog in der Regel gute Musik irgendwelchen Prügeleien vor und Joe und die Band hatten sich durch ihre wöchentlichen Auftritte bald einen wahren Fan-Kreis aufgebaut. Ray Stuart, der Rock 'n' Roller, aus dem dann ein Radio- Discjockey wurde: „Es war so um 1961 herum, daß die Leute im Fleur auf Joe aufmerksam wurden... selbst andere Gruppen sagten: 'Habt ihr *Vance Arnold & The Avengers* schon gesehen?' Es waren Joe und die Songs, die er sang - Titel von Ray Charles, von dem bisher nur wenige Leute etwas gehört hatten, und dieses Chuck Berry-Zeugs, was in den frühen sechziger Jahren in England auch noch wenig bekannt war. Joe war verrückt nach dieser Musik, aber jeder sagte: 'Ach, das wird niemals was.'"

Inzwischen gehörten sowohl 'What'd I Say' und 'Georgia' von Ray Charles zum Repertoire von Vance Arnold & The Avengers; auch einige Bo Diddley-Nummern gehörten dazu - 'Diddy Wah Diddy' war ein oft gewünschtes Stück - und dann eine Auswahl von Chuck Berry-Songs. Im Gegensatz dazu kam ein Titel von Big Bill Broonzy 'Black, Brown, White', der sich mit Rassenvorurteilen auseinandersetzte, ebenfalls gut an, aber bei einigen anderen Songs wurde es für Joe immer schwieriger, Schlagzeug zu spielen und dabei gleichzeitig zu singen. „Wir spielten Sachen wie Jerry Lee's 'Move On Down The Line.' Es war harte Arbeit, gleichzeitig zu singen und zu spielen, und meine Schlagzeugstöcke gerieten ständig durcheinander!." Diesmal lag die Lösung des Problems jedoch klar auf der Hand. Ein Freund, Steve McKenna, wurde als Schlagzeuger in die Band geholt und Joe vertauschte sein feststehendes Mikrofon mit einem Handmikrofon und stellte sich von nun an als Sänger vor die Band - für immer. Bald hatte er sein Publikum ziemlich gut im Griff, redete mit den Leuten und machte in den Pausen seine Späßchen mit ihnen und ließ seinem Humor und seiner Phantasie freien Lauf. Damals begann er mit diesen Bewegungen, als spiele er auf einer imaginären Gitarre, die später zu einem Markenzeichen wurden. Phil Crookes erinnert sich noch, wie das anfing: „Joe kam mit der Gitarre nie richtig klar ... hat nie richtig spielen gelernt, obwohl er es gerne wollte. Also stellte er sich vor, er würde sie spielen. Ich habe versucht, ihm einiges zu zeigen, aber es endete immer damit, daß er nur so tat als ob... Vielleicht war es so ja am besten für ihn."

In ihren dunklen Anzügen und ihren Smokingfliegen traten Vance Arnold & The Avengers bald in den Pubs und Arbeiterclubs in ganz Sheffield und den weiter entfernten Ortschaften und Städten von South Yorkshire auf. Mit dem Schlagzeuger und einem neuen Rhythmus-Gitarristen, Graham Bower, der John Mitchell abgelöst hatte, lief zunächst alles glatt - bis an jenem Abend, an dem Joe die Band verließ. „Wir spielten irgendwo in der Nähe von Rotherham, da verlor ich plötzlich meine Stimme. Dieser Gefahr ist jeder Sänger ausgesetzt, aber mir passiert das nicht sehr oft. Was da geschieht, ist folgendes: du steigerst dich so rein, daß du zuviel Energie hinausbläst! Und sie sagten: 'Joe, du bist unbrauchbar.' Da bin ich in den Bus gestiegen und habe sie verlassen!

Ungefähr sechs Wochen später kamen sie an, klopften an meine Tür ... sagten: 'Joe, wir können keinen anderen finden!' Und ich war ... JAWOHL! Zurück im Geschäft!"

* * *

Aber das Leben war kein Rock and Roll. Nachdem er die Schule offiziell verlassen hatte, bekam Joe im Sommer 1960 seinen ersten Job - als Gasinstallateur-Lehrling bei der 'East Midlands Gas Board' in Sheffield. Am Anfang half er einem älteren Installateur, Gaslampen zu installieren und Herde in den Wohnungen der Kunden zu reparieren, wurde dann drei Monate im Lager ausgebildet und besuchte einmal wöchentlich die Berufsschule.

Es war an einem solchen Tag, als er Jackson, einem anderen sechzehnjährigen Lehrling der Firma, begegnete. Pete wohnte direkt neben dem *Fleur De Lys*, das er seit seinem vierzehnten Lebensjahr regelmäßig besuchte und auch gerne den guten Bands zuhörte. Er und Joe verstanden sich auf Anhieb.

Nachdem sie achtzehn Monate getrennt voneinander gearbeitet hatten, bestanden beide die Abschlußprüfung an der Berufsschule. Das war ein entscheidender Schritt, denn von nun an konnten sie mit eigenem Werkzeug ausgerüstet, allein zu den Kunden gehen, statt wie bisher nur unter der Aufsicht eines älteren Installateurs. „Um ganz ehrlich zu sein", erzählt Pete Jackson, „wir haben nicht viel gearbeitet. Wir durften eigentlich nicht zusammen arbeiten, taten es aber doch. Mit siebzehn hatte ich ein Auto, mit dem fuhren wir zur Arbeit, machten mittags um halb zwölf Schluß und gingen dann in ein Pub." Diese Regelung funktionierte eine ganze Weile, obwohl Joe's Vorarbeiter, ein älterer Mann namens Skinner, ihnen ab und zu nachfuhr, um sie zu kontrollieren. Es gab viele Gelegenheiten, bei denen Joe und Pete gezwungen waren, sich in irgendwelchen Kellern, auf Brücken oder hinter Mauern zu verstecken, bis der eifrige Vorarbeiter eines Tages entdeckte, was hier geschah, und Joe daraufhin für eine Woche ohne Bezahlung von der Arbeit suspendiert wurde.

An den Abenden, an denen Vance Arnold & The Avengers keinen Gig spielten, pflegte Pete Jackson Joe mit seinem weißen, an beiden Seiten mit blauen Flammen verzierten Ford Consul-Cabrio abzuholen. Sie fuhren dann hinaus aufs Land und hörten sich die Konkurrenz-Bands an, die in den Pubs in der Umgebung von Bakewell spielten. Joe: „Wir haben fantastische Zeiten miteinander erlebt, der alte Pete und ich. Beide in schwarzes Leder gekleidet - der Gene-Vincent-Look - zogen wir los und terrorisierten Derbyshire. Wir haben diese Farbcreme benützt - du reibst sie in die Haut und siehst dann aus wie von der Sonne gebräunt. Das einzig Unangenehme war nur, daß ich am nächsten Morgen zur Abeit kam und meist vergessen hatte, das Zeug abzuwaschen. Sie sagten dann: 'He, was hast du denn für braune Flecken hinterm Ohr?.'"

* * *

Ein anderer junger Mann, mit dem Joe sich damals anfreundete, war der Technikerlehrling Bill Carr. Er hatte Vance Arnold & The Avengers zum ersten Mal im September

1962 gesehen. „Es war die übliche Shadows-Besetzung, aber ihr Sound war ganz anders, ging in Richtung von Chuck Berry und Bo Diddley. Er brachte ein oder zwei von den völlig unbekannten Nummern, er mußte also ein absoluter Kenner des gesamten Plattensortiments sein, um diese Titel zu lernen." Bill Carr, schon lange ein ernsthafter Sammler von Blues-Platten, hatte sich über einen LP-Versand in Norwegen schon früh amerikanische Importe besorgt. Seit einigen Jahre hörte er Ray Charles und kaufte Platten von John Lee Hooker, Lightning Hopkins und Muddy Waters.

Obwohl die Avengers einige Blues-Nummern spielten, hatte doch keines der Gruppenmitglieder eine so tiefe Beziehung zu dieser Musik wie Joe. Als ihn Bill Carr dann eines Abends im Staniforth Arms Pub zwischen zwei Sets ansprach, war er höchst erfreut, in ihm einen gleichgesinnten Enthusiasten kennenzulernen. „Einen Menschen zu treffen, mit dem ich soviele Gemeinsamkeiten hatte - die Entdeckung des Blues - das war etwas ganz Ungewöhnliches für mich."

Ebenso ungewöhnlich war die Grenzenlosigkeit ihres Enthusiasmus. Joe: „Ich erinnere mich noch, wie Bill mich um zwei Uhr morgens anrief. Er sagte: 'Joe, sie ist da!' Ich fragte: 'Was ist da?' Er sagte: 'Muddy Waters.' Wir hatten diese Import-Platte bestellt und ich setzte mich sofort in den Nachtbus und fuhr direkt zu ihm nach Darnall, um sie mir zu holen. Mein lieber Mann, die Mühe war sie aber auch wert! Hat mich umgeworfen, dieses Album - 'Best of Muddy Waters.' Es war ein Original - eine Chess-Pressung. Kostete ungefähr fünf Pfund ... eine Menge Geld damals, aber ich war hell begeistert."

Andere Entdeckungen warteten bei *Violet May* auf sie, einem Second-Hand Schallplatten-Spezialgeschäft in Sheffield. Die Inhaberin, eine kleine, bebrillte Großmutter, sorgte für jeden vorstellbaren musikalischen Geschmack, und sobald sie feststellte, daß ein gewisses Interesse an importierten Blues-Alben vorhanden war, hatte sie diese auch schon bald auf Lager. Als Joe jedoch ein Album des großen, amerikanischen Bluessängers Howling Wolf kaufte, mußte er feststellen, daß die musikalischen Kenntnisse der alten Dame bei weitem nicht ihrem geschäftlichen Scharfsinn konkurrieren konnten. „Es war eine Zweitauflage. Auf der Vorderseite des Covers war nur das Foto eines jungen Mädchens abgebildet. Violet nahm mein Geld, warf einen Blick auf das Cover und sagte: 'So eine hübsche Sängerin, diese Howling, nicht wahr!'"

Die Vorbilder auf Schallplatten wurden immer mehr, aber es gab nur sehr wenige Gelegenheiten, in Sheffield Rhythm and Blues live zu hören. Die meisten Gruppen begnügten sich damit, die aktuellen und auch früheren Hitparaden 'rauf und 'runter zu trällern, obwohl der Rock'n Roll 1962 einer verwässerten, schnulzigen Popmusik gewichen war.

Eine der wenigen Ausnahmen war Dave Berry - damals ein in Leder gekleideter Rocker, der mit seiner Gruppe The Cruisers in der Umgebung von Sheffield spielte. Berry hatte nicht nur den Namen von seinem Idol Chuck übernommen, auch sein erster Hit war eine Coverversion des Titels 'Memphis Tennessee'. Erst später erkannte Joe, wie sehr Berry, der nur wenige Jahre älter war als er, seinen Live-Stil jener frühen Jahre beeinflußt hatte.

Dave Berry konnte beachtliche Chart-Erfolge in England und Europa verzeichnen und fiel durch seinen schlangenartigen Bühnen-Stil auf. Er erinnert sich noch, wie er den

Blues entdeckte: „Ich glaube, Ende der fünfziger Jahre waren wir alle ein bißchen desillusioniert. Wir hatten all diese Rocker gehört und dann wurde das ganze Ding verwässert mit all diesen Jimmys und Johnnys und Billys. Ich war sehr desillusioniert, und anstatt vorwärts zu gehen, begann ich, in der Vergangenheit zu graben, um herauszufinden, wo eigentlich alles herkam. Ich stand morgens um halb sechs Uhr auf, um die halbstündige Bluessendung im amerikanischen Militärsender zu hören. Und dann fing ich an, schwarze Acts zu hören ... Smiley Lewis, und ich dachte: ah, da kommt also Fats Domino her! Big Bill Crudup - von ihm also hatte Elvis diesen Sound! Und das besondere an Joe war für mich, daß seit jeher die gleichen Quellen unsere Musik beeinflußt haben. Anstatt also unser Ding zu verwässern, gingen wir zurück und begannen, Sonny Terry und Brownie McGhee zu spielen - anstelle von Adam Faith. In einem Ort wie Sheffield, wo ansonsten nur Pop gespielt wurde, machte uns dies natürlich zu Außenseitern.“ Dave Berry and The Cruisers waren eine der ersten Gruppen, die in dem im September 1962 eröffneten Esquire Club auftraten. Das Esquire befand sich in einer umgebauten Fabrik, das Mobiliar stammte aus Trödelläden und Kunststudenten hatten für die Dekoration gesorgt. Während der nächsten Jahre traten im Esquire fast alle Bluesbands, die gerade auf Tour waren, als auch die angehenden Superstars der britischen Szene auf.

Der Club wurde von Terry Thornton, einem dreißig Jahre alten technischen Zeichner, gemanagt. Er erinnert sich noch ganz genau an den Abend, als Joe Cocker zu ihm kam und ihn bat, Vance Arnold and The Avengers in seinem Club spielen zu lassen. „Er sagte, daß er ein Sänger sei, und als ich ihn ansah, dachte ich: 'Der ist nie und nimmer ein Sänger.' Er sah so ganz anders aus als die Rock 'n' Roller, die ich bisher gesehen hatte und die vorlaut waren und vor Selbstvertrauen nur so strotzten. Aber Joe war so schüchtern ... So ein freundlicher Kerl. Nach kurzem Zögern stimmte ich schließlich zu, daß er es wenigstens einmal versuchen konnte - für eine Gage von fünf Pfund. Daraufhin wurde Joe drei Meter groß !“

Vance Arnold and The Avengers kamen riesig an und sollten bald regelmäßig einmal wöchentlich im Esquire auftreten, welches im Laufe der Zeit zum Mekka für die wachsende Zahl der Rhythm and Blues-Fans wurde. Im Esquire gab es keinen Alkohol und das Publikum kam wirklich nur wegen der Musik - eine ideale Situation für Joe und seine Gruppe, die dort all die Blues-Stücke spielen konnten, wegen derer sie in anderen Clubs von der Bühne gepfiffen worden wären.

Schlägereien gab es im Esquire so gut wie gar nicht. Um so mehr waren alle überrascht, als die Polizei an einem Montag im Jahre 1963 dort eine Razzia machte, gerade als Vance Arnold and The Avengers auf der Bühne mit ihrem ersten Song fast fertig waren. Im nächsten Moment stieg ein Polizist auf die Bühne, nahm Joe das Mikrofon aus der Hand und machte folgende Ansage: „Dieser Club steht unter polizeilicher Aufsicht. Bleiben Sie alle, wo Sie sind.“ Erst nach drei Stunden - während dieser Zeit waren alle Ausgänge blockiert und niemandem wurde erlaubt, auf die Toilette zu gehen - war die Polizei endlich mit der Überprüfung der Personalien fertig und alle konnten nach Hause gehen. „Ich glaube, die haben zu viele Detektivromane gelesen“, sagte der Clubinhaber, während Vance Arnold and The Avengers die nur einen halben Titel gespielt hatten, in beiden Lokal-Zeitungen viel Aufmerksamkeit erhielten.

Eine der Bands, die im Esquire auftraten und einen großen Eindruck auf Joe machten, war das Graham Bond Trio. Bond, früher ein Jazz-Altsaxophonist, hatte zur Hammond-Orgel gewechselt, und ein Trio mit Jack Bruce und Ginger Baker gegründet. Graham Bond erweckte Joe's Interesse am Soul/Jazz- Orgel-Sound von Jimmy Smith und Jimmy McGriff und er ging zu Violet Mays Plattenladen und kaufte alleBlue Note-LP's dieser Künstler, die er finden konnte.

Einige Wochen davor, im Februar 1963, waren die Beatles zum ersten Mal in Sheffield im Azena-Ballroom aufgetreten und Joe war dort gewesen. „Ich erinnere mich an 'I Saw Her Standing There' und daß ich dachte, wie gut sie doch zusammenspielten, so als wären sie bereits seit Jahren zusammen aufgetreten."

Aber das größte Ereignis in jener Zeit war der erste Besuch von Ray Charles in England im Sommer 1963. Der am nächsten gelegene Auftrittsort war das ungefähr vierzig Meilen entfernte Manchester. Der enthusiastische Freund Bill Carr entschloß sich, mit dem Frühzug hinzufahren. „Den ganzen Tag verbrachte ich damit, die Plattenläden zu durchstöbern. Als wir uns dann in der Halle trafen, hatte ich die 'Jimmy Reed at Carnegie Hall'-LP erstanden. Joe war ein bißchen sauer, weil er überall danach gesucht, sie aber nicht gefunden hatte." Abgesehen davon waren alle restlos begeistert von Ray Charles' Auftritt.

* * *

Anfang 1963 begann Joe, seine Freundin Eileen Webster zu den Auftritten der Band mitzunehmen. Eileen war zwei Jahre jünger als Joe, lebte mit ihrer Familie in Crookes und arbeitete als Sekretärin für das National Coal Board. Sie waren sich zum erstenmal begegnet, als The Cavaliers im Wesley Hall Youth Club, in dem Eileen Mitglied war, auftraten, doch es dauerte noch einige Jahre, bis die beiden ein Paar wurden. Eileen hatte einen tiefen Eindruck bei Joe hinterlassen. Pete Jackson erinnert sich: „Joe hatte nur ein Problem - Eileen Webster. Er liebte sie von Anfang an, doch sie hat ein bißchen mit ihm gespielt. Es war eine sehr wackelige Beziehung, denn sie hatte zwei Freunde - Joe und noch einen Burschen aus Crookes - und sie pendelte ständig von dem einen zum anderen. Wenn sie gerade wieder mit dem anderen ging, litt Joe lange Zeit unter Depressionen - bis sie schließlich wieder zu ihm zurückkam. Eileen bedeutete ihm ziemlich viel."

Dieser Zustand sollte für eine lange Zeit bestehen bleiben. Sowohl Joe's Freunde als auch die Musiker aus jenen Tagen erinnern sich an die häufigen Streitereien zwischen Eileen und Joe, aber alle sind sich darüber einig, daß er sehr in sie verliebt war. Ein paar Jahre, nachdem sie sich schließlich endgültig getrennt hatten, gestand Joe einem Journalisten, daß er nur in ein einziges Mädchen richtig verliebt war - damals in Sheffield, als er sechzehn Jahre alt war. Zurückblickend sagt er heute: „Ich weiß auch nicht, aber das Erwachsenwerden ging so schnell ... es war einfach diese jugendliche, verrückte Art von Beziehung."

An den Abenden, an denen Eileen mit zu den Auftritten fuhr, saß sie mit Joe und der Band in dem gemieteten Bus. Da sie noch immer keinen Manager hatten, mußte Joe sich nicht nur um die Konzertbuchungen kümmern, sondern auch um das Anmieten des

Autos und eines Fahrers, welches meistens den größten Teil der zehn Pfund-Gage verschlang, die sie pro Abend kassierten. Als schließlich Bob Everson, das einzige Bandmitglied mit Führerschein, einen verbeulten Bedford Dormobile kaufte, besaß die Gruppe nicht nur ihr eigenes Transportmittel, sondern es ging ihr auch finanziell ein wenig besser.

In der Zwischenzeit probten Vance Arnold and The Avengers weiterhin in Joe's Haus. Bob Everson ließ das Equipment zwischen den einzelnen Jobs sogar im Gartenhäuschen bei Joe stehen. Um diesem Krach zu entfliehen, ging Madge oftmals auf eine Tanzveranstaltung, während Harold in der Kneipe ums Eck seine Ration Alkohol konsumierte. Wenn beide jedoch zu Hause blieben, gab es niemals irgendeine Beschwerde. Manchmal mußte Harold aber auch die Auswirkungen von schiefgelaufenen Buchungen über sich ergehen lassen, wie damals, als Joe die Gruppe für die gleiche Nacht in zwei verschiedene Lokale verkauft hatte. „Dieser Direktor rief an ... die Gruppe sollte in seiner Schule zum Abschlußball spielen, aber keiner war erschienen. Er redete unaufhörlich, wollte von mir wissen, was ich unternehmen würde, und drohte mit allen möglichen Sachen. Ich hörte mir das eine Weile an, doch dann hatte ich schließlich die Nase voll und ich sagte ihm: 'Wissen Sie, das ist überhaupt nicht meine Gruppe.“

Ungefähr zu dieser Zeit erschien auf der Szene ein neuer Schlagzeuger. Dave Memmott war ein Tischlerlehrling, den Joe seit seiner Zeit am Sheffield Technical College kannte. Mittags waren die beiden zusammen oft in ein Pub gegangen und es war häufig vorgekommen, daß sie dann nicht mehr ins College zurückkehrten. Memmott spielte auch Schlagzeug bei The Falcons, einer Gruppe aus Crookes, deren Sänger nur zweimal in der Woche von seiner Mutter die Erlaubnis erhielt, mit der Band aufzutreten. Manchmal wurde Joe zu seiner Vertretung geholt, was er auch gerne machte, wenn er gerade frei hatte und Dave Memmott merkte bald den Unterschied zwischen den beiden in ihrer Einstellung zur Musik. „Ich hatte die Nase voll von den Falcons. Immer wieder, wenn wir den Sänger zu Hause abholen wollten sagte die Mutter: 'Heute abend kann er nicht kommen... '. Also drängte ich Steve McKenna, der ein guter Freund von mir war, aus der Band raus und übernahm seinen Platz. Ich konnte das Potential von Joe spüren und strengte mich richtig an.“ Da er ein besserer Schlagzeuger als sein Vorgänger war, wurde Memmotts Einstieg in die Band von allen begrüßt.

Außer in den Pubs, auf gelegentlichen Tanzveranstaltungen und im Esquire spielte die Gruppe an den Wochenenden oft auch in den Arbeiterclubs, wo sie besser bezahlt wurden als in den Pubs. Aber das Publikum in den Arbeiterclubs war mehr am Bier, am Bingospiel und an irgendeinem langweiligen Komiker interessiert als an einer Gruppe mit obskurer Musik, die ihnen völlig unbekannt war. Dave Memmott: „Das war die Zeit, in der wir mittags und abends spielten, wir aber mittags bereits unsere Gage erhielten mit der Empfehlung: 'Ihr braucht heute Abend nicht wiederzukommen, Jungs.' Sie schrien ständig dazwischen: 'Spielt doch 'mal was Bekanntes!'“

Es dauerte nicht lange, bis Joe zu der Erkenntnis kam, daß die Auftritte in den Arbeiterclubs sie nicht weiterbrachten. Das Publikum wollte nur vertraute Klänge hören, und selbst dann zogen sie es vor, zu reden und zu trinken statt zuzuhören. Im Gegensatz dazu hatten Vance Arnold and The Avengers sich in den Pubs von Sheffield und im

Esquire eine treue Gefolgschaft geschaffen - Fans, die es ernst meinten mit dem Rhythm and Blues, der im Herbst 1963 in England so richtig Fuß faßte. Vor seinem eigenen Publikum konnte Joe singen, was er wollte, ohne dabei irgendwelche Kompromisse machen zu müssen.

* * *

Während das Esquire als der siebte Himmel des Rhythm and Blues in Sheffield galt, bemühten sich auch zwei andere Clubs um den Teenagermarkt. The Black Cat und Blue Moon waren ehemalige Kirchen und wurden vom 21-jährigen Pete Stringfellow und dessen 19-jährigen Bruder Geoff gemanagt. Im Februar 1963 hatten die Stringfellows die Beatles gebucht, und während der nächsten Monate hatten sie mit größtem Interesse beobachtet, wie das Merseybeat-Wunder pilzartig in die Höhe schoß.

Im Oktober ergriffen die Stringfellows eine Initiative, die die Bands aus den Kirchen von Sheffield in die heißen Läden von London und Manhattan bringen sollte. Sie mieteten die Stadthalle von Sheffield, präsentierten dort die besten Gruppen der Stadt und luden die Produzenten von Schallplattenfirmen ein, aus erster Hand die Talente zu begutachten. Unter den zehn Gruppen waren auch Vance Arnold and The Avengers - sie spielten vor dreitausend Fans in einer Halle, die größer war als alle, in denen sie bisher aufgetreten waren.

Im folgenden Monat schafften es die Stringfellows wieder - diesmal buchten sie als Hauptattraktion die Rolling Stones. Die Stones befanden sich auf ihrem kometenhaften Weg nach oben und ihre zweite Platte, 'I Wanna Be Your Man', war soeben erschienen. Ihr wildes Image hatte bereits zu Ausschreitungen geführt, die durch die Berichte der nationalen Presse nur noch angestachelt wurden.

Joe Cocker erinnert sich noch lebhaft an jenen Abend im November 1963. Pete Jackson holte ihn in der Tasker Road ab - den Ford hatte er inzwischen mit einem Daimler Sportwagen vertauscht, dessen Karosserie er über und über mit Flammen bemalt hatte, und acht Auspuffe ragten aus dem Hinterteil. Pete fuhr zur Stadthalle, aber statt anzuhalten, um Joe aussteigen zu lassen, fuhr er einfach weiter. Joe: „Er fuhr nicht nur einmal, sondern viermal um die Stadthalle herum. Und ich sage noch: 'Pete, nun ist aber genug.' Eine riesige Menschenschlange wartete vor der Halle auf Einlaß und wir saßen in diesem Daimler-Cabrio ... und er fuhr immer wieder rund herum."

Hinter der Bühne traf sich Joe dann mit dem Rest der Gruppe und mit seiner Freundin Eileen, die die Rolling Stones nicht ausstehen konnte, was Joe allerdings sehr peinlich war. „Sie ging auf Mick Jagger zu und sagte: 'Du bist Scheiße.' Und ich sagte ihr: 'Laß ihn doch zufrieden.' Aber sie sagte: 'Nein, ich werde es ihm nochmal sagen: Er ist Scheiße!' Und ich sage wieder: 'Laß den Mann in Ruhe!' Ich werde nie vergessen, wie sie dann zu ihm sagte: 'Du bist ein eingebildetes Arschloch, du!'"

Am gleichen Abend spielten auch Wayne Fontana and The Mindbenders. Joe und die Band waren als Zweite dran. Sie spielten 'Hard Headed Woman', 'I'm A Man', 'You'd Better Move On' und 'Georgia On My Mind.' Bob Everson erinnert sich: „Bei 'Georgia' konnte man eine Nadel auf den Boden fallen hören." Unter tosendem Applaus verließen sie die Bühne.

Die Presse überschlug sich förmlich in ihren Berichten über die Show in der Stadthalle. Der *Telegraph* beschrieb das Ereignis als „... eine der unterhaltsamsten Shows, die je in Sheffield zu sehen und auch ihr Geld wert war." Die Rolling Stones - „fünf rasende Beat-Jungs aus London, die wie Neanderthaler aussehen" - kamen recht gut an, aber Vance Arnold hatte den Vogel abgeschossen. „Er ist mit Sicherheit ein Star der Zukunft", schrieb der *Telegraph*. „Es ist zweifelhaft, ob es selbst in Liverpool noch einen besseren Sänger gibt als Vance Arnold." Der *Sheffield Star* war ebenso beeindruckt: „Als Showtalent mit Stil steht Vance Arnold ohne Frage ganz oben auf der Liste. So, wie er sich gezeigt hat, ist er einer der Top-Rhythm and Blues-Sänger dieses Landes. Fantastisch!"

Kapitel 3

1964
Big Blues

An einem kalten Morgen gegen Ende des Jahres 1963 kletterten Vance Arnold and The Avengers in Bob Eversons alten Bus und unternahmen eine gefährliche Reise über die Penninischen Hügel. Ihr Reiseziel war der Southern Sporting Club in Manchester. Dort erwartete sie Dick Rowe, ein Produktmanager der Decca Records. Seit sechs Monaten hatten sie ungeduldig diesem Tag entgegengesehen, seit sie ein Demotape mit ihren Nummern in Joe's Wohnzimmer aufgenommen hatten. Joe schickte das Tape zu Decca, die bereits den einzigen anderen R- and B-Sänger aus Sheffield, Dave Berry, unter Vertrag hatten - er war zu diesem Zeitpunkt mit seiner ersten Single bereits unter den Top Twenty.

Die Atmosphäre beim Vorspielen war so kalt wie der Club selbst. Die Band mußte erst mit Unmengen von Rum und Bier aufgeheizt werden, bevor sie ihre Finger ausreichend bewegen und ihre Instrumente stimmen konnten. Rowe stellte ihnen Mike Leander vor, einen Produzenten, den er mitgebracht hatte, um einen Blick auf die Gruppe zu werfen. Joe, der sich ohne Publikum wie ein Fisch ohne Wasser fühlte, kündigte schüchtern die erste Nummer an, 'Sixteen Tons.' Danach folgte eine Ballade, 'You'd Better Move On', und dann ging die Post ab mit 'Got My Mojo Working' - Joe wurde ganz rot im Gesicht dabei - und schließlich spielten sie seine Lieblingsnummer 'Georgia On My Mind.' Es gab kaum eine Reaktion - Dick Rowe deutete an, daß er die Band eventuell zu Probeaufnahmen ins Decca-Studio bestellen würde, und dann packten sie ihre Instrumente ein und fuhren wieder nach Hause.

Einige Wochen später erhielten Vance Arnold and The Avengers von der Firma Decca den Auftrag, nach London zu kommen. Dies war für alle von ihnen eine Reise ins Unbekannte, besonders in jener Zeit, bevor es Autobahnen gab. „Es war wie eine Reise in ein anderes Land", erzählt Joe. „London war damals so weit entfernt und wir wußten nie, ob unser Bus nicht zusammenbrechen würde. Aber wir sind heil angekommen." Beinahe - mitten in London ging ihnen nämlich dann das Benzin aus und sie mußten den Bus durch's ganze West End schieben.

Das Aufnahme-Debut verlief sehr angespannt. Verunsichert und eingeschüchtert von der sterilen Umgebung, die so ganz anders war als die Live-Atmosphäre, in der sie sonst spielten, gelang es keinem der Bandmitglieder, sich zu entspannen. Mike Leander versuchte, sie anzufeuern, doch er erreichte lediglich, daß der Graben zwischen der Band und den Studiomusikern noch deutlicher wurde. Dave Memmott: „Er bat mich, etwas in einer bestimmten Weise zu spielen und ich sagte: 'Oh, ich weiß nicht, ob ich das kann.'

Er sagte: 'Gib mir die Stöcke!.' Dann setzte er sich ans Schlagzeug und spielte es vor. Wir waren einfach nicht gut genug. Wir müssen damals ziemlich unreif gewirkt haben."

Alles in allem wurden vier Titel aufgenommen, u. a. 'Georgia On My Mind' und 'Got My Mojo Working.' Die Gruppe hörte sich das Playback einmal an und fuhr dann nach Sheffield zurück, wo sie auf die Entscheidung warteten, ob sie nun einen Plattenvertrag bekommen würden oder nicht.

Als die Nachricht kam, war es eine gute - aber leider nur für Joe. Decca wollte Plattenaufnahmen mit ihm als Solo-Künstler machen, an der Gruppe waren sie nicht interessiert. Joe unterschrieb einen Single-Vertrag. In der Zwischenzeit arbeitete er tagsüber für das Gas Board und nachts spielte er mit der Gruppe die üblichen Gigs in der Umgebung.

Zwischen all den Auftritten in Pubs und bei Tanzveranstaltungen in Jugendclubs gab es in diesem Winter einige 'Rosinen'. Ende Januar 1964 veranstalteten die Stringfellows eine weitere Show in der City Hall, bei der Vance Arnold and The Avengers zusammen mit Wayne Fontana, Dave Berry and The Cruisers und The Hollies wieder vor ausverkauftem Haus auftreten. Drei Wochen später freute sich besonders Joe über das Angebot, daß er und seine Gruppe Sonny Boy Williamson - einer der ersten Bluesmänner, die durch England tourten - im Esquire Club begleiten sollten. Sie traten auch auf dem 'Top Stars Ball' in Sheffield auf, einer von der örtlichen Presse organisierten Veranstaltung. Das monatlich erscheinende *Top Stars Special* hatte nach den Shows in der Stadthalle begonnen, über Joe zu berichten.

Während eines Interviews nach dem 'Top Stars Ball' gab Joe bekannt, daß die Absicht, den Titel 'Got My Mojo Working' als seine erste Single zu veröffentlichen, fallengelassen wurde, weil verschiedene andere britische Sänger den gleichen Song bereits auf Platte herausgebracht hatten. Er erzählte dem Reporter, daß er kürzlich in London gewesen sei und dort acht weitere Songs aufgenommen hatte und daß sie dringend einen neuen Namen für die Gruppe suchten. „Vance Arnold and The Avengers erinnert zu sehr an die Presley-Rock-Ära und kommt heute nicht mehr an", sagte er und lud gleichzeitig die Leser ein, „etwas ganz Originelles" vorzuschlagen.

Die ersten Monate des Jahres 1964 brachten den Ausstieg von Phil Crookes bei den Avengers mit sich. Seit einiger Zeit fühlte er, daß die Gruppe für seinen Geschmack zu sehr in Richtung Blues driftete, während seine eigenen Interessen sich mehr und mehr zur Country-Musik hin bewegten, der Musik von Hank Williams, George Jones and Grandpa Jones, dem banjospielenden Hillbilly, der das Album 'Make The Rafters Ring' gemacht hatte. Phil versuchte immer wieder, Joe dazu zu bringen, sich dieses Album anzuhören. „Er konnte damit überhaupt nichts anfangen. Ich wollte, daß die Gruppe beschwingter klingt, doch Joe ging immer tiefer in den Blues hinein. Ich bin der Meinung, er hatte sich dem schon seit Beginn an verschrieben und ich glaube, er ist niemals von diesem Weg abgegangen."

* * *

Er war noch immer erst neunzehn Jahre alt, hatte bereits eine große, regionale Fan-Gemeinde, einen Plattenvertrag und vor sich eine glänzende Zukunft, die noch glänzender erschien, als ihm im April 1964 ein Managementvertrag mit Martin Yale und Terry Thornton angeboten wurde. Yale, ein Geschäftsmann aus Cleethorpes, der an diversen Tanzhallen beteiligt war, galt allgemein als der Mann, der Dave Berry entdeckt hatte. Thornton, der schon seit Jahren ein Fan von Joe war, war Besitzer des Esquire Club.

Die vertragliche Vereinbarung zwischen 'Vance Arnold' - Joe's richtiger Name wurde überhaupt nicht erwähnt - und seinem Management war sehr beeindruckend für einen Gas-Installateur-Lehrling, der noch niemals mehr als ein paar Pfund am Abend verdient hatte. Die Herren Yale und Thornton wurden hierin zu seinen Managern und persönlichen Repräsentanten in den einzeln aufgeführten Geschäftsbereichen ernannt:

a) Kleinvariete und Zirkus
b) Kinofilme
c) Bühnentheater
d) Radio- und Fernsehübertragungen
e) Konzerte, private Parties und Cabarets
f) Weltweite Plattenaufnahmen für einen Zeitraum von fünf Jahren.

Wenn sein Verdienst fünfundzwanzig Pfund pro Woche überstieg, sollte Joe 12 % Provision zahlen, 10 % bei einem geringeren Verdienst. Dann gab es noch die üblichen Klauseln, daß jeder Vertragspartner sein bestes tun würde, und einen Anhang, der von den Eltern unterzeichnet werden mußte, da Joe vor dem Gesetz noch minderjährig war.

Den Vertrag hatte Martin Yale gemacht. Joe bestand darauf, daß Terry Thortons Name darin aufgenommen wurde, denn er hatte erfahren, daß es zwischen Yale und seinem früheren Schützling, Dave Berry, Meinungsverschiedenheiten gegeben hatte. Der Besitzer des Esquire weigerte sich, in dieses Management einzusteigen, da er erstens die Provision für zu hoch hielt und außerdem der Meinung war, für Joe nicht ausreichend arbeiten zu können, wenn er gleichzeitig noch seinen Club führen mußte. Also übernahm Yale allein das Management.

Im Juni ging Joe erneut ins Decca Studio in West Hampstead und machte Aufnahmen für seine erste Single - 'Georgia On My Mind.' Der großartigen Komposition von Hoagy Carmichael gab Joe die richtige Ray Charles-Behandlung, unterstützt von einem Streicher- Arrangement und einem 22-Mann-Orchester. Die Aufnahme ist nie veröffentlicht worden. Dick Rowe - der Mann, der schon vorher die Beatles abgelehnt hatte - war der Leiter der A & R-Abteilung und seiner Meinung nach besaß die Aufnahme kein kommerzielles Potential. Für den nächsten Monat wurde ein weiterer Aufnahmetermin vereinbart, bei dem Mike Leander der Produzent sein sollte.

Am 28. Juli 1964 nahm Joe in einer dreistündigen Session den Lennon/McCartney-Titel 'I'll Cry Instead' aus *'A Hard Day's Night'* auf - mit Big Jim Sullivan und Jimmy Page an den Gitarren und mit den Chorstimmen von The Ivy League. Für die Produktion der B-Seite der Platte - 'Precious World', ein Titel, der zum ersten Mal in Amerika mit The

Wallace Brothers veröffentlicht worden war - wurde eine 16-köpfige Band ins Studio gebracht.

Joe, der auf dieser Session von Martin Yale begleitet wurde, war in guter Form und verkündete, daß Vance Arnold der Vergangenheit angehöre „Von nun an bin ich wieder Joe Cocker." Als ein Reporter, der ihm von Sheffield nachgereist war, fragte, was er tun würde, wenn er eine Menge Geld verdiente, sagte er: „Die Geldfrage in diesem Geschäft macht mir keine Sorgen. Ich betrachte dieses Geschäft nicht vom kommerziellen Standpunkt aus. Ich will in Wirklichkeit nur eines: als Sänger respektiert werden. Die Musik ist das einzige, das mich interessiert." Solange er genug hatte, um sich ein paar Gläser Bier zu kaufen und seine umfangreiche Plattensammlung zu vergrößern, war Joe glücklich.

In Joe Cockers ganzem Leben spielte, damals wie heute, Geld stets die zweite Rolle nach der Musik.

* * *

Von nun an verlief sein Leben zeitweise sehr hektisch. Sechs Nächte pro Woche mit der Band und tagsüber auch noch Gasinstallateur hieß, daß Joe von der Arbeit nach Hause rannte, schnell seinen Tee einnahm und sofort zum nächsten Gig raste und in den meisten Nächten nicht vor früh morgens ins Bett kam. „ Das wirkliche Problem war, ihn am nächsten Morgen dann aus dem Bett wieder herauszukriegen", erzählt sein Vater. „Er verließ das Haus oft erst zu der Zeit, als er bereits an seinem Job sein sollte. Dann, Mitte August, als die Platte 'I'll Cry Instead' in zwei Wochen erscheinen sollte, entschied Joe, daß es für ihn Zeit war, sein Werkzeug hinzulegen und sich nur noch seiner Karriere als Sänger zu widmen.

Seine Vorgesetzten beim Gaswerk hatten dafür vollstes Verständnis. Statt ihn ganz zu entlassen, beurlaubten sie ihn für sechs Monate mit der Möglichkeit, wieder einzusteigen für den Fall, daß die Dinge sich nicht wunschgemäß entwickeln würden. Zu Hause freute sich Madge darüber, daß ihr jüngster Sohn selbst über seine Zukunft und sein eigenes Schicksal entscheiden könnte, aber Vater Harold war nicht so sicher. „Seine Mutter dachte immer 'Laß ihn doch machen, was er will!' aber ich hatte sehr viel strengere Ansichten als sie. Mir gefiel das alles ganz und gar nicht, denn ich war der Ansicht, daß er bei den Stadtwerken einen Abschluß als Gasinstallateur - Meister machen sollte, damit er immer etwas in der Tasche hätte, worauf er zurückgreifen konnte. Aber schließlich reichte er doch seine Kündigung ein."

Ein wesentlicher Grund dafür war das Angebot, auf einer Tournee mit Manfred Mann, den Merseybeats und Little Eva mitmachen zu können, die sieben Wochen durch ganz Großbritannien führen sollte. Seit vier Jahren trat Joe nun regelmäßig in Clubs und Pubs auf, aber während all der Zeit hat er sich niemals weit von Sheffield entfernt. Jetzt, kurz vor Veröffentlichung einer Platte und der Tournee vor ihm sah es so aus, als stehe er kurz davor, landesweite Anerkennung zu erlangen.

* * *

Trotz des Pop-Stils seiner Platte hatte sich Joe Mitte 1964 total in den Blues vertieft. Nach seinen eigenen Worten war sein Denken “sehr puristisch geworden, er warf alle Chuck Berry-Titel raus und spielte nur noch Material in der Richtung von Muddy Waters, Jimmy Reed und natürlich Ray Charles. Seine Mundharmonika, die er erst vor wenigen Monaten auf der Bühne eingeführt hatte, bereicherte die Band um eine weitere Klangdimension, doch was ihm wirklich fehlte, waren Musiker, die den Blues ähnlich wie er empfanden.

Dave Hopper, der Nachfolger von Phil Crookes an der Lead-Gitarre, paßte hervorragend in die Band. Ein Musiker, dessen Fertigkeit ihn befähigte, andere Gitarristen - sowohl die berühmten als auch seine örtlichen Kollegen - zu imitieren. Hopper stand schwer auf Buddy Guy und den Chicago-Blues. Dave Memmott war okay - er sorgte für den soliden Beat, den Joe gerne hinter sich hörte, aber für Bob Everson und Graham Bower, deren Einstellung zur Musik nicht klar erkennbar war, war das Ende des Weges gekommen.

Das Ausscheiden von Bob Everson, dem letzten Original-Mitglied der Cavaliers und Joe's Freund seit ihrem achten Lebensjahr, ging ziemlich grob und unschön vor sich. „Ich kam zu Joe's Haus und Madge sagte mir, daß er bei den Proben im Esquire sei. Ich konnte das überhaupt nicht verstehen und ging zum Esquire. Die Tür war verschlossen, ich konnte nicht hinein aber ich konnte die Band spielen hören. Ich war am Boden zerstört.“ Es hatte überhaupt keine Anzeichen gegeben, niemand hat irgendetwas davor oder danach darüber gesagt. Rückblickend meint Bob Everson: „Ich war sauer, als er mich rausgeworfen hatte, aber später wurde mir klar, daß das, was er machte, mir weit voraus war. Ich habe Joe immer dafür bewundert, daß er seinen Prinzipien treu geblieben ist. Die Jahre mit ihm waren der Höhepunkt meines Lebens.“

Dave Green kam als Bassist neu in die Gruppe. Er hatte bereits in verschiedenen Gruppen in Sheffield gespielt, wartete aber schon seit geraumer Zeit darauf, mit Joe spielen zu können. Die neue Besetzung - später als Joe Cocker's Big Blues bekannt - wurde durch Vernon Nash vervollständigt, einem achtzehnjährigen Pianisten, den Joe eines Nachts in der Bar gleich neben dem Esquire-Club entdeckt hatte. „Ich spielte Boogie Woogie und Blues und Joe kam rein und sagte: ‘Du bist engagiert.’ Ich sagte: ‘Moment, ich habe noch nie mit irgendeiner Band gespielt, aber er gab mir den Job.“ Vernon hatte sich gerade für einen Musiklehrer-Kurs in Huddersfield eingeschrieben. Er hatte ein Stipendium bekommen, seine Unterkunft war bereits arrangiert und es war eigentlich an der Zeit für ihn, abzureisen. Das hat er nie getan. „Ich kam direkt aus dem Nichts und spielte gleich mit der besten Band in Sheffield.“

* * *

‘I'll Cry Instead’ wurde am 4. September 1964 veröffentlicht. Es wurde einige Male im BBC gespielt, Radio Caroline brachte eine kurze Besprechung und Jimmy Savile von Radio Luxembourg ging sogar so weit, sie als „eine wirklich großartige Scheibe“ zu bezeichnen, und er fügte noch hinzu: „Joe Cocker ist ein Name, den man in Zukunft noch oft hören wird.“

Die Presseveröffentlichungen über die Platte widmeten Joe's Tätigkeit als Gasinstallateur ebenso viel Aufmerksamkeit wie seinem Können als Sänger. Decca erklärte: „Joe wird mit Sicherheit ein großer Star in der Pop-Szene. Sollte aber irgend etwas schiefgehen, sind wir überzeugt, daß er auch als Gasinstallateur große Erfolge haben wird.“ Martin Yale entwarf einen Handzettel mit der Überschrift „IT'S A BIG GAS MAN“, und er prophezeite, daß „aus dem Sänger entweder BIG JOE COCKER oder JOE COCKER THE GREAT wird oder er geht wieder nach Yorkshire, um Gasherde zu reparieren.“ Joe wurde als ein Mann beschrieben, der „zottiges Haar und ein Gesicht wie die Rückseite eines Busses der Sheffield Corporation“ hat - zweifelhafte Bemühungen eines Managers, der dafür sorgte, daß Joe seine schulterlangen Haare abschnitt und sich die Fingernägel pflegte.

'I'll Cry Instead' wurde ein Flop. Als für diese Zeit typische Beat-Nummer repräsentierte sie in keiner Weise Joe Cockers Stil, sondern vermittelte lediglich eine Ahnung von seinem stimmlichen Talent. Joe, der in Zukunft sehr zurückhaltend war, wenn es um die Interpretation von anderen Lennon/McCartney-Songs ging, hatte diesen Titel eigentlich sowieso nicht aufnehmen wollen. Später sagte er: „Was machte man nicht alles, um den Durchbruch zu erreichen.“

* * *

Während Joe keine großen Hoffnungen bezüglich seiner Debut-Platte hatte, war er doch sehr optimistisch, was die Tournee mit Manfred Mann betraf. Der Vertrag mit den Veranstaltern garantierte Joe und der Band ein Honorar von dreißig Pfund pro Woche. In den Vorankündigungen der Tour wurde behauptet, daß diese Show sich sehr von dem üblichen Schema der Pop-Pakete unterscheiden würde - 'besondere Sorgfalt wurde auf die Bühnenausstattung und die Choreographie verwendet.' In Wirklichkeit wurde es jedoch eine Katastrophe.

Manfred Mann spielten nicht einmal bei der Premiere. Streitigkeiten zwischen den Veranstaltern sorgten dafür. Niemand hat jemals erfahren, warum Little Eva, die mit dem Hit 'Locomotion' gerade weltberühmt geworden war, nicht erschien. Die Merseybeats aus Liverpool, damals gerade eine durchschnittlich erfolgreiche Band, blieben als Headliner übrig. Das Konzert-Paket setzte sich schließlich aus völlig unbekannten Musikgruppen aus dem Norden Englands zusammen, wobei Joe Cocker's Big Blues ganz unten auf dem Plakat standen.

Die Tour startete am 13. September im Sunderland Empire vor einem kleinen Publikum, das nur zögernd applaudierte, als Joe 'Georgia On My Mind' sang. Dick Rowe von Decca hätte wahrscheinlich wissend genickt, wäre er anwesend gewesen, zumal Joe sich weigerte, den Titel 'I'll Cry Instead' bei Live-Konzerten zu singen. Die Tour führte nach Hull, Newcastle und Edinburgh, wo der Ansager in der Usher Hall die Handvoll Zuhörer drängte, sich nach vorne in die ersten Reihen zu setzen. Der nächste Abend in Watford war eine ähnliche Geschichte. „Und dann teilte man uns mit, daß die Tour beendet sei", erzählt Vernon Nash. Gestrandet und fast pleite, schlugen sich die Bandmitglieder, so gut sie konnten, zurück nach Sheffield durch. Ihr Equipment hatten sie zurückgelassen, um es später abholen zu lassen. Sie sahen nichts von den versprochenen Gagen. Fünf Tage Tournee hatten aus dem Traum einen Alptraum gemacht.

Aber Joe Cocker's Big Blues war nicht die Art von Band, die sich durch ein simples Fiasko unterkriegen ließ. Im Esquire, wo sie vor Beginn der Tour ihr Debut gegeben hatten, waren sie ungeheuer populär und schon bald begannen Club-Auftritte, die ausgefallenen Termine zu ersetzen. Martin Yale hatte begonnen, die Band auch im weiteren Umkreis zu verkaufen, denn überall schossen die Rhythm-and-Blues-Clubs aus dem Boden. "Es waren die Zeiten von 'schalte das Licht aus, hänge ein Skelett an die Wand und fertig ist der R & B-Club'", erinnert sich Vernon Nash. Martin Yales Beziehungen bestanden hauptsächlich in kleinen Vororten von Lincolnshire wie Cleethorpes, Grimsby und Louth Town Hall, wo die Musiker nicht nur ihr ganzes Equipment fünf Etagen hoch tragen mußten, sondern allen, die dort spielten, drohte ständige Gefahr von seiten der Gangs, die den Gruppen aus der Stadt gerne zuhörten, diese aber noch viel lieber nach ihren Konzerten mit großen Knüppeln verprügelten.

Ein etwas zivilisierteres Publikum konnte man im Twisted Wheel in Manchester finden, einem Club, der ähnlich geführt wurde wie das Esquire. Hier, wo man die ganze Nacht spielte, erinnert sich Joe: „... eine klassische Nacht. Meine Stimme war extrem heiser, aber es war der beste Gig, den die Band je gespielt hatte." Wo immer sie auch hinfuhren, ob nach Cleethorpes, Chester oder sogar nach Carlisle, nach dem Gig fuhren sie stets sofort nach Hause zurück. Noch vor dem Ende von Vance Arnold and The Avengers hatte Dave Memmott die Fahrerpflichten von Bob Everson übernommen und egal, wie groß die Entfernung war oder wieviel Bier man konsumiert hatte, Joe wollte stets so schnell wie möglich wieder nach Hause fahren. „Ich war so häuslich damals, ich konnte es nicht ertragen, eine Nacht von zu Hause fortzubleiben."

Einen Monat nach dieser mißglückten Tour war es Martin Yale irgendwie gelungen, Joe Cocker's Big Blues in der ITV- Unterhaltungsshow - *Stars And Garters* - unterzubringen. Die Show wurde im eigenen Studio aufgenommen, das man wie einen Pub dekoriert hatte. Die Band mußte vier Tage in London proben, wo es ihnen besonders gut gefiel. Sie wohnten in einer Pension, spielten einmal am Morgen und einmal am Nachmittag ihre Nummer durch und verbrachten den restlichen Tag im Pub. Das einzige Problem stellte das elektrische Klavier von Vernon Nash dar. Sein Vater hatte es sehr mißbilligt, als er seine Studien aufgab, nur um mit Joe zu spielen, und er wäre entsetzt, wüßte er, daß sein Sohn sich ein elektrisches Klavier auf Ratenzahlung gekauft hatte. Wenn sie jetzt im Fernsehen auftraten, würde er es sehen - Vernon sorgte deshalb dafür, daß vier große Tänzerinnen engagiert wurden, die vor dem Klavier tanzten. So blieb sein Vater weiterhin ahnungslos.

Stars And Garters war eine TV-Show, in die Joe eigentlich nicht hineinpaßte. In der Show, in der Schlagersänger, Alleinunterhalter und ein Pfadfinder-Führer, der verkündete, daß er sein Sofa am liebsten mit Joe's Locken polstern würde, auftraten, sang Joe 'Shame, Shame, Shame' von Jimmy Reed, dem Bluesmann aus Chicago, während die Band lediglich ein Playback mimte. Die Begeisterung über den Auftritt im Fernsehen verschwand in dem Moment, als sie erfuhren, daß sie keinerlei Bezahlung erhalten würden - Martin Yale beanspruchte die gesamte Gage für noch nicht bezahlte Provision.

* * *

Mit den Big Blues hatte Joe sein seit langem angestrebtes Ziel erreicht, eine Band zu haben, die kompromißlosen Blues spielt. In anderen Teilen Englands gab es Bands, die ähnlich spielten, wenn auch nicht so ursprüngliches Material - The Animals, Yardbirds, Manfred Mann, Them und natürlich die Rolling Stones, die Joe in der Stadthalle von Sheffield nicht überzeugen konnten, weil „... ihre Version des Blues war nicht unsere." Nachdem sie den Durchbruch geschafft hatten, entfernten sich einige dieser Bands von ihren R & B-Wurzeln. Diesen Punkt hatte Joe im Sinn, als er, Ende 1964, mit dem *Top Stars Special* sprach. „Wir wissen, daß wir zu einer Zeit auf der Bildfläche erschienen sind, die man als das Ende der R & B-Welle bezeichnen kann, aber das stört uns nicht. Unser Bühnen-Act wird noch lange Zeit ankommen. Da bin ich mir ganz sicher, besonders mit Vernon Nash am elektrischen Klavier. Dieser neue Sound ist großartig." In dem selben Interview definierte er noch einmal seine Motivation: „Wir wollen nicht unbedingt groß werden. Wir wollen eine Band, auf die wir stolz sein können, mit einem Sound, mit dem wir arbeiten können."

Zweifellos war Joe Cocker's Big Blues schon jetzt eine Band, auf die er stolz sein konnte, und das war eine bekannte Tatsache im Umkreis von zwanzig Meilen von Sheffield. Dave Memmott: „Überall, wo wir spielten, waren die Clubs randvoll - und überall die gleichen Gesichter. Wir hatten richtige Fans, die uns überall hin folgten. Zu der Zeit - ungefähr 1964-65 - konnte Joe aber auch keinen falschen Schritt tun. Manchmal hatten sich die Leute stundenlang angestellt, um uns irgendwo zu sehen. Unser Publikum wartete schon seit sieben, doch wir kamen oft erst um zehn - aber die Leute kannten ihn ja. Es war eine ganz lockere Situation. Alle anderen versuchten stets, dem Publikum zu gefallen - Joe tat so etwas nie. Wann immer er auftrat, tat er nur das, was er wollte - nicht was das Publikum wollte. Er hatte nie so ein typisches Programm gemacht wie andere Gruppen, die den letzten Set nur mit Rock 'n' Roll-Songs durchzogen. Gewöhnlich drängten sie ihn, doch er sagte nur: 'Nein, später.' Als letzte Nummer sang er meistens einen Titel von John Lee Hooker."

Bei all seiner Hingabe wirkte Joe's Einstellung zum Blues jedoch nie fanatisch und er hatte nichts dagegen, Songs zu verändern, um sie dem Publikum näherzubringen. „Er war sehr witzig und vielseitig", erinnert sich Bill Carr, der selten einen Big Blues-Auftritt verpaßte, „besonders was die zwölf Takte betraf. Er hörte sich den Originalsong an und schuf dann seinen eigenen Text, wobei er manchmal den Refrain übernahm - andere Sänger trugen die Titel wortgetreu vor."

Die Folge war eine große Schar von urteilsfähigen Fans - aber nur wenig finanzielle Anerkennung. Da sein Manager achtzig Meilen entfernt in Cleethorpes saß, mußte Joe sich noch immer darum kümmern, die Gage von den einzelnen Gigs einzutreiben und die Musiker zu bezahlen. Nach Abzug der von Dave Memmott verauslagten Benzinkosten wurde die Gage gleichmäßig unter den Musikern verteilt. Der Bassist, Dave Green, hat

Aufzeichnungen darüber in einem kleinen Buch aufbewahrt. „Die höchste Gage, die wir erhielten, waren 18, 10 Pfund pro Musiker für eine Woche. Joe hielt das Geld meistens bis zum Ende der Woche zurück. Am Freitag trafen wir uns dann bei ihm zu Hause, aßen Fisch und Chips und verteilten das Geld. Dann gingen wir ins Pub."

Pubs spielten eine große Rolle im Leben von Joe Cocker's Big Blues. Alle waren starke Trinker, und wenn sie nicht zusammen spielten, dann tranken sie meistens zusammen - und Samstag mittags waren sie ohne Ausnahme im Stone House zu finden.

Für die Musikszene in Sheffield bedeutete das Stone House mehr als nur ein Pub - es war so etwas wie eine Musiker-Börse. Hier konnte eine Band, deren Schlagzeuger ausgestiegen war, einen Ersatzmann finden, indem sie einfach herumfragten, ob jemand den Gig haben wollte. „Gitarrist für heute gesucht", gab zum Beispiel jemand bekannt. Oder: „Wer will mit nach Aberdeen für zweieinhalb Pfund?" Sämtliche Provinz-Bands waren am Samstag mittag dort versammelt und jede Gruppe hatte ihren eigenen Tisch.

Joe und seine Big Blues vertilgten Unmengen von Bier im Stone House. „Wir kamen dort um 11. 30 Uhr an, gleich nachdem geöffnet wurde", erzählt Vernon Nash. „Und bis drei Uhr nachmittags, wenn der Laden wieder zusperrte, hatte jeder von uns mindestens fünf bis sechs große Biere getrunken, manchmal sogar mehr. Anschließend machten wir uns auf den Weg nach Cleethorpes oder wo immer wir an diesem Abend spielen sollten ... dort aßen wir eine Kleinigkeit und tranken weitere vier oder fünf Gläser Bier, bevor wir die Instrumente aufbauten. Nachdem wir damit fertig waren, tranken wir nochmal drei oder vier Bier und dann noch eins auf der Bühne. Viele Leute meinten, wir wären unprofessionell, aber wir hatten mit dem Show-Business eigentlich überhaupt nichts zu tun, wir spielten nur für uns selbst. Joe war der eigentliche Anstifter. Man kann sich unmöglich an den Joe Cocker der frühen Jahre erinnern, ohne gleichzeitig an große Mengen Alkohol zu denken."

Terry Thornton zuckt noch heute bei der Erinnerung daran zusammen. Sein Esquire-Club hatte keine Bar und so sorgten Joe und seine Band jedesmal dafür, daß sie schon genügend abgefüllt dort ankamen. „Wir hatten sie für acht Uhr engagiert - keine Chance. Um neun Uhr sah ich wieder auf meine Uhr - nichts war von ihnen zu sehen. Alle Leute fragten: 'Kommt er denn noch? Sind Sie sicher?' Dann um zehn Uhr gab es unten einen Riesenlärm - sie waren eingetroffen. Ich sehe es noch ganz deutlich vor mir. Eileen war auch da - sie war immer bei ihm, die beiden waren wie zusammengewachsen - und sie half ihm die Treppen hinauf, indem sie ihn von hinten schob. Sie taumelten durch den Club, waren kaum imstande, sich auf den Beinen zu halten. Ich fragte ihn: 'Joe, warum tust du mir das an?' Aber man konnte ihm nicht wirklich böse sein - er war so ein lieber Kerl."

* * *

1964 war für Joe ein sehr ereignisreiches Jahr gewesen. Es hatte so viele Hoffnungen gegeben - eine Platte, eine landesweite Tour und ein TV-Auftritt - doch nichts davon hatte sich zu einer wirklich guten Chance für die Band entwickelt. Es wurde darüber gesprochen, daß Joe eine zweite Single - eine Coverversion von Chuck Jacksons 'I'll Keep

Forgetting' - aufnehmen sollte, aber es wurde nichts daraus und schließlich war der Vertrag mit Decca erloschen. Joe ließ sich von derartigen Vorfällen nicht beeindrucken, wußte er doch, daß er in seiner Heimat ein anerkannter Künstler war. Joe Cocker's Big Blues beendeten das Jahr mit einem Auftritt bei einer Box-Session im Esquire. Dave Berry and The Cruisers waren dort und noch viele andere Fans und Freunde. Joe wurde stürmisch gefeiert - und um sechs Uhr früh war das Esquire noch bis auf den letzten Platz voll.

Kapitel 4

1965 - 1966
Le Petit Ray Charles

Nach den Weihnachtsfeiertagen gab es immer wenig zu spielen und Neujahr 1965 sah es so aus, als würde dieses Jahr noch schlimmer als die vorangegangenen Jahre werden. Seit sie sich vor fünf Monaten entschlossen hatten, professionell Musik zu machen, hatten Joe und die Band bei Gagen zwischen 8 und 20 Pfund schwer zu kämpfen, um mit dem Geld zurecht zu kommen. Die Zeiten waren hart, aber den Lebensstil, morgens nicht zu einer bestimmten Zeit aufstehen zu müssen und das Privileg der starken Freundschaft wußte jeder zu schätzen. Dave Hopper erinnert sich an die lustigen Späße, die sie unterwegs zu den Gigs im Bus trieben, besonders an Joe's Nachahmung des Komikers Peter Sellers, dessen Album er auswendig gelernt hatte. „Cocker war ein sehr guter Imitator. Er konnte all diese witzigen Stimmen nachmachen und kannte die Gags von A bis Z. Auf unseren Reisen haben wir die ganze Zeit nur gelacht, egal wie weit wir fahren mußten."

Aber an einem Januar-Abend hörte das Lachen auf. Es war ein verschneiter Freitag und sie hatten einen Gig von Martin Yale in Louth gespielt. Während sie über die glatten Landstraßen fuhren, ließ Joe die Bombe platzen: „Plötzlich sagte er: 'Es tut mir leid, Jungs, aber ich muß diese Band auflösen! '„ erinnert sich Vernon Nash. „Wir waren wie vor den Kopf gestoßen. Joe sagte: 'Ich habe keine Gigs mehr.'" Verzweifelt kehrten sie nach Sheffield zurück. Das nächste Wochenende war schrecklich für Joe Cocker's Big Blues. Gerade noch stolze Mitglieder der besten Band in Sheffield, sahen sie plötzlich einer langweiligen Zukunft in einem bürgerlichen Job entgegen. Und dann erhielt Joe am späten Montagabend - die Moral hatte ihren tiefsten Punkt erreicht - einen Anruf von Terry Thornton.

Der Esquire-Mann war um den Zustand der Band sehr besorgt und hatte den ganzen Tag damit verbracht, Jobs zu besorgen. Über eine seiner zahlreichen Verbindungen hatte er erfahren, daß eine Band gesucht wurde, die auf den amerikanischen Air Force-Stützpunkten in Frankreich spielen sollte. Das bedeutete sechs Wochen Arbeit - aber sie mußten bereits am nächsten Tag abreisen.

Joe verlor keine Zeit. Er rief sofort Dave Memmott und Dave Green an, doch Vernon Nash und Dave Hopper erhielten die Nachricht erst am nächsten Morgen, als sie aus ihren Betten geworfen wurden. „Joe sagte, daß er es niemandem übel nehmen würde, wenn er aussteigen will", erzählt Dave Hopper. „Wir sind alle mitgefahren."

Alle notwendigen Formalitäten, einschließlich der Beschaffung der Pässe, waren in wenigen Stunden erledigt. In Dave Memmotts Thames-Bus machten sie sich auf den Weg nach Frankreich. Am Abend erreichten sie Dover. Sie hatten gerade noch genug Geld, das sie sich von Terry Thornton geliehen hatten, um die Fähre zu bezahlen und für das Benzin bis zu ihrem Reiseziel, Orleans. Sie erfuhren, daß die nächste Fähre erst am nächsten Morgen ablegte, und so mußten sie die Nacht im Bus verbringen, den sie auf einem Fußballplatz geparkt hatten. Es war Januar und es war kalt - aber sie waren so aufgeregt, daß sie das kaum bemerkten.

* * *

Als die Band am nächsten Tag in Calais ankam, erwartete sie ein unvorhergesehener Schicksalsschlag - der französische Zoll forderte von ihnen eine Kaution in Höhe von 450 Pfund, bevor man sie ins Land hineinlassen wollte. Zu jener Zeit waren Instrumente und Equipment in Frankreich rar und teuer und schon manche britische Band hatte zwei komplette Ausrüstungen mitgenommen, um eine davon mit Profit zu verkaufen, bevor sie das Land wieder verließen. Ungerührt von allen Bitten und Protesten blieben die Zollbeamten unerbittlich - keine Kaution, keine Einreise.

Es gab nur einen Weg für sie - den Weg zurück nach England. Sie kratzten ihr restliches Geld zusammen und fuhren mit der nächsten Fähre zurück. Sie waren nur wenige Stunden außer Landes gewesen. Joe rief noch spät in der Nacht bei Terry Thornton an - es war das erste Telefonat von vielen, die in den kommenden Wochen noch folgen sollten - und der versprach, das nötige Geld zu schicken unter der Bedingung, daß ein Bandmitglied im Bus schlafen würde, um auf das Equipment aufzupassen.

Am nächsten Morgen jedoch, nachdem sie schon die zweite Nacht im Bus auf dem Fußballplatz verbracht hatten, entschlossen sie sich zu einer anderen Taktik. Diesmal nahmen sie die Fähre nach Ostende in Belgien, wo die Zollbestimmungen lockerer waren. Sie wurden sofort ins Land gelassen und fuhren in einem Stück quer durch Belgien. An der französischen Grenze tauchte dann aber ein neues Problem auf, als nämlich ein Zollbeamter den Verstärker für einen Radiosender hielt. Durch Bestechung in Form einer Schachtel Zigarretten wurde dieses Problem gelöst und sie konnten ihre Reise fortsetzen.

Irgendwann kamen sie völlig pleite in Orleans an und kannten nur den Namen des Veranstalters, der sie dorthin verpflichtet hatte, Ted Easton. Sie fanden den Luftstützpunkt und suchten den für das Entertainment verantwortlichen Offizier auf. Dieser fragte: „Könnt ihr auch Beatles-Songs spielen?“ Joe antwortete: „Nein.“ Daraufhin sagte der Offizier: „Dann werden sie euch umbringen.“ Joe erzählt weiter: „Am ersten Abend, als wir auf die Bühne kamen, fing ich mit dem Mundharmonika-Intro für ‘You Got Me Running’, dem alten Jimmy Reed-Song an und alle sprangen auf und spielten verrückt. Ich dachte: ‘Oh nein, das ist das Ende’, aber sie standen total auf uns!“

Die amerikanischen Soldaten hatten die Nase voll von den Gruppen, die immer nur den gleichen Sound spielten, und sahen in Joe Cocker's Big Blues eine erfrischende Verbesserung des musikalischen Angebotes. Sie gaben der Band Drinks aus und zum ersten Mal aßen sie richtige amerikanische Hamburger und stellten dann fest, daß sie noch keine Unterkunft für die Nacht hatten. Also schliefen sie wieder im Bus.

* * *

Am Anfang bestand das Publikum zum größten Teil aus Weißen, aber schon sehr bald hatte es sich auch unter den schwarzen Soldaten herumgesprochen, wie heiß die neue Band war, und sie kamen in großen Scharen. Joe: „Es war beängstigend, denn zu jener Zeit gab es noch strikte Rassentrennung und wer immer den Saal zuerst betrat, entschied automatisch, welche Seite des Raumes für welche Hautfarbe an diesem Abend reserviert war. Wenn also der erste Gast ein Weißer war, dann setzte sich der erste schwarze Gast auf die andere Seite.

Und wir erlebten auch wahnsinnige Schlägereien zwischen Prostituierten. Die Grenzen der nach Hautfarbe getrennten Reviere durften nicht verletzt werden. War dies aber doch geschehen, so traf man sich auf der Toilette und schlug brutal aufeinander ein. Ich habe mal versucht hinterherzulaufen, da kam die MP, sie hielten mich fest und sagten: 'Halt' dich da raus!' Ich sagte: 'Es hört sich an, als würde da drinnen jemand umgebracht' ... 'Das geht dich nichts an.' Dieses Mädchen, sie haben sie nackt ausgezogen ... sie total gedemütigt."

Es gab auch noch Erfahrungen anderer Art. „Ich war nie in meinem Leben so besoffen wie damals. Da lädt ein Typ mich zu einem Bourbon ein und ich sage: 'Da wo ich herkomme, trinkt man Scotch Whisky - zwei von denen würden euch umhauen!' Und dieser Typ meint: 'Na gut, dann versuch' den doch 'mal.' Ich nahm das volle Glas und kippte es mit einem Mal 'runter und alle starrten mich völlig entgeistert an und sagten: 'Großer Gott ... du kannst doch... ' Im nächsten Augenblick war ich weg. Einfach umgekippt. Bum! Keine Show heute abend!"

Es gab keine Unterkunft und auch kein Geld dafür. Also schliefen Joe und die Band weiterhin im Bus. Es war eng und eiskalt aber wenigstens war das Equipment in Sicherheit. Morgens gingen alle in öffentliche Bäder in Orleans, zahlten jeder einen Franc und standen eine ganze Stunde unter der heißen Dusche, bis sie sich nach der kalten Nacht im Bus wieder aufgewärmt hatten. Ihr Agent Ted Easton ließ kein Wort von sich hören; jeden Tag versuchten sie, ihn telefonisch zu erreichen, um ihn um einen Vorschuß zu bitten. „Er war unerreichbar", erzählt Vernon Nash. „Er wohnte in Chateauroux, ungefähr hundert Kilometer südlich von uns, und er hat uns nur ein einziges Mal besucht - mit seinem Leibwächter, einem riesigen, schwarzen Typ. Wir sollten eigentlich fünfzig Dollar in der Woche bekommen (zu damaliger Zeit etwa zwanzig Pfund). Wir hielten das für eine Menge Geld, bis wir dann die Wirklichkeit kennenlernten."

Einmal gelang es Joe, eine Verbindung mit dem unerreichbaren Easton zu bekommen. „Alle lagen mir in den Ohren: 'Joe, wir verhungern.' Wir besaßen keinen Pfennig Geld mehr. Also rief ich diesen Typen an und der kam mir mit einer großartigen Entschuldigung: 'Oh! Meine Frau! Sie hat gerade ein Baby bekommen. Ich bin so verliebt. Ich bin so aufgeregt ... ich rufe euch später zurück.'"

Verzweifelte Telephonanrufe erreichten Terry Thornton, der dafür die Gebühren übernehmen mußte. „Jeden Abend erhielt ich einen Anruf. Ich dachte: 'Oh je, Joe gehört nicht zur Zunft der fahrenden Künstler.' Wissen Sie, er war es nicht gewohnt, von zu Hause fort zu sein. Er rief an: 'Ich komme nach Hause.' 'Nein. Halte durch.' 'Wirst du uns Geld schicken?' Immer wieder habe ich Geld geschickt aber sie hörten nicht auf, mich ständig anzurufen. Allein diese Anrufe haben mich ein Vermögen gekostet!"

* * *

Einige Wochen später teilte man der Band mit, daß sie zukünftig in einem anderen, größeren Camp - Forest Base - auftreten würden. „Wir gingen direkt in den Konzertsaal des Soldaten-Clubs", erzählt Vernon Nash. „Da kommt dieser Typ, Sergeant Devore auf uns zu. Den werde ich nie vergessen. Er fragte:

'Was wollt ihr denn hier, Jungs?'

'Wir sind die Gruppe!'

'Was soll'n das heißen? Was für 'ne Gruppe ... ihr Scheißer?'

'Die Musiker ... die Band.'

'Okay. Ihr seid die Band. Jaaah ... Okay. Und wo ist die Tussi?'

'Tussi?'

'Also kommt jetzt ... wo ist die Schnecke?'

'Pardon? Was meinen Sie ... die Schnecke?'

Nachdem er uns noch ungefähr zehn weitere amerikanische Spezialausdrücke an den Kopf geworfen hatte, hörten wir die Bezeichnung 'Braut' und wußten nun endlich, daß er von einer Sängerin sprach.

'Ah, nein, wir haben einen Sänger.'

'Ohne Sängerin könnt ihr in diesem Club nicht spielen.'

'Aber deswegen sind wir doch extra von England hergekommen.'

'Das ist ja sehr schön ... aber ohne eine Sängerin werdet ihr weder hier noch in einem anderen Club spielen, weil keiner von den Jungs kommen würde.'"

Joe Cocker's Big Blues zogen sich in die Bar zurück. Nach kurzer Beratung beschlossen sie, ein Telegramm an Terry Thornton zu schicken: 'SOFORT SÄNGERIN SCHICKEN! DRINGEND!' Dann warteten sie auf die Antwort. 'SÄNGERIN UNTERWEGS - SPIELT!' Sie gingen zurück zur Forest Base, zeigten dem Sergeant Devore das Telegramm aus England und spielten an diesem Abend ihr übliches Programm. „Am nächsten Tag", erzählt Vernon Nash, „kam dann diese unglaubliche Marilyn Monroe-Imitation herein ... Riesenbusen, weißblond gebleichte Haare und so weiter. In breitestem Sheffield Akzent begrüßte sie uns: 'Hallo Schätzchen, wo ist Joe Cocker?'"

Das Mädchen war Marie Woodhouse, die Tochter eines Gastwirtes in Sheffield. Unter dem Namen Billy Rae hatte sie in ein paar Arbeiterclubs gesungen. „Sie war sehr lustig ... aber sie hatte mit Proben und so nichts im Sinn. Sie kannte ein paar Songs ... 'Blueberry Hill' ... aber die Schlagfertigkeit, mit der Joe und sie aufeinander reagierten ... wenn man das aufgenommen hätte. Sie war eine absolute Komödiantin - und die

Amerikaner liebten sie. Später heiratete sie einen Saxophonisten, den sie dort kennengelernt hatte ... es war der Typ, der Joe den ersten Joint gegeben hat."

* * *

Von dem Augenblick an, da sie die Sängerin hatten, spielte die Band jede Woche in einem anderen amerikanischen Stützpunkt in der Umgebung von Orleans. Sie spielten von sieben Uhr abends bis ein Uhr früh - eine Stunde spielen, fünfzehn Minuten Pause. Ein schwarzer Soldat begleitete die Band von Base zu Base und war echt erstaunt, daß ein weißer Mann so singen konnte wie er. Eine der Lieblingsnummern war ein langsamer, eindringlicher Blues - 'I Don't Mind' von James Brown. Eines nachts spielten sie ihn fünfundzwanzig Minuten lang. Die langen Sets wurden mit Instrumentalstücken aufgefüllt - wobei Dave Hopper zeigte, was er an der Gitarre drauf hatte, und mit Titeln von Chuck Berry, die Joe gut genug für ein Revival hielt, und mit zahlreichen Titeln von Ray Charles. Am frühen Abend spielten sie einige Nummern in der Art von Carl Perkins - 'Matchbox' war eine davon -, um den weißen Soldaten entgegenzukommen, von denen der größte Teil Country- und Western-Musik dem Blues vorzog. Spät am Abend kamen dann die Bo Diddley-artigen Raps, wobei Joe die zwölf Takte improvisierte und den Text veränderte, so wie er es schon daheim in den Pubs gemacht hatte.

An manchen Abenden kamen in den Pausen einzelne Soldaten auf die Bühne, um etwas zum Besten zu geben. Dave Hopper: „Einmal holte Joe uns von der Bar weg. 'Kommt schnell her, schnell' ... und da stehen drei schwarze Typen auf der Bühne. Sie fingen an zu singen und es klang wie ein Chor." Andere Soldaten wollten auch mit der Band jammen. „Das war großartig", sagt Dave Hopper. „Einer der Typen klang wie Sam Cooke und ein anderer - er hieß Billy Baldwin - klang genau wie Jerry Lee Lewis. Es gab noch einen ... Jimmy Soundso ... er behauptete, daß er mal bei Frankie Lymon's Teenagers gewesen war. Er ist oft bei uns eingestiegen. Ich frage mich oft, was aus ihnen allen geworden ist."

* * *

Während der ganzen Zeit schlief die Band noch immer im Bus, lebte von einem Hamburger pro Tag und schaffte es trotz allem, genug zusammenzukratzen, daß sie sich fast jeden Tag billigen, weißen Wein kaufen konnten. Joe: „Ich habe ungefähr fünfzehn Pfund abgenommen. Meine Freundin war total beeindruckt, als ich wieder nach Hause kam. 'Joe, ich hab' dich ja noch nie so schlank gesehen!'" Dave Green, bei den anderen als äußerst sparsam bekannt, brachte es fertig, von einem Päckchen Erdnüsse pro Tag zu leben, doch seine Kollegen erinnern noch, daß er dafür doppelt so viel getrunken hat wie jeder andere!

Völlig unerwartet wurde ihr Problem der Unterkunft gelöst. Eines nachts kam in der Pause ein Ungar: nur als Monsieur Jacques bekannt, zu ihnen und machte ihnen ein Angebot: Wenn sie sich bereit erklärten, nach ihrem Auftritt in der Kaserne noch in seinem Nachtclub zu spielen, dann würde er für ihre angemessene Unterbringung und ausreichend freie Drinks sorgen. Der Deal wurde unverzüglich abgeschlossen, und von nun an luden Joe und die Band jeden Abend - nachdem sie sechs Stunden in der amerikanischen Kaserne gespielt hatten - ihr gesamtes Equipment in den Bus, fuhren zu diesem Nachtclub, wo sie dann bis fünf Uhr früh spielten.

Monsieur Jacques lebte mit einer Frau - Madame Suzie - zusammen. Der Club der beiden befand sich in einem baufälligen Haus in Orleans. Nach dem Spielen stieg die Band ins obere Stockwerk - der ehemaligen Dienstboten-Etage - , wo sie schlafen sollten. Das Dach war leck und die Toilette stank so entsetzlich, daß die Band es vorzog, statt dessen den Garten zu benutzen. Aber dennoch war es entschieden besser als im Ford Thames-Bus. Und was den anderen Teil des Abkommens betrifft, erzählt Vernon Nash: „Können Sie sich das vorstellen - freie Getränke für uns! So viel wir trinken konnten! Einmal hatten wir in der Kaserne den Geburtstag von irgendeinem GI mit einer Flasche Tequila gefeiert. Während des ganzen Tages hatten wir schon Wein getrunken. Der Nachtclub war voll besetzt - zur Hälfte mit amerikanischen Soldaten, zur anderen Hälfte mit Franzosen - und wir spielten 'Makin' Whoopee.' Also, wir fingen an ... Joe setzte ein: 'Another bride, another June, another sunny honeymoon ... another season, another reason for makin' - und er kotzte direkt in das Mikrofon und fiel um - Bäng! Genau auf das Wort 'Whoopee.' Plötzlich hatten wir keinen Sänger mehr. Aber wir nickten uns nur zu, was hieß: 'Machen wir eben eine Instrumentalnummer draus.' Ich spiele also ein Piano-Solo, und während ich so mitten drin bin, fällt Hopper um - er hatte zwar nicht ganz so viel getrunken wie wir anderen, aber es hat gereicht. Jetzt waren wir also ein Trio - und plötzlich wird auch noch Dave Green bewußtlos. Wir beendeten die Nummer mit Piano und Schlagzeug."

Das ursprünglich sechswöchige Engagement wurde auf zwei Monate verlängert, so erfolgreich waren Joe und seine Band. Unter den schwarzen Soldaten hatte Joe eine Gefolgschaft ähnlich wie in Sheffield - sie folgten ihm von Stützpunkt zu Stützpunkt, ja sogar bis in den Nachtclub von Monsieur Jacques. Die Franzosen nannten ihn „Le Petit Ray Charles", „Joey Charles" oder auch „Joey Cockere." Die ganze Band erinnert sich an diese Reise als an eine großartige Erfahrung, trotz des wenigen Geldes, der Schwierigkeiten und der Kälte.

Die Sorge um ihre Bezahlung blieb ihnen bis zum letzten Augenblick erhalten. Der Bus war schon geladen und sie hatten sich bereits von allen verabschiedet, doch Ted Easton, von dem sie ihr Geld bekommen sollten, war zu dem verabredeten Zeitpunkt nicht erschienen. Sie waren bereits spät dran, wenn sie die Fähre nach England erreichen wollten, und verloren langsam jede Hoffnung, ihr Geld zu bekommen. Im allerletzten Moment kam Ted Easton aber doch noch und zahlte sie aus.

* * *

Der zweimonatige Aufenthalt in Frankreich hatte bei Joe, dem selbsternannten 'Hauskater', eine Veränderung seiner Lebenseinstellung bewirkt, wie er es sich nie zuvor hätte träumen lassen. Es war absolut keine leichte Zeit gewesen, aber auf der Bühne - wo es drauf ankam - hatten ihm Menschen, die alles über den Blues wußten, großen Respekt entgegengebracht - schwarze Amerikaner. Die Anerkennung, die ihm vom ersten Abend an zuteil wurde, war eine großartige Bestätigung für einen jungen Mann, der sich selbst noch nicht ganz sicher war, daß er das Zeug für - wie er es nannte - die 'Star-Klasse' hatte. Die Abende, an denen er mit den Soldaten zusammen trank, die Nachmittage in den Kasernen, an denen sie Platten hörten und über Soul-Musik diskutierten, waren eine unermeßliche Bereicherung für Joe's musikalisches Verständnis, ebenso wie die vielen Musiker unter den Soldaten, die mit der Band so oft auf der Bühne gejammt hatten. Zwei Jahrzehnte später sagt Joe rückblickend: „Es war eine unglaubliche Lebenserfahrung. Es hat mich zwar nicht das Fliegen, aber doch wenigstens das Flattern gelehrt. Es war wie eine Mini-Einführung nach Amerika."

* * *

Wieder zurück in Sheffield, mußten sie feststellen, daß die Job- Situation schlechter war als je zuvor. Joe konnte von Glück sprechen, wenn er einen Job in der Woche bekam. Ein existenzbedrohender Kampf um die Engagements war im Gange, es gab immer weniger Spielmöglichkeiten und immer mehr halb-professionelle Gruppen, die für Gagen spielten, die nicht einmal die Kosten deckten. Name und Qualität zählten nicht, und da Joe Cocker's Big Blues sich weigerten, ihre ohnehin minimale Gage noch reduzieren zu lassen, waren sie schnell aus dem Geschäft raus.

Dave Green warf als erster das Handtuch. „Wir hatten einen kleinen Wortwechsel, Joe und ich. Wir kamen gerade von einem Gig und er hatte keine weiteren Jobs mehr, so sagte ich: 'Also, ich kann so nicht mehr weitermachen - ich muß aussteigen.' Und Joe erwiderte: 'Gut, wenn das deine Einstellung ist, dann brauche ich dich nicht. Und ich brauche niemanden - ich werde es allein schaffen.'" Prophetische Worte, in der Hitze des Augenblicks gesprochen, doch seinerzeit war Joe sich überhaupt nicht sicher. „Ich erinnere mich an einen Abend, als wir miteinander redeten", sagt Dave Hopper, „und Joe sagte: 'Ich habe gar keine Chance, es zu schaffen.' Ich fragte, warum und er sagte: 'Weil ich zu fett bin.' Dieses Image machte ihm sehr zu schaffen."

Ein neuer Bassist kam in die Band - John Fleet: „Wir spielten in ein paar Pubs sowie den gelegentlichen Esquire-Gig und ich erinnere mich noch daran, wie ich in einer Tanzhalle in Hull fast umgefallen wäre. Joe's Stimme war einfach toll, aber er sah überhaupt nicht aus wie ein Rockstar. Ich denke, damals hat niemand daran geglaubt, daß er auch nur die geringste Chance hatte, einmal ganz groß zu werden."

Die Situation wurde immer schlechter. Es gab kaum genug Arbeit, um eine Teilzeit-Band zusammenzuhalten, geschweige denn eine Band, deren Mitglieder kein anderes Einkommen hatten. Martin Yale stieg aus, aber der entscheidende Schlag kam, als Dave Memmott die Raten für seinen Bus nicht mehr bezahlen konnte und gezwungen war, ihn zu verkaufen. An diesem Punkt brach alles zusammen.

* * *

Anfang 1966 beschloß Joe, nach London zu gehen. „Ich hatte dort einige Freunde, die an der Universität in Sheffield studiert hatten. Sie hatten mir angeboten, daß ich in ihrer Wohnung in Golders Green wohnen könnte. Also zog ich los. Ich wollte versuchen, einen Job für die Band zu bekommen. Ich ging ins Klook's Kleek, wo gerade Zoot Money und seine Big Roll Band auftraten, aber wie immer ... meine Schüchernheit oder was auch immer hielt mich zurück. Ich wußte, ich konnte genauso gut singen wie diese anderen Typen ... aber irgend etwas hinderte mich daran, auf die Bühne zu gehen, sie anzusprechen und dann loszulegen."

Schon nach einer Woche kehrte Joe nach Hause zurück, ohne daß es ihm gelungen wäre, irgendwelche Kontakte herzustellen. „Ich kam ins Stone House und alle fragten mich: 'Wie ist es gelaufen?' Mir war alles so peinlich, und so erzählte ich ihnen dann diese Geschichte, daß ich auf die Bühne gegangen sei und mit Zoot Money gesungen hätte, und alle waren so beeindruckt. Das ist eine Sache, die ich bis zum heutigen Tage bedauere. Ich glaube, alle haben gewußt, daß ich lüge, aber sie hatten Mitleid mit mir."

Ohne Gigs und Arbeit versuchte Joe, die Tage so gut er konnte zu überstehen. Er wohnte wieder in der Tasker Road, wo er die Fassade seines Elternhauses und auch das Nachbarhaus strich. Obwohl sein sechsmonatiger Urlaub vom Gas Board längst abgelaufen war, hätte er sich doch um eine erneute Anstellung bewerben können. Aber er beschloß, es nicht zu tun. „Es hatte ein bißchen mit Stolz zu tun, daß ich nicht zurückgehen wollte ... Ich bin sicher, sie hätten mir einen Job gegeben, obwohl ich mein Schlußexamen nie gemacht hatte, aber diese Arbeit hat mich noch nie wirklich interessiert - und ich war einfach besessen davon, es als Sänger zu schaffen."

Nach Wochen ohne einen Penny nahm er schließlich einen Job bei W. H. Smith, dem englischen Pressevertrieb, an. Er arbeitete im Lagerhaus in Sheffield. Diesen Job behielt er fast ein Jahr- eine Zeit, die er fast nie in Interviews erwähnt hat. „Ich war halt bekannt als Gas-Installateur, der zum Rock and Roll- Sänger wurde ... Es war schwere Arbeit, dieses Auf- und Abladen von Zeitungen ... und während der ersten drei Monate mußte man nachts arbeiten. Daran konnte ich mich nie gewöhnen - ich lebte weiter wie bisher und ging aus und trank ungefähr neun Gläser Bier, bevor ich zur Arbeit ging."

Er konnte sich auch nicht daran gewöhnen, abends nicht mehr auf die Bühne zu gehen. Es hatte soviel Hoffnung gegeben - eine Platte, eine Tournee, ein TV-Auftritt und der großartige Beifall, den er sowohl in Sheffield als auch in Frankreich erhalten hatte - aber es war nichts dabei für ihn herausgekommen. Entmutigt und enttäuscht, daß niemand seinen Stil und seinen Sound wirklich erkannte, blieb ihm nichts anderes übrig, als auf einen langweiligen Job, den er haßte, durchzuhalten. Vernon Nash, der einen kaufmännischen Kurs belegt hatte, hielt den Kontakt aufrecht: „Er beschwerte sich laufend über die Monotonie, die er so haßte. Er war viel zu intelligent, viel zu hip, als daß er so bis an sein Lebensende hätte weitermachen wollen", und das brachte ihn schließlich wieder zur Musik zurück.

Musikalisch war Joe Cocker allerdings in jenen Tagen ziemlich draussen. Wenn er heute zurückblickt, erinnert er sich daran, wie sehr er sich damals geweigert hat, dieses Schicksal zu akzeptieren. „Ich fühlte noch immer, daß ich es schaffen konnte, vom Singen zu leben ... Ich war einfach überzeugt davon, daß dies mein Leben war. Eine Menge

Herzen waren im Laufe der Zeit gebrochen worden. Ich glaube, ich kenne den Grund, warum ich viele der anderen Jungs überlebt habe ... sie waren alle nicht so überzeugt wie ich."

Kapitel 5

1967 - 1968
With A Little Help...

Ein ganzes Jahr spielte Joe keinen einzigen Gig. Er lebte ein bürgerliches Leben - arbeitete im Zeitungs-Lagerhaus, trank mit seinen Freunden und ging mit seiner Freundin, Eileen, aus. Er nahm sogar Fahrstunden und bestand die Prüfung beim ersten Mal. Gelegentlich sprach er davon, eine neue Band zusammenzustellen, aber er tat nichts in dieser Hinsicht. Seine Überzeugung war noch immer intakt - aber sein Selbstvertrauen war sehr erschüttert. Der erste Hoffnungsschimmer für seine treuen Fans zeigte sich im Herbst 1966. Dave Hopper: „Joe sprach mich an einem Samstagmittag im Stone House an. Er sagte: 'Ich habe heute abend diesen Gig in der Universität. Ich muß ihn spielen, denn ich habe es versprochen.'" Er brauchte Hopper nicht zu überreden. Vernon Nash hatte bereits zugesagt und einen Bassisten und einen Trommler holten sie sich auf die übliche Weise im Stone House. „Wir legten alle einfach los - ohne Proben, einfach so", erzählt Dave Hopper. „Zusammen mit der anderen Band, die auch für diesen Abend engagiert war, haben wir den ganzen Laden zum Kochen gebracht. Nachher habe ich noch mit Eileen gesprochen und gesagt, daß es schön wäre, wenn die Band wieder zusammenkäme. Sie sagte: 'Frag' ihn. Ich habe die ständigen Versuche satt.'"

Hopper fragte Joe auch, doch der war noch immer unsicher - trotz des großen Erfolges in der Universität. Ab und zu rief er seinen ehemaligen Big Blues-Gitarristen an und sie trafen sich dann mit Vernon Nash und Freddy Guite - dem Schlagzeuger, den Joe im Stone House engagiert hatte - zum Proben. Es fehlte nur noch ein Bassist und so rief Joe bei John Fleet an. „Er fragte: 'Ich langweile mich entsetzlich - kannst du dir vorstellen, eine Band zusammenzustellen und ein paar Gigs zu spielen?' Es erschien mir als eine gute Idee, aber ich war erst seit kurzem verheiratet und suchte einen normalen, festen Job. Also sagte ich: 'Nein - du mußt dir jemand anderen suchen. 'Das tat er auch - und er fand Chris Stainton."

* * *

Chris Stainton, den Joe später als „Gott - der beste Musiker der Welt" beschrieb, war seit seiner Schulzeit in der Musikszene von Sheffield bekannt. Jahrelang spielte er mit einer lokalen Popgruppe, bekannt unter verschiedenen Namen wie The Cadillacs, Knives & Forks und Texans, die gemeinsam den Titelsong ihrer einzigen Single geschrieben hatten, die 1964 von Columbia veröffentlicht wurde - zur selben Zeit nahm Joe 'I'll Cry

Instead' für Decca auf. In den vergangenen Jahren war auch seine Karriere auf dem Nullpunkt angekommen, doch als er hörte, daß Joe einen Bassisten suchte, meldete er sich bei ihm. Weihnachten nahte, daher waren auch Gigs zu erwarten. Die beiden trafen sich zum richtigen Zeitpunkt.

„Uns wurde bald klar, daß Stainton kein gewöhnlicher Musiker war", berichtet Vernon Nash. „Sein Baßspiel war super, er war verrückt nach Musik und er hatte Ideen für Arrangements. Dann entdeckten wir, daß er auch noch Klavier spielte ... und Gitarre ... und Schlagzeug ... und alles andere auch noch. Ich nahm eine Woche Urlaub und Chris setzte sich an mein Klavier. Er spielte exakt - Note für Note - dasselbe, was ich gespielt hatte. Ohne Probe, er kannte jede einzelne Note. Musikalisch war er weit, weit besser als alle, die Joe je in seiner Band hatte." Stainton sorgte für den Funken, den Joe brauchte, um sich wieder auf die Musik zu werfen - The Grease Band wurde gegründet. Die Idee zu diesem Namen war Joe gekommen, nachdem er ein Interview mit Jimmy Smith gelesen hatte, in dem der Soul/Jazz-Organist einen Musiker als jemanden beschreibt, der „a lot of grease" (eine Menge Schmalz) hat. Außer Stainton gab es noch andere, neue Gesichter in der Band - nur Vernon Nash war noch von den Big Blues dabei. Frank Miles, der vorher mit Dave Berry gespielt hatte, übernahm die Lead-Gitarre als Nachfolger von Dave Hopper, der einen besser bezahlten Job bei einem Presley-Imitator gefunden hatte. Aber es dauerte einige Monate, bevor The Grease Band einen festen Schlagzeuger bekam. Verschiedene Leute halfen immer wieder aus, doch schließlich erlag Dave Memmott dem Drängen von Joe, ihn bei seinem Comeback zu unterstützen.

Das frühe Repertoire der Grease Band war ein wenig anders als der strikte R & B der Big Blues. „Es wurde mehr Sorgfalt und Mühe in die Auswahl des Materials gelegt", sagt Bill Carr, der die Band ebenso begeistert unterstützte wie Joe's frühere Gruppen. „Es gab eine Menge Material, das man niemals von Joe erwartet hätte ..." Der Soul hatte den Blues abgelöst und zum ersten Mal seit seiner Vance Arnold-Zeit machte Joe Konzessionen, was die Wünsche des Publikums betraf - er begann mit dem Four Tops-Titel 'Same Old Song', beendete den ersten Set mit 'Can't Help Myself' und spielte dann einen Block aus dem Tamla-Motown-Repertoire sowie einige Nummern von Ray Charles.

Aber nicht nur bezüglich des Materials machte er Konzessionen. Ganz modisch - mit einem Flower-Power-Hemd - trat Joe im Juni 1967 im Mojo Club in Sheffield auf. Anlaß war die Live-Aufnahme einer Benefiz-Platte für die Sheffield University, auf der Joe und die Band - als Joe Cocker's Blues Band angekündigt - zwei Nummern spielten und drei andere Lokalbands jeweils eine Nummer aufnahmen.

Joe's Beitrag begann mit der Ankündigung seiner ersten Nummer 'I've Been Trying' und er fügte hinzu: '„Das könnt ihr mir glauben, Leute." Frank Miles an der Gitarre und Dave Memmott am Schlagzeug hoben das langsame Arrangement der alten Impressions-Nummer hervor, wobei die Band mit hohen Stimmen die Chorteile sang. Der zweite Song war ein Titel von Leiber and Stoller, 'Saved', den Joe um einen seiner täglichen Sprüche ergänzte: 'I used to smell and drink and tiddle down my sink' - und die Band gab ihr Bestes. Joe, der auf der Platte als Sheffield's wahrhaftiger 'King of Soul' bezeichnet wird, klingt zwar sehr stark, aber seine wirklichen, stimmlichen Fähigkeiten konnte er auf dieser zwar begeisterten aber doch sehr unprofessionellen Session nicht festhalten. Die E.P., die heute ein begehrtes Sammler-Stück unter Joe Cocker-Fans ist, war ein Flop, obwohl sie zum halben üblichen Preis verkauft wurde. Schließlich mußten die Produzenten die Platten verschenken.

* * *

Als The Grease Band immer mehr regelmäßige, wöchentliche Auftritte erhielt, kam auch Joe's alte Gefolgschaft zu ihm zurück. Einer der beliebtesten Auftrittsorte war das Barrow Hill Hotel in der Nähe von Chesterfield - ein ungewöhnlicher Ort für Rockbands, denn es gab dort keinen normalen, elektrischen Anschluß - der Strom kam als Gleichstrom aus den Stadtwerken und mußte im Pub auf Wechselstrom konvertiert werden. Auch wenn ihre Verstärker mitunter durchglühten und bei Problemen im Stadtwerk der Sound plötzlich verschwand, spielten Joe und The Grease Band an jedem Mittwoch vor einem ausverkauften Haus. Und stets gaben sie mehr Geld aus als sie bei dem Job verdient hatten, weil sie nach der Sperrstunde immer mit dem Wirt weitertranken.

Die meisten Auftritte der Grease Band fanden in Pubs statt und schon bald hatten sie einen ebenso großen Erfolg wie zu Zeiten der Big Blues. Joe: „Es war eine gute Zeit für mich ... es war großartig ... ich trank ein bißchen, ging auf die Bühne und sang eine halbe Stunde - 8.00-8.30 Uhr - ... hatte eine halbe Stunde Pause ... wieder singen von 9.00 bis 9.30 Uhr, dann von 10.00 bis 10.30 Uhr und dann gute Nacht. Zu der Zeit war die Band einfach perfekt ... für mich waren das immer ideale Bedingungen zum Singen." Immer, wenn Chris Stainton aus irgendeinem Grund nicht rechtzeitig zu einem Gig kam, meist waren es die Sunday Lunchtime Shows, mußte Joe improvisieren und sich über die Stops und Breaks, die er mit Chris einstudiert hatte, ohne ihn hinüberretten, was mitunter zu witzigen Szenen führte. „An diesem Sonntag Mittag im Shirecliffe Hotel wurde ich immer ungeduldiger und sang jedesmal 'Wo ist er nur?' anstatt des Refraines und ärgerte mich zusehends! 'Wo zum Teufel ist er nur?' An dem Mittag tauchte er gar nicht mehr auf und als er dann abends zum 2. Auftritt kam, stellte sich heraus, daß er mit seinen Brüdern den Tag am Meer verbracht hatte!"

* * *

Chris Stainton war immer für eine Überraschung gut: „Mit Chris passierten die ungewöhnlichsten Dinge. Er war manchmal wirklich ein sehr seltsamer, exzentrischer Mann - was andere vielleicht auch gelassen nennen bezeichnen würden, „ sagt Vernon Nash.

„Als er zu uns kam, war er noch Fernsehmechaniker ... und er fuhr in einem alten Ford herum. Eines Tages fuhr er zum Barrow Hill Hotel und ein Rad ging einfach von seinem Wagen ab. Er sagte: 'Wir müssen zu Fuß weitergehen', stieg aus dem Wagen und verlor auch danach kein Wort mehr über diese ganze Sache. Er ließ den Wagen einfach stehen und das war's!"

Chris Stainton war der geborene Arrangeur, insbesondere hatte er ein perfektes Gefühl für die Verbindung von Blues und Popmusik. Joe traf weiterhin die Auswahl der

Songs, wie er es immer getan hatte, und Chris setzte die Akzente. Die Band wurde besser, spielte aber nach wie vor in den Clubs und bald wurde allen klar, daß der einzige Weg zum Fortschritt und zu einer erfolgreichen Karriere darin lag, eigenes - Original - Material zu spielen. Vernon Nash erzählt: „Sie fingen an, gemeinsam Gras zu rauchen und zu komponieren. Wenn Joe bestimmte Ideen hatte, sang er sie Chris vor und der arrangierte den Rest. Chris wußte, daß er mit Joe auf dem richtigen Weg war und daß sie damit eines Tages gemeinsam Geld verdienen würden. Chris hatte einfach Größeres vor und ohne seinen Druck hätte Joe es wahrscheinlich nie geschafft."

Der Gitarrist der Grease Band, Frank Miles, war auch am Komponieren, und hatte zusammen mit einem Freund, Tom Rattigan, bereits Kontakt zur Londoner Musikindustrie aufgenommen. Eine ihrer Nummern war ein Instrumentaltitel, an dem auch Chris Stainton mitgearbeitet hatte - 'March Of The Mysterons' - und er war eigentlich als Titelsong für ein Marionettenspiel gedacht. Doch als sie die Nummer Joe vorspielten, hatte dieser sofort einen Text dafür parat und das Endresultat war dann 'Marjorine.' Andere Nummern wurden erarbeitet und Joe begann, sie nach und nach auf der Bühne zu testen.

Ein Mann, der sich riesig über diese Entwicklung freute, war David McPhie, ein Disc-Jockey aus Chesterfield und seit den Vance Arnold Zeiten ein Bekannter von Joe. Lange Zeit schon hatte er das Gefühl, daß Joe sich für ein paar Pfund in den örtlichen Clubs verausgabte und niemand Joe's Potential zu erkennen schien: „Die Leute nahmen ihn als selbstverständlich hin. Sie realisierten gar nicht, daß er absolut einzigartig war." McPhie war beeindruckt, als er The Grease Band mit ihrem eigenen Material hörte. „Ich war der Meinung, daß es großartig ankam, obwohl er selbst sich nicht sicher war. Aber ich drängte ihn ständig: 'Was wirst du jetzt tun?', 'Wann wirst du etwas damit machen?' Aber nichts schien zu geschehen und schließlich sagte ich: 'Komm' zu uns herüber und nimm ein paar Sachen auf Band auf. Ich werde es dann nach London bringen.'"

Im Dezember 1967 fuhren Joe und Chris Stainton zusammen nach Chesterfield. Den Tape-Recorder, den Frank Miles und Tom Rattigan sich geliehen hatten, nahmen sie mit. Sie nahmen 'Marjorine' auf und noch zwei Cocker/Stainton- Titel - 'Sandpaper Cadillac' und 'New Age of The Lily' -, wobei Chris sämtliche Instrumente spielte. Einige Tage später stand McPhie noch vor dem Morgengrauen auf und machte sich auf den Weg nach London.

Als ein weitsichtiger Musik-Fan, der während der 60er Jahre dafür gekämpft hat, gute Musik in die Gegend von Chesterfield zu bringen, hatte er früher einmal einen Artikel über Joe und seine Musik in einer Gewerkschafts-Zeitschrift, veröffentlicht. Darin hatte er seine Meinung kundgetan, daß Joe in Amerika viel berühmter werden könnte als zu Hause in England. Keiner hatte ihn ernst genommen, was kein Wunder war, da Joe nicht einmal einen Plattenvertrag besaß - aber jetzt, auf dem Weg nach London, war er auch auf dem Weg, diese Prophezeihung wahr werden zu lassen. Sein Ziel war Tony Hall, ein Radio-D. J. , der neue Bands einlud, ihre Musik-Demos für seine Radioshow einzuschikken. Aber es gab noch einen anderen Grund, Tony Hall aufzusuchen. „Ich bewunderte ihn als D. J. , denn es war sein Verdienst, daß Leute wie Otis Redding in diesem Land bekannt geworden sind. Er war die einzige Person, die regelmäßig schwarze Musik spielte. Also besorgte ich mir seine Adresse und brachte das Demo zu ihm nach Hause.

Es war früh am Morgen. Nachdem ich ihm das Tape gegeben hatte, war er total begeistert - er hatte sofort das Potential von Joe Cocker erkannt."

Tony Hall reichte das Tape weiter an den Musikverleger David Platz, von dem er Prozente für das durch die Radio-Show vermittelte Material bekam. Platz besaß eine Produktionsfirma, Straight Ahead Productions, und sein Parnter und Produzent war Denny Cordell, der bereits verantwortlich war für Hits von The Moody Blues, The Move, Georgie Fame und Procol Harum, für die er den Klassiker 'AWhiter Shade of Pale' produziert hatte. Cordell hörte sich das Tape von Cocker und Stainton an und war sofort begeistert von 'Marjorine', ironischerweise jedoch mehr von der Produktion als von Joe's Stimme. „Wer immer dieses Band produziert hat, hatte einige großartige, kleine Ideen gehabt ... das war es, was meine Aufmerksamkeit erregte - die Machart mehr als der Gesang, der hallte und wechselhaft war. Der Gesang war schon in Ordnung, aber ich hatte keine Ahnung, daß dies sozusagen eine 'Große Stimme' war. Überhaupt keine Ahnung." Denny Cordell war jedenfalls so interessiert, daß er Cocker und Stainton in sein Londoner Büro bestellte. Joe: „Da waren wir also ... rasten die Oxford Street hinunter - viel zu spät für dieses wichtige Treffen ... Drei Uhr - und jetzt war es bereits drei Uhr zehn. Ich erinnere mich noch an den unmöglichen Anzug von Chris ... er hatte Pelzaufschläge! Schließlich kamen wir im Büro an und alles ging sehr offiziell vor sich. Ich weiß noch, wie dieses Mädchen, Janice, sagte: 'Mr. Cordell wird Sie in zehn Minuten empfangen', und wir saßen einfach da und spielten nervös mit den Fingern. Dann kam Denny, sah Chris an und sagte: 'Ich habe dich erwartet', und dann drehte er sich zu mir um und sagte: 'Aber ihn habe ich nicht erwartet!' Bis heute habe ich nicht begriffen, was er damit meinte."

Zwanzig Jahre danach läßt Denny Cordell die Erinnerung an sein erstes Treffen mit Joe Cocker und Chris Stainton schmunzeln. „Ich weiß noch genau, warum ich das gesagt habe. Chris' Erscheinung paßte einfach zu dem, was gerade los war - sein Anzug war aus irgendeinem Vorhangstoff gemacht oder aus Stoff, mit dem man Sofas bezieht. Mit Kordeln - solche, die man auch oft unten an Sesseln sieht - waren die Ärmel und die Stulpenränder verziert. Und der Anzug war auch noch pink! Ich meine, Hippies waren Hippies und es gab eine Menge sehr ungewöhnlicher Erscheinungen, was die Kleidung betraf. Aber hier war offensichtlich mit einem Budget von nur einigen Pennies gearbeitet worden. Und der Typ sah großartig aus! Er hat es einfach gebracht - exotische Kleidung, lange Haare, dünn wie ein Bleistift - ein weiterer Soldat an der Pop-Front.

„Aber Joe - er sah überhaupt nicht so aus, als hätte er auch nur das geringste mit der Pop-Szene zu tun. Er war ziemlich mollig und trug so eine Arbeitsjacke ... einfach unbeschreiblich. Nicht wie jemand, der sich wenigstens ein bißchen bemüht, dem Image zu entsprechen, das damals angesagt war. Er hätte alles Mögliche sein können ... ein Schlossergeselle ... Straßenkehrer ... alles Mögliche. Er sah einfach aus wie ein alter Penner!"

Aber schon nach wenigen Minuten des Zusammenseins war es Denny Cordell klar, daß er mit diesem ungleichen Paar aus Sheffield gut zurecht kommen würde, und er entschloß sich, an einem der nächsten Samstage einen Auftritt der Grease Band anzuhören. Nachdem er in der Tasker Road mit Harold und Madge Tee getrunken hatte, machte er sich auf den Weg in das Pub, wo die Band an diesem Abend spielte. „Als Joe zu singen anfing! Ich war dort mit einem alten Freund, Simon Miller Mundy, ein großer Musikkenner ... ich weiß noch, wie wir uns angesehen haben - völlig von den Socken! Wir hatten geglaubt, wir würden eine kleine Popband zu hören bekommen, aber hier war eine richtig gute Bluesband - mit Joe als Sänger." Nachdem er Joe in Aktion erlebt hatte, gab es für Cordell keinen Zweifel mehr daran, daß er eine Platte mit ihm machen wollte. Als Nächstes mußte er nun seine Geschäftspartner überzeugen, um einen Plattenvertrag sicherzustellen. Ein Auftritt im 'Speakeasy' in London wurde arrangiert, wo sie im Vorprogramm von Traffic spielten.

„Es war ein großer Erfolg", sagt Cordell, „aber irgendwann im Laufe des Abends kam ich - zu Recht oder Unrecht - zu der Überzeugung, daß wir mit der Band kein Aufnahmen machen konnten. Also gingen wir für 'Marjorine' nur mit Chris und ein paar Sessionmusikern ins Studio. Für den Rest der Grease Band - Vernon Nash, Frank Miles und Dave Memmott - war das Ende bereits absehbar, wobei Memmott sich bereits entschlossen hatte, auszusteigen, da er der Meinung war, daß es die Band zu nichts bringen würde. Er sagte es den anderen, als er sie von dem Speakeasy-Gig nach Sheffield zurückfuhr - und alle hatten sie leere Taschen, denn der Auftritt war eher so etwas wie ein Vorspielen gewesen als ein bezahlter Gig."

Memmott blieb noch für einige Wochen - eine Zeit, in der die Atmosphäre innerhalb der Band immer angespannter wurde. Vernon Nash: „Nachdem 'Marjorine' aufgenommen war, wurden wir völlig ausgeschlossen. Das ganze wurde so etwas wie ein Joe/Chris-Ding - sie schrieben und machten Aufnahmen, wir spielten die Gigs. Es war fast eine inzestuöse Beziehung - sie trafen sich zu geheimen Besprechungen oder machten Aufnahmen, ohne uns irgendetwas davon zu erzählen. Es war nie gemein, aber gegen Ende wurde es ziemlich hinterlistig und heimlichtuerisch. Joe hörte auf alles, was Chris sagte. Und er hatte recht - Chris drängte ihn in die richtige Richtung."

* * *

Am 22. März 1968 wurde 'Marjorine' auf dem Regal Zonophone-Label veröffentlicht. Joe hat stets die Behauptung zurückgewiesen, daß der Titel von seiner Mutter handle oder für sie geschrieben worden sei. „Die Tatsache, daß meine Mutter 'Marjorie' heißt, mag unbewußt etwas damit zu tun gehabt haben", sagte er 1982 einem Radio-Reporter, „aber ich habe nie etwas damit beabsichtigt. Ursprünglich war der Titel ein Instrumentalstück - irgendwann ist mir dann 'mal ein Text dazu eingefallen."

Der Song über ein Mädchen, das er vermißt, beginnt mit Joe's Falsetto: 'Marjorine, where have you been? Did you see the Queen?' und dann geht er runter und seine unverkennbare Soul-Stimme, unterstützt von einem Chor-Effekt im Hintergrund, ist zu hören. Mit Staintons Klavier im Mittelpunkt hat der Titel auch das Gitarrenspiel des damaligen Session-Musikers Jimmy Page. Penny Valentine schrieb in ihrer Kritik im *Disc & Music Echo:* „Einige Platten sind einfach absolute Hits. Diese ist einer!"

'Marjorine', zusammen mit einer weiteren Cocker/Stainton- Komposition - 'New Age Of The Lily' - auf der B-Seite, rutschte für eine einzige Woche auf Platz 48 der 'British Top Fifty', um dann sofort wieder herauszufallen. Denny Cordell war enttäuscht: „Ich dachte, es wäre ein Hit. Ich bin noch heute der Meinung, daß es eine bezaubernde Aufnahme ist. Damals habe ich eine lustige Geschichte darüber gehört ... man erzählte sich, daß, wer immer die Promotion dafür gemacht hat, hat einfach zu sehr auf den Putz gehauen, und so hat die BBC die Platte fallen lassen. Jedenfalls, es war wie es war und die Platte wurde kein Hit."

Als 'Marjorine' veröffentlicht war, wußte die Band, daß ihre Dienste nicht länger gefragt waren. Man hatte es ihnen schon drei Wochen vorher während eines Gigs in Sheffield gesagt. „Wir waren im Penny Farthing und Joe hatte sich verspätet", erzählt Vernon Nash. „Wir fingen ohne ihn an, spielten einen Instrumental-Titel, und als er danach durch die Tür kam, sagte er nur: 'Sorry - es ist vorbei.' Das war alles. Ich spielte noch die bereits gebuchten Gigs mit ihm aber ich weigerte mich, 'Marjorine' zu spielen. Ich war noch viel enttäuschter als alle anderen, rückblickend muß ich jedoch zugeben, daß es eine Menge Leute gab, die sehr viel besser waren als wir. Und es gibt auch noch eine andere Sichtweise - wenn man bedenkt, wieviele Musiker er in den darauffolgenden Jahren 'rausgeworfen hat - wir wären sowieso alle irgendwann geflogen." Für Frank Miles, den Gitarristen der Grease Band, war der Rauswurf jedoch nicht der einzige Grund für seine Enttäuschung. Er wurde auf der Platte, zusammen mit Cocker, Stainton und Tom Rattigan, als Co-Autor von 'Marjorine' angegeben. Während eines Interviews im Jahr 1987 sagte er, daß er und Rattigan dafür niemals irgendwelche Tantiemen erhalten haben, obwohl der Titel auf zahlreichen Hit- Zusammenstellungen erschienen ist. Es war für Frank Miles keine neue Erfahrung, eine Band gerade zu dem Zeitpunkt zu verlassen, an dem Ruhm und Geld in Sichtweite rückten - er war einer von den Cruisers gewesen, die sich vor vier Jahren von Dave Berry, kurz nach seinem ersten Hit, getrennt hatten. Zurückblickend sagt Miles über seine unfreiwillige Trennung von Joe: „Ich will keine Schuldzuweisungen. Ich wollte außerdem nicht nach London ziehen." Am 24. März 1968, zwei Tage nach der Veröffentlichung von 'Marjorine', spielte die Original-Grease-Band ihren letzten Gig im Arbourthorne Hotel in Sheffield. Am nächsten Tag erklärte Joe im *Top Stars Special*: „Es hatte sich schon seit drei Wochen angebahnt und die Lage wurde immer angespannter. Schließlich haben wir uns gestern abend dann getrennt."

* * *

Im April 1968 zog Joe, zusammen mit Chris Stainton, nach London, entschlossen, eine sichtbare Spur im Rock-Geschäft zu setzen. Sie nahmen einen achtzehnjährigen Keyboarder, Tommy Eyre, mit, den Joe seit Wochen versucht hatte, ihn zum Mitgehen zu überreden. Als Sohn eines anerkannten Pub-Pianisten hatte Tommy Eyre schon im frühen Kindesalter begonnen, in Pubs und Arbeiterclubs zu spielen - am Schoß seines Vaters. Als Teenager trat er bereits regelmäßig mit Gruppen aus Sheffield auf und gleich nach der Schule verbrachte er ein Jahr in Europa, wo er auf amerikanischen Stützpunkten mit einer Gruppe auftrat, in der auch Phil Crookes, Joe's früher musikalischer Partner, spielte.

Tommy's Rückkehr nach Sheffield erfolgte zu dem Zeitpunkt, als Joe dabei war, die Grease Band aufzulösen. Da er schon seit jeher von Tommy's Talent beeindruckt war, bot er ihm an, in der Band zu spielen, die er und Chris in London formieren wollten. Das

Vance Arnold & The Avengers in Sheffield, 1962 (Harold Cocker)

Musical-Besetzung von „Prince JuJu" an der Lydgate Lane Junior School, 1955. Joe ganz links, mit Ukelele. (Harold Cocker)

The Cavaliers im Wohnzimmer in der Tasker Road, 1959. Von links: John Mitchell, Phil Crookes, Joe, Bob Everson. (Harold Cocker)

Joe mit seiner ersten Liebe, Eileen Webster, Anfang der Sechziger, Terry Thornton vom Esquire Club im Hintergrund. (Sammlung Terry Thornton)

Bei den Aufnahmen zu „I'll Cry Instead" mit The Ivy League, Decca Studios, London im Juli 1964.
(Fotograf unbekannt)

Joe Cocker's Big Blues, 1965 (von links): Dave Green, Dave Memmott, Vernon Nash, Dave Hopper und Joe – mit Harmonika. (Sammlung Dave Memmott)

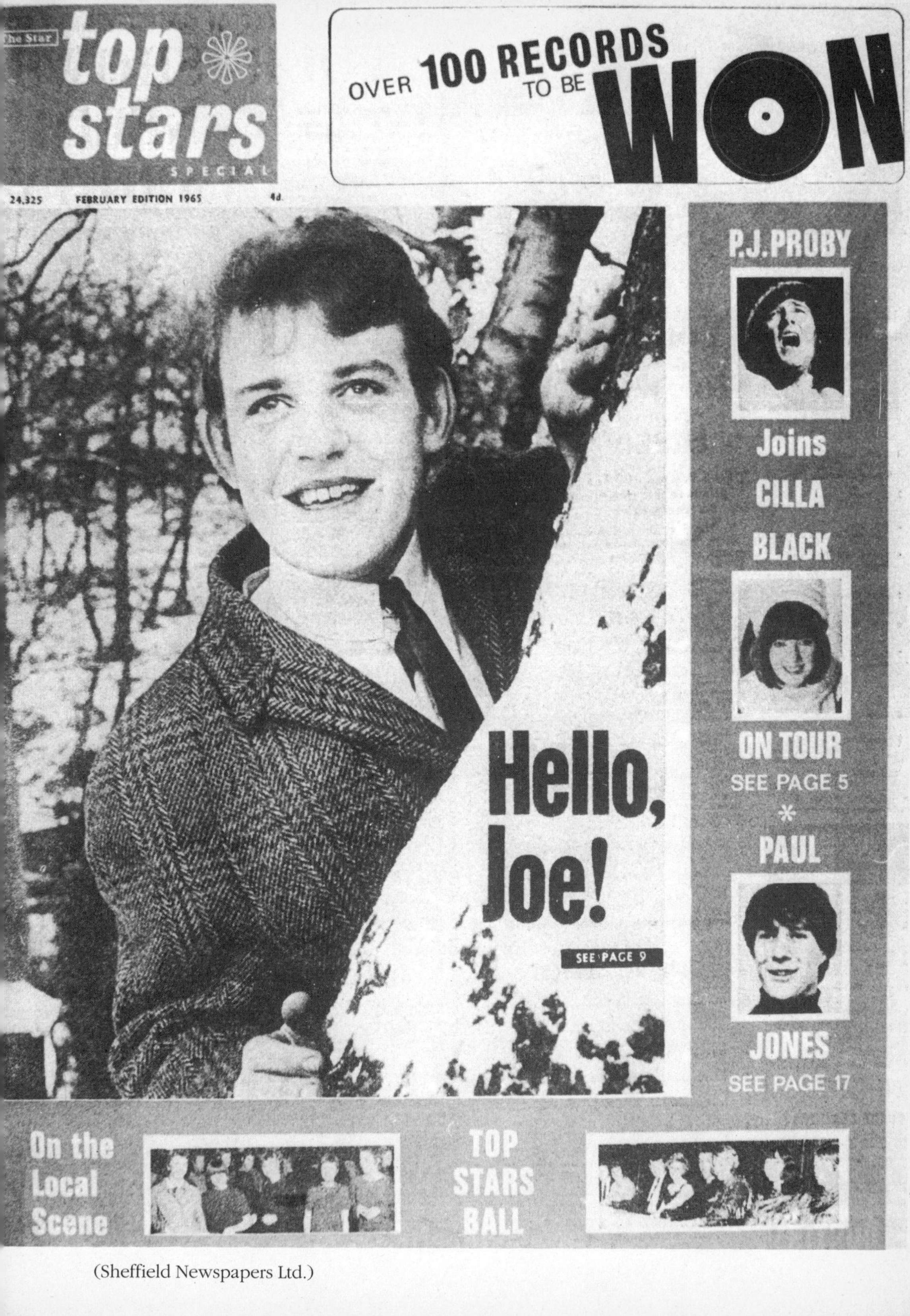
The Star

top stars

SPECIAL

24,325 FEBRUARY EDITION 1965 4d.

OVER 100 RECORDS TO BE WON

P.J. PROBY Joins CILLA BLACK ON TOUR

SEE PAGE 5

*

PAUL JONES

SEE PAGE 17

Hello, Joe!

SEE PAGE 9

On the Local Scene

TOP STARS BALL

(Sheffield Newspapers Ltd.)

Angebot kam zu spät - der junge Pianist hatte den nächstbesten Job in der Gruppe The Candies angenommen, deren Leader Glen Dale von den Fortunes war. Die hatten genug Jobs und verdienten in der Woche 30 Pfund, wovon er den größten Teil sparte, um sich seinen Traum zu erfüllen, eine 700 Pfund teure Hammond-Orgel.

Trotz aller Versuche von Joe Cocker, ihn da wegzulocken, zögerte Tommy Eyre, seinen gutbezahlten Job bei den Candies aufzugeben: „Sie kamen immer zu unseren Auftritten - 'wir gehen nach London und werden dort ein Vermögen machen. 'Ich kannte Joe nur zu gut und wußte, daß wir höchstens eine Woche in London sein würden und dann wieder zurück in Sheffield, wo wir in kleinen Clubs für 4 Pfund die Woche auftreten würden. Also nahm ich Joe's Versuche, mich für seine Band zu gewinnen, nicht ernst und machte ihm weiterhin Absagen. Und dann, eines Tages, kam mein Alter mit dem *Daily Mirror* nach Hause und legte mir einen Artikel unter die Nase - ein großes Photo von Joe und darunter stand, wie Joe diesen Vertrag in London erhalten hatte, mit einem großen Produzenten und all diesem Kram, der dazugehört. Als Joe mich das nächste Mal anrief war ich soweit: 'Nun Joe, ich habe darüber noch einmal nachgedacht!'" Und als nächstes zogen Joe, Chris Stainton und Tommy Eyre zusammen in ein Zimmer eines billigen Hotels in Sussex Gardens nach London. Sie probten in einem umgebauten Kino in Westbourne Grove, welches ihnen Chris Blackwell von Island Records zur Verfügung stellte. Blackwell und Denny Cordell hatten gerade beschlossen, ihre Management/Produzenten-Interessen miteinander zu verschmelzen und in eine gemeinsame Firma einzubringen.

Obwohl dieses Vorhaben scheiterte wurde Joe letztlich dann doch vom Island Management betreut. Da er zu diesem Zeitpunkt immer noch ohne einen Gitarristen und Schlagzeuger für seine neue Band war, setzte Joe eine Anzeige in den *Melody Maker*. Darauf meldeten sich über zweihundert Musiker und Joe hörte sich an einem einzigen Tag zweiundvierzig Schlagzeuger an, die alle das gleiche Stück spielen mußten, bis er sich schließlich für den 'Welshman' Tommy Reilly entschied. Mickey Gee - wie Reilly ein ehemaliges Mitglied der Backing-Group von Tom Jones - wurde der neue Gitarrist. Beide zogen in das Hotel ein - jetzt mußten sich fünf Leute ein Zimmer teilen - und die Proben gingen gut voran.

Joe hatte bereits einige Titel aufgenommen, die später als Single-B-Seiten und auch auf seiner ersten LP erschienen - u. a. 'Bye Bye Blackbird', 'Sandpaper Cadillac' und 'Something's Coming On' sowie 'Marjorine' und 'New Age Of The Lily.' Chris Stainton sowie diverse Studiomusiker hatten diese Titel eingespielt, die die Neulinge jetzt erst lernen mußten. Außerdem wurde an einem Programm für Live-Auftritte gearbeitet. „Wir haben uns Platten angehört und anderen Leuten die Songs geklaut", sagt Tommy Eyre. „Wir spielten 'Let's Get Stoned', 'Can't Be So Sad' von Moby Grape und all die anderen Titel auf diesem Album. Wir erarbeiteten ein Programm, bei dem wir mit einigen Instrumentals begannen wie 'Walk On The Wild Side' und 'Swedening', die Brother Jack McDuff-Nummer, und dann stellte ich Joe vor. Wir probten eine ganze Zeit lang, denn es gab so viel Neues - das ganze Equipment war neu - und als wir fit waren, beschlossen wir, in Sheffield zu starten. Wir spielten in diesem Pub am Fifth Park und alle waren da. Wir spielten blindlings drauflos, es war eine der schönsten Nächte meines Lebens. Die Band klang so gut, Cocker sang brilliant und wir spielten eine Menge eigene Kompositionen."

Von diesem Tag an waren Joe und The Grease Band in der College- und Club-Szene etabliert, doch schon nach wenigen Wochen auf Tournee schienen der neue Schlagzeuger und auch der Gitarrist zu erschlaffen - musikalisch. Bei Auftritten zusammen mit Bands wie Traffic, Spooky Tooth und Family - perfekte Ausstattung und brilliante Musiker - wurde offensichtlich, daß Mickey Gee und Tommy Reilly den Ansprüchen nicht gewachsen waren. Als sie einige Tage Urlaub machten und nach Hause nach Wales fuhren, gingen die anderen ins Studio, um 'With A Little Help From My Friends' aufzunehmen. Als die beiden wieder zurückkehrten, mußten sie feststellen, daß sie überflüssig geworden waren.

* * *

'With A Little Help From My Friends' war der erste Top Ten-Hit und ist der Song, mit dem Joe Cocker immer noch am meisten in Verbindung gebracht wird. Selbst nach zwanzig Jahren, gibt es selten ein Konzert oder eine Show, in der Joe diesen Song nicht singt und er nicht nach den ersten Takten begeistert erkannt wird. Ursprünglich war das eine kleine lustige Melodie von Ringo Starr auf dem 'Sgt. Pepper'-Album - verwandelte Joe sie mit einem aus dem Herzen ausgestoßenen Schmerzenschrei, der sich zu einem triumphalen Höhepunkt aufbaut, in einen klassischen Rocksong. Die Idee zu 'With A Little Help From My Friends' kam Joe auf dem Klosett im Hinterhof der Tasker Road. „Aus irgend einem Grund kam mir diese Idee wie ein Blitz" erzählte Joe. Es gab eine Zeit, in der Joe alle Titel am liebstem im 3/4 Takt gesungen hätte und eines Abends, als er noch auf der Suche nach Tommy Eyre gewesen war, den er unbedingt in die Band aufnehmen wollte, da hörte er Glen Dale und die Candies, wie sie diesen Beatles- Song genauso spielten, wie es die Beatles auf ihrer Platte tun. Als Joe dann kurz danach mit seiner neuen Band probte, erwähnte er seine Idee, diesen Song im Walzertakt aufzunehmen, so ganz nebenbei. Tommy Eyre dazu später: „ Er war total vernarrt in die Idee, den Song im 3/4 Takt zu spielen und jeder Musiker wußte, daß dieses ein relativ unbequemer Takt zum Spielen ist. ... und dabei sollte es noch so swingen wie im 4/4 Takt. Und als Joe dann auch noch sagte: 'Hey, du kennst doch den Beatles-Song 'With A Little Help From My Friends', den du neulich mit Glen gespielt hast. Ich frage mich, wie der wohl als Walzer klingen würde?' und alle Anwesenden schauten leicht entsetzt drein. 'Bloß nicht noch so'nen Walzer!' Aber ich sagte dann: 'Nein, nein, wartet doch erst einmmal ab und laßt es uns zumindestens versuchen. Es könnte klappen!' Das alles war nur kurz nach 'Whiter Shade of Pale' von Procol Harum und jeder liebte den angedeuteten Bach im Intro des Songs. Also sagte Joe: 'Kannst du uns so eine Art Bach-Intro geben und dann in den Strophen die Harmonien ändern, so daß es mehr nach Klassik klingt?'"

Tommy Eyre hatte schon seit früher Kindheit klassisches Klavier studiert, und nachdem er bei der Grease Band eingestiegen war und sich eine Hammond-Orgel zugelegt hatte, verbrachte er jeden freien Augenblick damit, Preluden und Fugen von Bach zu üben. Er erarbeitete das Intro zu 'With A Little Help', und zwar jenes, das auf der Platte zu hören ist, nachdem er achtzehn verschiedene Fassungen in dem alten Kino in Westbourne Grove improvisiert hatte. „Als die Einleitung stand, mußte ich die Harmonien in den Strophen überarbeiten, weil Joe sagte: 'Laß' es uns kompakter machen' ... dann kam Chris und schlug eine Bass-Line vor, die auch auf der Gitarre gut klingen würde. Und die ganzen Fills vom Schlagzeug - die sind einfach so entstanden."

Bevor Joe und die Band ins Studio gingen, um 'With A Little Help' aufzunehmen, spielten sie den Titel auf ihren Live-Gigs. Obwohl längst entschieden war, daß Tommy Reilly und Mickey Gee gehen mußten, gab es noch keinen Ersatz für sie. Denny Cordell, der bestrebt war, so schnell wie möglich eine neue Cocker-Single zu veröffentlichen, löste das Problem, indem er Steve Winwood und Jim Capaldi von Traffic, mit denen Joe seit dem Gig im Speakeasy vor einigen Monaten schon mehrmals aufgetreten war, buchte.

Eines Abends im Juni gingen sie alle in die Olympic-Studios - doch es kam nichts dabei heraus. „Capaldi war ein erstklassiger Trommler", sagt Tommy Eyre, „aber er hat dieses 3/4-Timing einfach nicht gepackt. Es klang, als würde er mitzählen, und dadurch wurde alles zerhackt. Dabei ist es nur ein ganz gewöhnlicher Walzer." Die Stunden vergingen, eine Aufnahme nach der anderen - man spricht von fünfunddreißig - und Joe gab jedesmal sein Bestes. Seine Stimme, die so kräftig war, daß sie trotz aufgestapelter Sandsäcke vor der geschlossenen Tür der Gesangskabine bis hin zum Schlagzeugmikrofon drang, endete schließlich total kraftlos. Um drei Uhr früh brach Denny Cordell die Session ab.

„Ich ging nach Hause und brach in Tränen aus", erinnert sich der Produzent. „Ich wußte, daß ich mir ein unheimliches Stück Arbeit vorgenommen hatte und ich schien damit nicht zurecht zu kommen . . . und die Musiker waren nicht die richtigen. Schließlich sagte meine Frau: 'Nun, du wirst es einfach nochmal versuchen müssen, nicht wahr!?'" Am nächsten Tag tat er genau das. Diesmal stand Jimmy Page an der Gitarre und B. J. Wilson spielte Schlagzeug. Der Procul Harum-Drummer hatte das perfekte Walzer-Feeling und die Nummer war schnell aufgenommen. Joe: „Aufnahme 13 am zweiten Tag. Wir wußten sofort, das ist sie. Ich werde mich immer daran erinnern. Du betrittst den Kontrollraum und weißt es einfach - es spielt dabei keine Rolle, wer gerade am Mischpult sitzt - es ist, als hätte Gott die Regie übernommen."

Nachdem man die nächste Single in der Tasche hatte, kam es nun darauf an, einen neuen Gitarristen und einen Schlagzeuger zu finden. Lust auf neue Auditions hatte keiner und so lud man Henry McCullough, einen Iren, den die Band in London kennengelernt hatte, zu einer gemeinsamen Probe ein. Die Schnelligkeit, mit der er den Test-Titel 'Swedening' erlernte, war beeindruckend und er wurde sofort engagiert. Der neue Schlagzeuger wurde Kenny Slade, für den man sich hauptsächlich durch Fürsprache von Tommy Eyre entschied, der schon vor Jahren in Sheffield mit ihm befreundet war. Slade - eine außergewöhnliche, anziehende Persönlichkeit und um einiges älter als die übrigen Mitlieder der Grease Band - hatte auf Tourneen durch ganz England mit Amerikanern wie Del Shannon und Bobby Hebb gespielt, bevor er sich als Mitglied einer Bigband in Doncaster Top Rank teilweise zur Ruhe setzte. Slade galt als ein Mann, der der hochklassigen Konkurrenz gewachsen sein würde, der sich die Band von Zeit zu Zeit bei Gigs stellen mußte.

* * *

Während des ganzen Sommers 1968 waren Joe und The Grease Band ständig 'on the road' und spielten außerdem noch regelmäßig in den Londoner In-Clubs Blaises, Revolution, Scotch of St. James und The Marquee. Ihr Publikum wuchs ständig, doch der größten Menge mußten sie sich auf dem Windsor Festival auf der Rennbahn im Kempton Park stellen, nachdem man sie auf Plakaten - zusammen mit Deep Purple, Jeff Beck, Jethro Tull und Jerry Lee Lewis, dem ehemaligen Idol von Joe - angekündigt hatte. Tommy Eyre: „Es war ein wunderschöner Tag ... wunderschöne Szenerie - eine riesige Fläche, auf der die ganzen Kids saßen, direkt vor einer etwa fünfzehn Fuß hohen Anhöhe, die eine natürliche Bühne bildete. Es waren alles Hippies, es gab eine Menge Dope, viel 'peace and love' und so. Wir gingen auf die Bühne, um zu spielen ... unser Instrumentalstück ... aber kurz bevor wir raufgingen, hatte Joe einen Trip eingeworfen und wir hatten alle entsetzt aufgeschrien: 'Oh nein! Mach' jetzt bloß keinen Scheiß!' Als wir jetzt fast am Ende von 'Walk On The Wild Side' angelangt waren, begann es zu regnen. Wir beendeten die Nummer ... 'Ladies and Gentlemen ... JOE COCKER!' Achtmal das Intro von 'Let's Get Stoned', während Joe näherkommt. Doch noch bevor er die Bühne erreicht hat, öffnet plötzlich der Himmel seine Schleusen. Alle diese Hippies springen auf, stürmen die Anhöhe hinauf, auf die überdachte Bühne. Und hier steht Joe - auf Acid - und sieht, wie die ganze Menge auf ihn zustürmt. Er hat nur zwei Worte gesungen und geglaubt, daß er die Leute beleidigt hatte und diese ihn nun umbringen wollten! Ich sitze an der Orgel und ungefähr fünfundzwanzig Leute stehen zwischen mir und Sladey und fünfzig zwischen ihm und Chris. Wir konnten nur Henry sehen ... und Cocker, mittendrin, und er schreit ununterbrochen: 'Nein! Nein!'"

* * *

Im September unternahm Denny Cordell eine Geschäftsreise nach Los Angeles. Er hatte gerade eine Vereinbarung mit A & M Records getroffen, wonach diese seine Straight Ahead-Plattenrechte in Amerika verwalten sollten. Er war sehr beeindruckt von der Organisation von der A & M Records und den Leuten, die dort arbeiteten, und so lud er Joe ein, ihn zu begleiten und sich ein wenig umzusehen. Cocker mußte zu dieser Reise nicht lange überredet werden - schon seit langem war es sein Wunsch, Amerika zu besuchen.

Jerry Moss, der Boss von A & M, erinnerte sich erst kürzlich an die Zeit, als er Joe Cocker zum ersten Mal hörte. „Wir haben gerade ein Buch zum 25. Jubiläum veröffentlicht und da wird ein Typ aus der Grafik-Abteilung zitiert ... Er erinnert sich, wie ich damals mit einem Tape mit 'Marjorine' ankam. Ich spielte den Leuten das Band vor und zu jedem sagte ich: 'Wir werden Millionen von Platten verkaufen!' Ihn muß das wohl sehr interessiert haben, denn er erinnert sich noch lebhaft daran. Für mich heißt das, daß wir eigentlich von Anfang an von Joe überzeugt waren. Wir mochten ihn alle gern leiden. Weißt du, manche Künstler kommen rein und es ist sehr schwer, mit ihnen ins Gespräch oder überhaupt an sie 'ran zu kommen, aber er war völlig locker ... wir konnten ohne Schwierigkeit miteinander reden ... hatten sofort einen Draht zueinander. Alle umarmten sich ... wir verbrachten eine tolle Zeit zusammen."

Während der Zeit in Los Angeles hörte Cordell die neu veröffentlichte LP von Traffic und war sofort begeistert von einem ihrer Titel - 'Feelin' Alright' - , den er für passendes Material für Cocker hielt. Joe hörte sich den Titel an und war ebenso beeindruckt, und so beschlossen die beiden spontan, die Nummer bei A & M aufzunehmen.

Die Besetzung für diesen Aufnahmetermin bestand aus Star- Studiomusikern wie dem Pianisten Artie Butler und dem Schlagzeuger Paul Humphries sowie den Raelettes - Merry Clayton, Patrice Holloway und Brenda Holloway. „Denny hatte immer behauptet, er könne jeden Musiker der Welt bekommen, aber ich habe ihm das nie glauben wollen", erzählt Joe. 'Feelin' Alright' fegte alle Zweifel beiseite. Die Aufnahme wurde abgerundet mit Hilfe eines brasilianischen Percussionisten, den Cordell, der selbst in Brasilien aufgewachsen war, von einer Herb Alpert- Session in der Nähe ausgeliehen hatte. So wurden die letzten Feinheiten hinzugefügt.

Nur dieser eine Song wurde bei der L. A. -Session produziert. Sie versuchten noch einen zweiten, doch die Zeit war zu knapp. Denny Cordell: „Mein Arbeitsstil damals bedeutete, daß ich das Studio und die Musiker für drei Stunden buchte und versuchte, in dieser Zeit zwei Titel einzuspielen. Und Joe war großartig, er war eben ein Live-Künstler!" Obwohl damals nur ein Titel eingespielt wurde, war doch niemand enttäuscht. Mit der Zeit wurde 'Feelin' Alright' - wie auch der Titel 'With A Little Help' - ein Cocker-Standard.

* * *

Bei ihrer Rückkehr aus Los Angeles stellten Cocker und Cordell fest, daß 'With A Little Help From My Friends' gerade anfing, abzuheben. Nach der Veröffentlichung am 2. Oktober dauerte es nur drei Wochen, bis die Platte die Top Ten der britischen Charts erreichte. 'COCKER'S SHOCKER' war die Schlagzeile auf der Titelseite des *Melody Maker* vom 26. Oktober, die außerdem ein Foto von Joe und einen Bericht über den phänomenalen Aufstieg der Platte zeigte. Im Heft war ein Interview von Chris Welch mit Joe abgedruckt, in dem sie über Musik diskutierten über den Ursprung seiner rotierenden Armbewegungen und die Großkotzigkeit im Showbusiness und Joe erzählte, warum er nicht mehr wie früher zehn Glas Bier am Abend trank: „Weil man nirgendwo Sheffield-Bier bekommen kann!"

In der selben Woche flog Joe nach Paris, wo er in drei Fernseh- Shows auftrat und eine Pressekonferenz in einer Boutique gab, die der Film-Diva Elizabeth Taylor gehörte. Es folgten diverse TV- Auftritte in England - in *Dee Time*, *How It Is* und *Top Of The Pops*. Am 30. Oktober traten The Grease Band zusammen mit der Bonzo Dog Doo Dah-Band und Tiny Tim in der Royal Albert Hall auf, wo sie mit rauschendem Applaus gefeiert wurden.

Die Freude darüber, daß Joe nach so vielen Jahren Arbeit sein Ziel erreicht und endlich Erfolg hatte, wurde am 11. Oktober - Joe wollte vom Heathrow Airport aus, im Rahmen einer Promotionreise, nach Amsterdam fliegen - von einem Vorfall etwas getrübt. Die Zollbeamten durchsuchten sein Gepäck und fanden ein kleines Stückchen Haschisch. Drei Tage später mußte Joe vor dem Uxbridge Magistrates Court erscheinen. Das Gericht wurde darüber informiert, daß Joe sehr freimütig mit der Polizei gesprochen hätte und daß er ein Mann sei, der „auf der Schwelle zu einer sehr vielversprechenden Karriere" sei. Das bedeutete, daß man einen wöchentlichen Verdienst von 30 Pfund zugrunde legte und Joe zu einer Strafe von 55 Pfund verurteilt wurde.

* * *

Am 9. November ritt Joe Cocker - eine inländische Zeitung hatte ihn als einen „sehr erfrischenden, aufrichtigen, jungen Mann" beschrieben - den ganzen Weg bis zur Nummer Eins der englischen Hitparade. Er hatte geschafft, was selbst seine besten Freunde für unmöglich gehalten hatten. Er hatte es mit einer Platte geschafft, auf die er stolz sein konnte, durch seine Entschlossenheit, totale Überzeugung und seinem echten Talent.

Nach Sheffield zurückgekehrt, widmete das Magazin *Top Stars Special* ihm und seinem Erfolg den größten Teil der Ausgabe vom Dezember '68. Alte Freunde und Zeitgenossen wie Dave Berry, Ray Stuart und David McPhie wurden zitiert und selbst Harold Cocker machte eine seiner wenigen öffentlichen Äußerungen: „Ich bin so froh, daß er es bis zur Spitze geschafft hat. Er hat so hart und so lange daran gearbeitet. Wahrhaftig, Joe fühlt seine Musik."

Joe's langjährige Freundin, Eileen Webster, wurde interviewt und erzählte, wie sie Joe immer wieder überredet hat, nicht aufzugeben, wenn es in den vorangegangenen zwei Jahren mitunter besonders schwierig für Joe wurde. Nachdem Eileen den Sommer in Cornwall verbracht hatte, war sie erst jüngst nach London gekommen. Auf die Frage nach Heirat meinte sie: „Ich nehme an, daß wir eines Tages soweitkommen."

Trotz seines Triumphes vergaß Joe nie die Menschen, die ihn in seinen harten Zeiten unterstützt und ermutigt hatten. Er schickte seinem Gastgeber und dem Personal vom Barrow Hill Hotel, wo er über ein Jahr lang jeden Mittwoch aufgetreten war, ein Dankes- Telegramm und dem *Top Stars Special* in Sheffield, welches ihn 1962 zum ersten Mal überhaupt erwähnt hatte, das folgende Statement:

„Ich möchte jedem danken, der während der letzten sechs Jahre irgendwann einmal eine unserer Shows besucht hat. Das waren wirklich tolle Tage und ich werde sie nie vergessen. Und alles, worum ich euch bitten möchte ist, wenn ihr zukünftig eine neue Gruppe in Sheffield hört und sie gut findet, ihr dieser Gruppe die Treue haltet, denn das kann Wunder bewirken. Viele Leute haben geglaubt, daß ich es nie schaffen würde, aber ich bin mir selbst treu geblieben. Nur weil die Leute, die mich mochten, mir treu geblieben sind, habe ich es geschafft. Ist es nicht überraschend, was mit der Hilfe Deiner Freunde alles angestellt werden kann? Ich danke Euch allen!"

Der Titel von Joe's Nummer Eins ließ einige an einen Nachmittag in Sheffield zurückdenken, damals im Esquire Club. Zu der Zeit gab es für Joe nicht viel zu tun und seine Hoffnung, es einmal groß zu schaffen, schwand von Tag zu Tag. Ray Stuart erinnert sich: „Wir saßen einfach da, Joe, ich, Dave Memmott und Terry Thornton. Wir machten ein bißchen 'rum mit Terrys Ouija- Brett. Dave Berry hatte gerade wieder einen Hit gelandet und ich weiß noch, daß wir das Ouija-Brett befragten: 'Wann wird Joe Cocker eine Hit-Platte haben?' ... Du weißt schon, so mit dem Glas ... Und die Antwort kam: 'Wenn er ein bißchen Hilfe von seinen Freunden erhält. '„ Joe erinnert sich noch deutlich an dieses Omen. „Yeah, wir haben uns später ganz schön gewundert. Es hat wirklich die Buchstaben von 'With A Little Help From My Friends' gezeigt - und das kannten wir damals ja noch gar nicht. Yeah ... da ist schon was dran ..."

* * *

Noch immer Nummer Eins, begaben sich Joe und die Grease Band auf eine größere Tour mit The Who, Crazy World of Arthur Brown und den Small Faces. „Eine außergewöhnliche Tour war das", erinnert sich Tommy Eyre. „Keith Moon und Sladey konnten es kaum erwarten, einander zu begegnen. Sie waren sich so ähnlich! Und als sie sich dann trafen, war's das auch - Blutsbrüder! Mooney hatte von irgendwoher 'was zum Rauchen bekommen und er und Sladey haben dann in dem Hotel in Newcastle total abgehoben!"

Eigentlich waren sich Kenny Slade und Keith Moon zum ersten Mal in einem Musikgeschäft in London begegnet, noch bevor The Who gegründet wurden. Kenny Slade: „Er war ein richtig schüchterner, kleiner Junge. Ganz das Gegenteil von dem, der er dann geworden ist. Das ist es, was der Rock and Roll bei den Leuten anrichtet." Slade erinnert sich noch lebhaft an diese Tour und auch daran, wie sie von der Polizei in Glasgow eingesperrt wurden. „Einmal hat er mich reingelegt. Er war total aufgeregt. 'Komm mit ... Komm mit in mein Zimmer ... ' Dann zieht er mich in sein Badezimmer und da liegt diese Biene in der Badewanne - nur die Füße und der Kopf waren in dem Halbdunkel zu erkennen. Ich sagte: 'Was zum Teufel hast du gemacht?' Da schaltet er das Licht an und in der Wanne liegt eine dieser aufblasbaren Puppen, über und über mit Tomaten-Ketchup beschmiert!"

Die The Who-Tour endete in Liverpool, doch für Joe und die Grease Band gab es keine Ruhepause. Sie hatten einen unbarmherzigen Zeitplan zu erfüllen, mußten an sieben Tagen in der Woche spielen, jeden Tag an einem anderen Ort, quer durch das ganze Land. Im Magic Village in Manchester spielten sie vor einem total bekifften Publikum, an der Cambridge University Union wurden sie mit stürmischem Applaus gefeiert und in Paisley, Schottland, spielten sie auf einer dreißig Fuß hohen Bühne. Als Kenny Slade den Veranstalter fragte, warum sie in so schwindelerregender Höhe spielen sollten, war die Antwort: „Weil euch da oben die Dosen und Flaschen nicht treffen!"

Den größten Triumph jedoch erlebten sie am 13. November im Black Swan-Pub in Sheffield. Bereits Stunden vor Beginn der Show hatte sich vor dem Pub eine riesige Menge angesammelt, die ein solches Verkehrschaos verursachte, daß die Polizei den Wirt, Terry Steeples, aufforderte, die Menge zu vertreiben, ansonsten hätte er mit einer Strafe zu rechnen. „Ich sagte: 'Wenn das so ist, werde ich sie vertreiben!' Und das tat ich auch - direkt in den Konzertsaal hinein. Offiziell gehen 226 Leute in diesen Raum, aber uns ist es gelungen, 540 Menschen für je zehn Shilling hineinzupferchen." Joe brachte zwei Sets, sang als besonderen Wunsch 'Georgia On My Mind' und beendete die Show mit 'With A

Little Help From My Friends.' Noch während des Songs brachte Madge, seine Mutter, ihm eine Torte auf die Bühne!

Niemand war überrascht, daß Joe und die Band - nur Henry McCullough war kein Sheffielder - die Leute zu Begeisterungsstürmen hinriß. Aber der Wirt des Pubs hatte einige Schwierigkeiten herauszufinden, wieviel Gage sie für ihren Auftritt verlangten. Es gab keinen Vertrag - Joe hatte lediglich gesagt, daß er gerne im Swan auftreten würde, und als Terry Steeples ihn fragte: „Wieviel Geld verlangt ihr?" hatte Joe geantwortet, er solle sich darüber nicht den Kopf zerbrechen. Steeples: „Nach der Show fragte ich ihn: 'Wieviel schulde ich dir?' Er erwiderte: 'Ach, komm jetzt erstmal mit zu dieser Party.' Ich ging mit - als ich dann wieder zu Hause war, brauchte ich achtzehn Tassen Kaffee, um wieder klar denken zu können. Am nächsten Tag habe ich ihn dann überlistet - ich sagte, ich hätte 270 Pfund eigenommen. Und er sagte: 'Gib mir zweihundert und ich bin glücklich.' Ich frage dich, wer von den Typen, die die Nummer Eins in der Hitparade erreicht haben, würde überhaupt im Black Swan spielen wollen? Und wenn sie es täten, würden sie sagen: 'Ich will fünfhundert Pfund!' Es gibt nicht viele wie ihn. Und was, glaubst du, hat er dann gemacht? Er hat mir ein Telegramm geschickt und sich bedankt, daß er bei mir spielen konnte!"

* * *

'With A Little Help From My Friends' blieb dreizehn Wochen in den britischen Charts und war in ganz Europa ein Hit. Als es schließlich nach und nach wieder herausfiel, war Joe nicht enttäuscht, es entwickelte sich in ihm eher so etwas wie ein Gefühl der Erleichterung. „Der aufregendste Augenblick war der, als die Platte die Top 30 erreichte", erzählte er Ende November einem Reporter. „Jetzt, wo die Platte wieder abfällt, sieht man die Dinge aus einer anderen Perspektive. Wir sind von einem unheimlichen Druck befreit - wir hatten lange Zeit keinen einzigen Tag zu unserer freien Verfügung. Jetzt bleibt uns mehr Zeit, musikalisch wachsen können." Dem *Daily Mail* sagte er: „Wenn du plötzlich siehst, wie dein Name die Charts hinaufklettert, dann verändert das dein Leben. Aber du darfst dich nicht verändern, denn heute bist du ganz oben und schon morgen kannst du wieder ganz unten sein." Joe erinnert sich, wie er sich damals als Spitzenreiter der Hitparade gefühlt hat: „Es war seltsam. Ich weiß noch, wie ich in Glasgow war und plötzlich dachte: 'Ist das jetzt alles?' Ich habe eigentlich überhaupt nichts gefühlt."

* * *

Über Weihnachten gönnten sich Joe und die Band eine kurze, aber verdiente Ruhepause in Sheffield. Dann kehrten sie nach London zurück, traten am Sylvesterabend im Alexandra Palace auf und spielten anschließend noch einen Set im Annabel am Berkeley Square. Tommy Eyre: „Der Eintritt kostete fünfunddreißig Piepen - damals! Londoner Schickeria mit ihren Puppen. Und alle flippten total auf Cocker und Sladey aus - beide in schrecklichen, zerrissenen T-Shirts, in Schweiß gebadet und überall Haare - wir waren direkt von dem anderen Gig gekommen ... Wir spielten also einen zwanzigminütigen Set, da kommt einer von den Roadies auf die Bühne und sagt: 'Hört 'mal - der Typ meint, ihr solltet doch noch ein paar Zugaben spielen, diese Verrückten stehen wirklich drauf. Er hat zwar kein Geld, aber vielleicht tut es auch eine Kiste Champagner?' Wir stimmten zu und spielten noch ein paar Chuck Berry-Songs. Und dann hieß es: 'Peter Sellers ist unten und er möchte euch gerne kennenlernen.' Alles drängt zur Tür und dann sitzen wir da und quatschen mit Peter Sellers und der macht all diese komischen Stimmen nach. Als nächstes taucht Prinzessin Margaret auf und er stellt uns vor. Sie sagt: 'Ich finde, Ihre Band war großartig, Mr. Cocker. Wie geht es Ihnen?' Und Joe in seinem zerknautschten, alten T-Shirt: 'Hallo, Süße!'“

* * *

Es war ein ereignisreiches Jahr für Joe Cocker gewesen. Am ersten Januar unterschrieb er einen Plattenvertrag mit Denny Cordells 'Straight Ahead Productions' und einen Verlagsvertrag mit 'Essex Music.' Er hatte sich von allen Begrenzungen befreit, indem er von Sheffield nach London gezogen war; er hatte Amerika besucht, hatte die Spitze der Hitparade erreicht und war in ganz Großbritannien von seinem Publikum stürmisch gefeiert worden. Mit einer fast fertigen LP und einer für den Frühling geplanten Tour durch die Staaten sah die Zukunft strahlend aus. Die Jahre der Anstrengungen trugen nun doch ihre Früchte.

Kapitel 6

1969
Woodstock

Das neue Jahr hatte kaum begonnen, als sich ein größerer Krach innerhalb der Grease Band anbahnte. Kenny Slade und Tommy Eyre flogen raus und Alan Spenner und Bruce Rowland kamen rein in die Band. Chris Stainton wechselte vom Baß zu den Keyboards. Nur Henry McCullough blieb, wo er war. Die Umbesetzung war bereits vor Weihnachten geplant worden, als Joe und Stainton den Bassisten Spenner und den Schlagzeuger Rowland - beide aus der Londoner Band Wynder K. Frogg - zu einer Audition ins Pied Bull nach Islington, eingeladen hatten.

Slade und Eyre hatten überhaupt keine Ahnung von ihrem unmittelbar bevorstehenden Abgang. Sie hatten gemeinsam ein wunderschönes Weihnachtsfest verbracht und glaubten ein vielversprechendes neues Jahr erwarten zu können. Das es dies nicht sein würde, erfuhr Tommy Eyre in der ersten Januarwoche. „Kenny rief mich an - er hatte mit dem Büro telefoniert. Er sagte: 'Du wirst nicht glauben, was diese Bastarde getan haben! Sie haben uns 'rausgeschmissen!' Das war das erste Mal, daß ich davon hörte. Bis zu diesem Augenblick hatte mich niemand angerufen. Sie haben uns den Teppich direkt unter den Füßen weggezogen. Cocker hat nie ein Wort gesagt."

Noch zwei Jahrzehnte später, nachdem er sich einen Namen gemacht und mit allen - von Mark Almond bis zu Wham! und Andy Summers - gespielt hat, erinnert sich Tommy Eyre schmerzlich daran, wie er unter diesem Rauswurf gelitten hat. „Ich war wie in Trance. Ich hatte keine Ahnung, was der Grund war. Ich weiß es eigentlich heute noch nicht - wir seien zu jazzig, das gaben sie als Grund an. Aber ich wußte, daß das Ganze zum Teil von Stainton eingefädelt worden war - er wollte gerne Klavier spielen. Außerdem paßten wir nicht mehr ins Bild . . . weißt du, Joe war in diese super-hippe Gesellschaft aufgestiegen. Slade und ich waren aber nicht hip - wir benutzten keine dieser Modewörter wie 'far out' oder so und wir rauchten auch nicht ständig Unmengen von Gras, wovon mir sowieso immer übel wurde. Joe umgab sich mit all diesen super-exotischen Pseudos und ich hatte den Eindruck, daß er sich davon hat blenden lassen. Ich habe ihn dann später wiedergetroffen, da war er wieder der Joe, den ich kannte, aber zu jener Zeit war er unerträglich."

Kenny Slade, der älter war und die hinterhältigen Verhaltensweisen in der Rock and Roll-Szene bereits kannte, ließ sich von dem Vorfall nicht lange deprimieren. „Ich war nicht gerade glücklich darüber aber ich war auch nicht wirklich böse. Ich bewunderte Joe grenzenlos - ich liebte seinen Gesang - aber die Musik törnte mich nicht an. Wir gingen oft zusammen einen Trinken, aber dann gingen wir wieder verschiedene Wege. Joe war in Wirklichkeit keiner von den Ausgeflippten."

Joe macht ausschließlich musikalische Überlegungen verantwortlich für das Ausscheiden der beiden und er betont, daß die Entscheidung hierfür nicht allein bei ihm lag: „Sie knüpften zu sehr an den Jazz an und wollten immer wieder mehr Jazz-orientiertes Repertoire spielen. Aber Chris und ich waren richtige Rocker. Alles erreichte eine Art von Höhepunkt bei einem Gig im Süden Englands, als Chris in Tränen ausbrach und sagte 'Ich kann einfach nicht mehr mit ihnen spielen' - und das war's dann !"

* * *

Die neugegründete Grease Band probte ein paar Wochen, damit der neue Bassist und der neue Schlagzeuger mit dem Repertoire vertraut wurden, während Chris sich auf seine neue Rolle als Keyboarder konzentrierte. Dazu Alan Spenner: „Chris war wirklich erstaunlich - durch und durch ein Original. Es war für ihn normal, fünf Tage ohne Schlaf auszukommen. Als er sich entschlossen hatte, Keyboards zu spielen, nahm einen Haufen Speed und zog sich tagelang zurück, nur um zu üben. Zuerst kopierte er andere Musiker - Note für Note - bis er allmählich über einen Zeitraum von ein paar Monaten seinen eigenen Stil entwickelt hatte."

Nachdem sie ein paar Konzerte in kleinen, abgelegenen Orten gegeben hatten, verbrachten Joe und die Grease Band den größten Teil der Monate Februar und März auf einer England-Tournee zusammen mit Gene Pitney und der Gruppe Marmelade. Es war nicht so einfach, jeden Abend für die Fans einer anderen Band oder eines anderen Sängers zu spielen, deretwegen das Publikum in erster Linie gekommen war, aber sie überlebten diesen Umstand ohne größeren Schaden und freuten sich auf ihre erste Tournee durch Amerika, zu der sie Anfang April über den Atlantik starteten.

* * *

Joe's Ankunft in Amerika wurde nirgends angekündigt. Die Single 'With A Little Help From My Friends' hatte bereits die Aufmerksamkeit der amerikanischen Underground-Radio-Stationen erregt, und die Platte war in der *Billboard*-Hitparade auf Platz 68 gelandet. So war auch der Weg für sein Debut-Album mit gleichnamigem Titel geebnet, das kurz nach Joe's Ankunft in Amerika auf dem US-Markt erschien.

Das Album, produziert von Denny Cordell, hatte ein Jahr bis zur Fertigstellung gebraucht. Es beginnt mit einer - für den Cocker 1968/69 typischen - Nummer: 'Feelin' Alright', der Song, der in Los Angeles im September des vorigen Jahres aufgenommen worden war. 'Bye Bye Blackbird' hat neben Jimmy Page die gleichen Chorsängerinnen, die auf 'With A Little Help From My Friends' gesungen hatten-Madeleine Bell, Sunny Weetman und Rosetta Hightower.

'Change in Louise', ist eine Cocker/Stainton Komposition mit dem Spooky Tooth-Drummer Mike Kellie, danach folgt 'Marjorine' und der Bob Dylan-Song 'Just Like A

Woman', eigentlich eine Art Nebenprodukt, der „With A Little Help From My Friends"-Session, mit Mathew Fisher von Procol Harum an der Orgel und Tommy Eyre am Klavier.

Die zweite Seite eröffnet mit 'Do I Still Figure In Your Life' mit Stevie Winwood's unverkennbarer Orgel. Dann kommt 'Sandpaper Cadillac', von einer der ersten Studio Sessions überhaupt und 'Don't Let Me Be Misunderstood', die einzige Aufnahme, die jemals mit der Grease Band in der Besetzung von 1968 veröffentlicht worden ist:Stainton, McCullough, Eyre, Slade. Danach folgt der Titel-Song und schließlich noch eine Bob Dylan-Komposition: 'I Shall Be Released', mit Stevie Winwood und Mike Kellie, deren Version man bevorzugt hatte, obwohl noch andere Aufnahmen des gleichen Songs mit Al Kooper an der Orgel und Aynsley Dunbar am Schlagzeug gemacht worden waren. Es war wirklich ein sensationelles Debut-Album - mit wunderbaren Gesangsdarbietungen von Joe, unterstützt von all den Top Musikern. Die LP bekam in England sehr gute Kritiken, kam jedoch nicht in die britischen Charts. Dafür erreichte sie Platz 35 der amerikanischen LP-Hitparade und Joe's Popularität in Amerika war allgemein im Steigen begriffen.

* * *

Der amerikanischen Öffentlichkeit zeigte sich Joe Cocker zum ersten Mal Ende April in der Ed Sullivan Show, wo er und die Grease Band zu einem Playback von 'Feelin' Alright' der zweiten US-Single-Auskoppelung, auftraten. Der Programmdirektor der Show, sichtlich durch Joe's ungewöhnliche Bühnenerscheinung verwirrt und verängstigt, möglicherweise einen Teil der Zuschauer zu beleidigen, versuchte Joe hinter einer Reihe Go Go-Girls zu verbergen. Der Versuch mißlang und dieser erste Auftritt wurde ein voller Erfolg für Joe in Amerika.

„Die Reaktionen waren ganz schön aufregend", erinnert sich Alan Spenner. „Die ältere Generation glaubte, daß er verrückt war und sofort wieder nach England geschickt werden sollte, während die jungen Leute ihn einfach wahnsinnig fanden. Es war ein perfekter Start für die Tournee."

Alle Gigs waren von Bandana einer New Yorker Konzertagentur, organisiert worden. Deren Boß, Dee Anthony, hatte Joe Cocker im Herbst des vorangegangenen Jahres im Londoner Marquee Club gesehen und Dee Anthony hatte eine Vereinbarung mit Chris Blackwell von Island Records, die vorsah, daß Dee sich um alle Island-Künstler in Amerika kümmern sollte. Das war eine Situation, mit der Denny Cordell, Joe's Produzent und Mentor, nicht sehr glücklich war. „Damals war schon klar, daß zwischen Island und Straight Ahead nichts zustande kommen würde und da Chris Blackwell Joe nicht persönlich managte, war das für mich eine ziemlich verzwickte Situation. Seine Karriere wurde nicht in der Weise gefördert, wie ich es für Amerika gerne gesehen hätte." Drei Wochen nach seiner Ankunft schloß Joe einen Vertrag mit dem Bandana Management, der nach zwei Jahren bereits wieder beendet sein würde - mit Bitterkeit und gerichtlichen Konsequenzen.

Von den ersten Konzerten an wurden Joe und die Grease Band überall gefeiert. Es ging im New Yorker Fillmore East los, wo die Jeff Beck Group mit Rod Stewart die

Hauptattraktion war. - Weiter ging es nach Boston und Detroit, wo sie mehrere Abende im Vorprogramm von The Who in einem Eisstadion spielten. Sie rockten in den New Yorker In-Clubs wie The Scene und Ungaro's, dem Rayway Theatre in New Jersey die ganze Ostküste rauf und runter, bis sie schließlich an einem Abend im Juni 1968 in Bill Graham's Fillmore West in San Francisco landeten. Nach den Byrds, der Hauptattraktion des Abends, war die Hälfte des Publikums schon gegangen und nur etwa 500 Leute blieben noch, um Joe Cocker zu hören. Was sie erlebten, beschrieb Ben Fong Torres damals im *Rolling Stone* „Fünfhundert Leute entdecken im Fillmore West einen wirklich unglaublichen neuen Künstler - Joe Cocker! Noch nie hat sich das Fillmore West so gut angefühlt!" Für die Presse war vor allem der optische Eindruck des „häßlichen fetten Jungen mit der goldenen Seele" ein gefundenes Fressen. John Mendelsohn von der *Los Angeles Times* schrieb: „Auf der Bühne ist Joe Cocker ein wahres Wunder, wie er so spastisch herumfuchtelt, seine Arme um seinen Kopf schwingt und Grimassen zieht, als hätte er die allergrößten Schmerzen. „ Und Albert Goldman vom *Life Magazine* ging noch viel weiter. „Man hatte ja schon von seinen seltsamen Bewegungen gehört," schrieb er, „aber diese Mischung aus Parkinson'scher Krankheit, Muskelschwund und Veits-Tanz, das mußte man erst einmal selber gesehen haben, um es zu glauben."

Und über die Wirkung, die Joe auf Amerikas Frauen hatte, war im *Rolling Stone* über einen Gig im Whisky A Go Go in Los Angeles zu lesen: „Als die Band zu ihrer explosiven Version von 'With A Little Help From My Friends' kam, sprang ein junges Mädchen auf die Bühne und warf sich zwischen Joe Cockers Beine, offensichtlich halb verrückt geworden vor Entzücken über diese heiße Stimme und seine Verrenkungen und begann, ihn leidenschaftlich zu bearbeiten. Sekunden später entwich Cockers Kehle der Schrei seiner Karriere." Daneben war die Szene auf einem Photo zu sehen, und dieses Photo diente später für ein Riesen-Promotionposter, am Sunset Boulevard: „Joe Cocker stöhnt auf A&M Records".

So etwas wäre zu Hause in den Sheffielder Pubs nicht passiert, wie Joe seinem Freund Stuart Mosley schrieb: „ Diese Tournee ist wirklich eine fantastische Erfahrung. So ungewöhnliche Dinge passieren die ganze Zeit . . . . Man fühlt sich ganz frei hier, obwohl es viel Gewalt gibt, liegt aber auch viel Liebe in der Luft ..." Der Brief ging weiter und Joe erzählte, wie „die Band auf einmal anfing, richtig gut zusammenzuspielen, sowohl persönlich als auch musikalisch" und wie Joe und Chris Stainton wieder angefangen hatten, gemeinsam Songs zu schreiben, was er als einen wahren Segen beschrieb," denn er hatte geglaubt, daß die Zeiten vorbeigewesen wären." Er schließt den Brief mit einer philosophischen Bemerkung - „Was die Seele will, soll der Geist erreichen! Ich glaube, daß Gott das gesagt hat oder zumindestens jemand, der fast so 'hip' ist!"

* * *

Der Sommer 1969 erlebte eines der größten Kapitel in der Rock- Geschichte. überall in Amerika, in Kanada und in England pilgerten Fans zu großen Open-Air Rockfestivals, die in einem Ausmaß organiert waren, wie man es bis dahin noch nie erlebt hatte. Das erste wichtige Festival in einer Reihe von vielen war das Newport Rock Festival vom 20. bis zum 22. Juni, ganz in der Nähe von Northridge in Kalifornien.

Dreiundreißig Bands traten dort auf, dazu gehörten Jimi Hendrix, Janis Joplin. Jethro Tull, Steppenwolf, The Byrds und Joe Cocker mit der Grease Band. Sie spielten vor 150 000 Leuten. Am Wochenende darauf spielte Joe auf dem Denver Pop Festival, wo die Polizei die Leute mit Schlagstöcken und Tränengas hinderte die Absperrungen, zu stürmen. Und bereits eine Woche später spielte Joe mit Janis Joplin, Delaney and Bonnie, Led Zeppelin und Creedence Clearwater in Atlanta, Georgia vor 140.000 Zuschauern. Joe: „Das waren schon tolle Tage. Ich wußte nicht mehr, wo mir der Kopf stand. Wir waren ziemlich neu in der Szene, und so mußten wir uns ständig mit den schlechtesten Terminen zufrieden geben. Im Atlanta Stadion z. B. sollten wir eigentlich um acht Uhr abends auftreten, aber so allmählich wurde unser Auftritt immer weiter für die anderen Star-Bands verschoben und schließlich spielten wir erst um sechs Uhr am nächsten Abend.

„Es konnte einem aber auch den Kopf verdrehen, wenn man an die vielen verschiedenen Stimulanzien und Substanzen denkt, die es in Amerika damals so gab. Alan Spenner: „Bis wir zu den ganz großen Festivals kamen, waren alle noch ein wenig unerfahren. Man muß berücksichtigen, daß wir damals noch alle sehr jung waren, vor allem in der Hinsicht, daß das aufregendste Abenteuer für uns bis dahin darin gelegen hatte, einmal ein bißchen Haschisch geraucht zu haben. . . und plötzlich waren wir mit diesen verückten Sachen konfrontiert." All die jungen Chemiker, frisch von der Uni erfanden damals völlig neue Drogen. Wir trafen einen in Seattle, Washington, der gerade mit Nashorn-Tranquiliziern experimentierte. Er brachte uns dieses Zeug, er hatte es THC getauft, . . . in brauner Gelatine. Wir haben es einfach 'Heavy Jelly' genannt. Man nahm ein ganz kleines bißchen davon auf einen Fingernagel und spülte es mit Coca Cola runter. Nach ungefähr einer Dreiviertelstunde war immer noch nichts passiert - und dann war auf einmal die ganze Welt wie Watte um einen herum - in Technicolor. Das dauerte dann 36 Stunden und in dieser Zeit schien dein Kopf von deinem Körper total getrennt zu sein und du konntest dich aus großer Höhe betrachten - außerhalb von dir selbst."

Für viele Leute im Rockbusiness waren solche Zustände damals ziemlich alltäglich, aber bei denen, die nicht so direkt daran teilnahmen, konnte es mitunter zu peinlichen Situationen führen. Wie zum Beispiel damals, als Joe und die Band zu einem Dinner im Hause von Dee Anthony eingeladen worden waren. Dazu Bruce Rowland: „Dee's Gastfreundschaft war verschwenderisch - und höchst widersprüchlich. Die Gesellschaft bestand an diesem Abend aus Frank Barselona (einem Geschäftspartner von Dee Anthony), Dee's Frau, einer Engländerin und deren Mutter, die mit einer Clique von alten Ladies in einer Ecke saß und dann noch Alvin Lee und seine Ten Years After.

„Chris Stainton war ziemlich daneben und hatte extra für diese Dinner Party sein Bett erstmals seit vier Tagen wieder verlassen. Er wollte aber nichts essen, und wäre lieber mit seiner kleinen Papiertüte nach Greenwich Village gegangen, um dort herauszufinden, womit er die Tüte am besten füllen könnte.

„Nachdem wir schließlich gegessen hatten, sollten wir uns die Amateur-Filme von Alvin Lee & Co. ansehen. Der Projektor war bereits in der Mitte dieses großen Wohnzimmers aufgebaut, und das elektrische Kabel spannte sich straff wie eine Violinenseite auf

Kniehöhe quer durch den Raum. Das Licht ging aus und der Film rollte los - genau in dem Moment, als Chris hereinkam, völlig spaced out und unfähig, gerade zu stehen. Als er den Raum durchquerte, hat er gleich den ganzen Projektor mitgeschleift und ein totales Chaos entstand. Danach legte er sich auf auf den Fußboden und schlief dort ein.

„Also wurde das ganze Film-Ding noch einmal von vorne aufgebaut und, so unglaublich es klingt - aber es waren alles private Familienaufnahmen von Ten Years After, wie sie in einem Holiday Inn Hotel-Zimmer Cowboy und Indianer spielen, mit richtigen Waffen und so, hin und wieder unterbrochen von Aufnahmen, die Alvin Lees Frau zeigten, ein wunderschönes Model, die aber immer unscharf aufgenommen war, doch plötzlich steht sie da in Nahaufnahme - in richtiger Pose - und irgendjemand stieß den am Boden liegenden Chris an, der davon aufwachte, und nicht wußte, wo er sich gerade befand. Er sah nur kurz auf die Leinwand und grunzte: 'Wer is'n das, verdammt noch 'mal?' Totenstille im Zimmer und das einzige Geräusch waren Joe's Versuche, sein Kichern zu unterdrücken. Die arme Damengesellschaft in der Ecke , sie versank förmlich im Sofa!"

Anfang August waren Alan Spenner und Bruce Rowland an der Reihe, richtig geschockt zu werden, als sie nach dem Atlantic City Pop Festival in einem Hotel in New Jersey aufwachten. Spenner: „Es war sechs Uhr morgens und die Tür fiel auseinander. Bruce und ich lagen da in diesem Doppelbett und auf einmal steckt eine 38er Kanone in unserem Gesicht. Ich starre auf die Mündung und sehe diesen seltsam verkleideten Bullen in seinen Bermuda Shorts, seiner Sonnenbrille und dieser Kanone, wie er nur noch zu mir sagt: 'Okay, mein Freund, die Zeit ist abgelaufen.' Als die Jungs von der Grease Band sich auf der Polizeistation wieder trafen, erwarteten sie dort bereits viele Leute, die auf dem Festival verhaftet worden waren. Spenner sagt: „Alle Kids jubelten uns zu. . . 'Yeah, Yeah.' Die Bullen reagierten ziemlich agressiv. Es hat aber nie einen Gerichtstermin gegeben, weil man bei uns nichts gefunden hatte. Immerhin waren wir einen Tag und eine Nacht im Gefängnis gewesen."

Das wichtigste Ereignis des Jahres 1969 fand Mitte August vier Tage lang auf einer 600 Hektar großen Milch-Farm bei Bethel im Staat New York statt. Woodstock - die Aquarian Exposition - wurde Thema eines Filmes, eines 3 LP-Sets, verschiedener Bücher und Hunderte von Zeitungs-Artikeln. Es wurde später „das endgültige Popereignis" genannt, „ein wichtiges globales Ereignis" und vom *Times Magazin*e als das „wichtigste und größte Happening in der Geschichte der Menschheit" bezeichnet. Und Joe Cocker spielte in Woodstock - aufgrund einer Verwechselung in einem Spiel-Casino auf den Bahamas. Denny Cordell erzählt: „Ich war auf dem Weg nach Nassau und da es nach dem Mittagessen nichts Besseres zu tun gab, ging ich ins Spiel-Casino, um mal zu sehen, was da so los war. Und da traf ich diesen langhaarigen Hippie in seiner Fransen-Lederjacke... und der hatte gerade eine riesige Glückssträhne. Vor ihm lag bereits ein großer Haufen Chips und der wurde immer größer und größer und größer... ungefähr $20.000 Dollar, was damals sehr viel Geld war. . . . sehr viel Geld. Und er stopfte all diese Chips einfach so in seine schmuddlige Jacke, stand auf und sagte zu mir: 'Hey, ich kenne Dich. . . wie geht es Dir'?' Und ich hatte diesen Typen noch nie vorher gesehen. . und ich sagte nur 'Danke, mir geht's gut!.' . . das war auch nur so 'ne höfliche Floskel von mir und wir kamen ins Gespräch. Er stellte sich selber vor - Artie Kornfield - und er erzählte mir von Woodstock. Ich sagte ihm dann: 'Du mußt Joe Cocker für dieses Festival haben - er ist das Größte auf der Welt!' Also ging ich mit ihm zu Chris Blackwells Haus, der auf den Bahamas lebte und dessen Gast ich war und spielte Artie Kornfield das Album von Joe Cocker vor."

Kornfield war echt beeindruckt und flog nach New York zurück, um dort seinem Partner bei der Veranstaltung des Woodstock Festivals, Michael Lang, von seiner Entdekkung zu erzählen. Heute erinnert sich Michael Lang, wie er damals durch Artie Kornfield überhaupt das allererste Mal von Joe Cocker gehört hatte: „Die Idee des Woodstock Festivals war, alle wichtigen Rock-Bands der damaligen Zeit auf einem einzigen Festival zu präsentieren, aber dann kam uns der Gedanke, daß es vielleicht doch eine gute Idee wäre, wenn wir auch ein paar neue Talente vorstellen würden. Joe Cocker war einfach so unglaublich, daß wir wußten, den müssen wir dabei haben."

Joe und die Grease Band sollten das Sonntags-Programm mit The Band and Sly The Family Stone eröffnen, und die Gage betrug laut *Variety Magazine* $ 1.375,-. Joe war mit seiner Band die ganze Nacht von New England im Bus nach Woodstock gefahren und sie waren in einem Hotel etwa 30 km vom Festivalgelände entfernt untergebracht. Als sie am nächsten Morgen aufwachten, mußten sie feststellen, daß sämtliche Straßen im Umkreis von vielen Meilen blockiert waren.

Die US-Army stellte dann ein paar Hubschrauber zur Verfügung, die die Bands auf das Festivalgelände flogen. Joe und die Grease Band traten nach der englischen Band Ten Years After auf. Vom Hubschrauber aus sahen sie die unglaublich große Menge von Menschen und Autos unter sich. Seit Wochen wurde bereits überall davon gemunkelt, daß Woodstock etwas ganz Großes werden sollte, aber keiner in der Band hatte darüber ernsthaft nachgedacht, bis sie auf einmal in der Luft waren. „Erst als man uns auf dem Gelände abgesetzt hatte, spürten wir das wirkliche Ausmaß der ganzen Geschichte" erzählt Alan Spenner. „Ich fühlte mich wie auf einem Trip ... einem ganz natürlichen Trip ... und das nur von den starken Vibes, die von den Leuten so rüberkamen. Jeder war so glücklich und gutmütig und wenn uns irgendjemand in der Menge erkannte, hieß es meistens 'Hey Man - Hey Grease Band... Yeah!' Zwei bis dreihundert Leute drehten sich dann um und winkten uns zu ... es war einfach fantastisch ... magisch! Als wir die Bühne betraten, war keiner von uns nervös - nur einfach gut drauf. Als Erste mußten wir noch ein paar Minuten auf der Bühne totschlagen, bis der Soundcheck vorbei war. Wir standen da auf der Bühne und schauten in die Menge und es war, als würde man am Pier in Southend stehen. Nur war das nicht das Meer, sondern das waren alles Menschen, soweit man sehen konnte. Alle waren so unglaublich gut gelaunt. . . und alle in der gleichen Stimmung. Dieses Festival war größer als alles bisher dagewesene. . . und das war in sich schon großartig!"

Joe und die Grease Band eröffneten das Festival am Sonntag Mittag mit dem Programm, das sie bereits den ganzen Sommer lang gespielt hatten, und sie hatten auch diesen kleinen Blues-Rap über die Königin von England. In Amerika angekommen, hatte man ihm nahegelegt, diesen Song aus der Show zu streichen, aber er spielte ihn trotzdem und die Fans fanden ihn amüsant: „Die Geschichte ist die, als ich so dahin latsche und auf einmal dieser Rolls Royce neben mir hält. Es ist die Queen sie fragt mich: 'Hey Joe, was ist los, hast du nicht Lust, mit in den Buckingham Palast zu kommen? ...und ich bin mit ihr in den Buckingham Palast gefahren und dort sagte sie zu mir: Hey Joe. . . jetzt kannst du einen aufrollen!“

Denny Cordell flog auch mit einem Hubschrauber auf das Festival und gemeinsam mit den Bossen von A & M Records hörte er Pete Townshend von den Who, der Joe auf der Bühne vorstellte, richtig britisch, wie es keiner besser machen konnte: „Nun wacht mal alle endlich auf, ihr ungewaschenen Lumpen, denn jetzt gehts hier richtig los, und ihr werdet an diesem Wochenende nichts Besseres mehr hören! - und danach betrat Joe die Bühne - er war einfach schillernd . . . anders kann man es nicht beschreiben. . . Schillernd. Phänomenal!“

Joe war fast durch mit einer siebenminütigen Version von 'With a Little Help From My Friends', als ein Höllengewitter anfing. Er griff sich nur noch seine Flasche Bier und rannte von der Bühne, während die Band hinter ihm herlief - in Sicherheit. „No Rain, No Rain, No Rain, No Rain“ aber es reichte einfach nicht aus. Der Regen setzte ein und Woodstock verwandelte sich in ein riesiges Schlammbad. . . aber Joe Cocker hatte eben einen seiner größten Triumphe erzielt, der für den Rest der Welt im Film, der ein paar Monate später erschien, festgehalten war.

Von diesem Zeitpunkt an wurde Joe, wo immer er auch war, über Woodstock befragt, sowohl von seinen Fans als auch von den Journalisten. Heute sagt Joe dazu: „Es war einfach wie die 'Eclipse'. Es war ein ganz besonderer Tag.“

* * *

Zwei Wochen nach Woodstock flog Joe mit der Band nach England zurück, um auf dem Isle of Wight Festival aufzutreten. Zentrum der weltweiten Aufmerksamkeit war damals das erste öffentliche Erscheinen von Bob Dylan nach seinem schweren Motorradunfall vor drei Jahren. Die Rückkehr nach England, nach all den Erfolgen , die er in Amerika gefeiert hatte, war schon fast enttäuschend, denn „während die Grease Band ganz wunderbar groovte und großartig klang, konnte Joe selber keinen richtigen Kontakt mit dem englischen Publikum bekommen“ schrieb der *Melody Maker.* Er sang gut, aber wie er sang, war bereits ein wenig altmodisch, oder zumindestens war der Ort nicht der richtige für ihn und seine Bewegungen auf der Bühne irritierten. „Die gleichen Leute, die ihn ein Jahr davor, bei seinem Debut in London so hochgelobt hatten, machten ihn jetzt klein mit ihren Kritiken.

Unmittelbar vor seiner Rückkehr nach Amerika trat Joe als Hauptattraktion in Amsterdam auf, gemeinsam mit Spooky Tooth und Free und danach machte er ein paar Tage Urlaub in Chris Blackwells Haus in Berkshire. Anschließend fuhr er nach Sheffield, um dort seine Eltern zu besuchen und eines Nachmittags landete er im Black Swan Club, wo er vor elf Monaten gespielt hatte, als er die Nummer Eins der englischen Hitparade gewesen war. Der Wirt Terry Steeples erinnert sich: „Als wir gerade schließen wollten, kam Joe rein. Er sah aus wie ein Geist und ich sagte: 'Du siehst ja aus wie ein aufgewärmter

Toter' und er sagte zu mir: 'Möchtest du, daß ich hier ein Konzert gebe?' und ich lachte nur und Joe machte das Konzert - ein unglaublicher Mann!"

* * *

Als Joe dann Mitte Oktober nach Amerika zurückkehrte, war seine zweite LP bereits in den Charts, mit steigender Tendenz. Dieses Album war in den Tourneepausen im späten Frühjahr und im Frühsommer aufgenommen worden und vermittelte ein ganz eigenes Gefühl mit den zwei Beatles-Nummern 'Something' und 'She Came In Through The Bathroom Window.' Denny Cordell war damals persönlich mit den Beatles bekannt und als er eines Tages bemerkte, wie sehr George Harrison er von Joe's Version von 'With A Little Help From My Friends' beeindruckt war, überzeugte er ihn, clever wie er war, einen Song für Cocker's nächstes Album zu schreiben. Harrison willigte ein und kurz vor seiner Abreise nach Amerika bekam Joe einen Anruf von Apple Records, dem Beatles Hauptquartier. Denny Cordell: „George spielte uns einen Song vor, der uns aber nicht gefiel. Dann spielte er Something - 'Oh George, wir nehmen den Song, der ist ja absolut wahnsinnig! Ein echter Killer!' Also gehen wir alle in den Keller, wo Apple auch ein kleines Studio hatte, in dem George den Song für Joe auf eine Kassette überspielen wollte. Und als wir unten ankamen, saß Paul McCartney und fragte mich: 'Warum habt ihr mich denn eigentlich nicht auch nach einem Song für Joe gefragt?' und ich sagte: „Wir fragen dich jetzt, Paul!'"

Joe erinnert sich noch gut an diesen Besuch bei Apple Records: „Es war fast so, als würde man in eine Klinik kommen. Ich saß dort wie ein kleiner Schuljunge und Paul spielte mir 'Golden Slumbers' vor und ich war entzückt und konnte es nicht abwarten, diesen Song aufzunehmen, aber Paul sagte:'Nein, den kannst du nicht haben, und danach spielte er mir 'She Came In Through The Bathroom Window' vor. Über diesen Song wurde erst gar nicht lang herumdiskutiert und so verließen Joe Cocker und Denny Cordell Apple Records mit gleich zwei neuen Beatles-Kompositionen unter dem Arm, die kurz darauf in Amerika eingespielt wurden.

Die LP 'Joe Cocker!' markierte aber auch eine weitere bedeutsame Wende in der Karriere des englischen Blues-Sängers - die Begegnung mit Leon Russell, einem L.A. Session Musiker, dessen Klavier damals bereits auf vielen Hits zu hören war, ohne dabei aber auch nur im entferntesten selbst eine Berühmtheit geworden oder durch sein Spielen zu größerem Reichtum gelangt zu sein. Joe, Denny Cordell und die Grease Band waren auf Leon Russell durch seine Arbeit an der Delaney and Bonnie LP 'Accept No Substitute' aufmerksam geworden, welche sie das erste Mal in einem New Yorker Hotel hörten. Ein paar Wochen danach hatten sie dann in Hollywood das Sunset Sound Studio reserviert und es war bekannt, daß Leon Russell zu der Zeit in Los Angeles lebte. Also fragte Denny Cordell bei A&M Records einen Angestellten, Michael Vossey: „Wer ist dieser Leon Russell eigentlich? Gibt es eine Möglichkeit, daß er auf Joe's Platte ein paar Tracks spielt?"

Cordell erinnert sich: „Wir hatten bereits den zweiten oder dritten Tag der LP Produktion hinter uns - und auf einmal kommt diese unverkennbare Figur des Leon Russell ins Studio. Dieser grauhaarige Hippie, dessen Haare ganz lang an seinem Rücken herunterhingen - total in weiß gekleidet - und an seinem Arm Rita Coolidge - sie war einfach irrsinnig schön - eine wunderschöne Cherokee-Indianerin. Aber alles spielte sich ziemlich höflich und unauffällig ab . . . 'Tasse Kaffee ?' - und dann setzten sich die beiden auf das Sofa - direkt vor die Lautsprecher - im Regieraum - und dort saßen sie dann und sagten drei Stunden lang keinen Ton. So gegen zwei Uhr morgens standen sie wieder auf und sagten 'Danke vielmals, es war sehr nett' und gingen wieder. Wir dachten, daß das alles ein wenig seltsam war, aber dann bekamen wir bereits am nächsten Tag eine Nachricht von Michael Vossey, die besagte, daß es Leon Russell am Vorabend sehr gefallen hatte und er hätte einen Song, der Joe bestimmt gefallen würde."

Denny, Joe und Chris Stainton trafen Leon Russell in seinem Haus, wo er die Garage in ein achtspuriges Tonstudio verwandelt hatte. Sie wurden von Leon förmlich überrollt, der ihnen gleich vier Songs vorspielte, darunter 'Delta Lady' als auch 'Hello Little Friend', die kurz darauf mit Leon Russell am Klavier eingespielt wurden. Aber noch bevor sie 'Delta Lady' fertig hatten, war die Studiozeit zu Ende. Denny Cordell dazu: „Wir nahmen das 16 Spur-Gerät mit zu Leon, in sein kleines Garagen-Studio, und an diesem Abend schaute Eric Clapton herein und später kamen noch Rita Coolidge, Merry Clayton und Bonnie Bramlett dazu. Leon legte als letzten Schliff noch etwas Gitarren darüber und 'Delta Lady' war fertig. Ich werde mich immer daran erinnern, wie Eric Clapton sagte 'Oh Mann, das ist ein Hit. Das ist ein echter Hit !'"

Im wirklichen Leben war Rita Coolidge die 'Delta Lady', die Leon Russell das erste Mal in Memphis getroffen hatte, wohin sie nach ihrem Schulabschluß mit ihren Eltern gezogen war. Sie hatte Leon Russell durch einen gemeinsamen Freund kennengelernt, Don Nix, der damals einer der Bläser bei den 'Bar Kays' war: „Als Leon nach Memphis kam, war es ein ganz besonderes Ereignis für uns alle. Und als er dann nach ein paar Monaten wieder nach Kalifornien zurückfahren wollte, wir hatten uns bereits häufig getroffen, fragte er mich, ob ich mit ihm nach Los Angeles zurückfahren wollte in seinem neuen Ford Thunderbird, den er sich gerade gekauft hatte. Wir waren ungefähr acht Monate zusammen und gerade im Begriff, eine Band zu gründen, als unsere Beziehung wieder auseinanderfiel. Zu dieser Zeit hatte Leon 'Delta Lady' geschrieben, als wir uns trennten."

Kurz nachdem 'Delta Lady' aufgenommen war, flogen Joe die Band und Denny Cordell nach England zum Isle of Wight Festival. Alle Songs auf dem Album waren von der Grease Band selbst eingespielt worden, unterstützt von Leon Russell und anderen Gästen wie Clarence White von den Byrds, der auf 'Dear Landlord' Gitarre spielte und Sneaky Pete Kleinow, der auf 'She Came In Through The Bathroom Window' einige Gitarren-Overdubs spielte. Diese Gastauftritte waren wichtig, erklärte Denny Cordell später, denn der Gitarrist der Grease Band, Henry Mc Cullough, war sehr unzuverlässig: „Wenn er richtig gut spielte, dann spielte er genial - aber er konnte nur ganz bestimmte Sachen spielen und man mußte ihn im richtigen Moment erwischen. Ansonsten war er sehr unbeständig - und lag einfach daneben."

Leon Russell begleitete Denny Cordell nach London, wo er im Hause des Produzenten wohnte und Glyn Johns beim Abmischen der Tracks half. In London produzierte Denny Cordell dann gleichzeitig die Aufnahmen für Leon Russells Debüt-Album mit einem großen Aufgebot an Musiker-Stars aus der Londoner Szene. Chris Stainton spielte auf vielen Sessions und „Joe Cocker erinnert sich", auch da und dort einen heiseren Schrei eingebracht zu haben."

Nach Amerika zurückgekehrt, war Leon Russell inzwischen bestens mit dem Kreis um Joe Cocker bekannt, und wartete jetzt auf die Veröffentlichung seiner Platte. Joe und die Grease Band waren bereits mitten in ihrer zweiten Amerika - Tournee, als die LP 'Joe Cocker' mit Leon Russell als Co- Produzenten - auf Platz 11 in den amerikanischen Album-Charts kletterte. Dieses Mal wurden sie nicht mehr als dritte oder vierte Band auf den Plakaten genannt, sondern bereits als, zweite, und in einigen Shows bereits als die Hauptattraktion, so auch im November im Fillmore East in New York.

In England war die Single 'Delta Lady' bis auf Platz Acht gekommen und gerade dabei, langsam wieder aus den Charts zu verschwinden, als die Grease Band zu Weihnachten nach Hause kam. Die englische Pop-Presse, die Joe bereits als eine Eintagsfliege abgeschrieben hatte, wunderte sich, daß Joe mehr als zwölf Monate gebraucht hatte, um nach 'With A Little Help From My Friends' eine Folge-Single zu veröffentlichen. „Jeder fragt mich das", war Joe's Antwort auf die Frage im *New Musical Express*, „Ich glaube, ich war einfach geblendet von den Ereignissen. All die Jahre in Sheffield war es nie so richtig abgegangen und jetzt passierte in einem halben Jahr soviel Veränderung."

* * *

Nach einer kurzen Pause über Weihnachten und Neujahr spielte Joe ein paar Konzerte in England und Ende Januar auf der Midem in Cannes, einer großen internationalen Musikmesse, wo neue Talente auftraten und der Industrie vorgestellt wurden. Für die Band war es ganz klar, daß man einen längeren Urlaub brauchte, denn neun Monate Amerikatournee hatte doch alle sehr mitgenommen und es war absolut wichtig, neues Material einzuüben. Aber auf der anderen Seite des Atlantik bereitete Dee Anthony bereits eine neue Tournee durch Amerika vor, auf der Joe überall der Haupt-Act sein sollte. Wochenlang hatte Joe gesagt, daß er so schnell nicht wieder auf Tournee gehen wollte, aber der amerikanische Manager bestand darauf. Die Grease Band wartete ab und beobachtete die ganze Entwicklung. Alan Spenner heute: „Je mehr Joe 'Nein' sagte, um so unheilvoller wurde Dee Anthony. Der Rest von uns war bereits mehr oder weniger auf die neue Tournee eingestellt - denn es sah so aus, als könnten wir wenig dagegen tun und Joe blieb bei seiner Entscheidung und wurde immer entschiedener in der Ablehnung dieser neuen Tour. Dee Anthony war extra aus Amerika nach England gekommen, mußte aber feststellen, daß er dieses Mal kein einfaches Spiel hatte. Joe war entäuscht darüber, daß sein Leben auf einmal von anderen Leuten bestimmt wurde."

Dee Anthony bestand weiter darauf, daß diese Tournee gemacht werden müßte. Obwohl Joe 1969 fast ohne Unterbrechung während des gesamten Jahres gearbeitet hatte, war ihm am Schluß nur sehr wenig geblieben und das große Geld war immer noch in weiter Ferne.

Die Festivals hatten ihm zwar wertvolle Publicity eingebracht, aber nur wenig Geld - 1.375,- Dollar hatte Joe in Woodstock Gage bekommen. Jetzt aber war die Zeit reif - seine zweite LP 'Joe Cocker' war in Amerika in den Charts und Joe's Karriere war heiß. Dee Anthony wollte daraus bare Münze machen, doch Joe hatte ganz andere Ideen im Kopf. Da er nie ein Mann von Kompromissen war, löste er einfach die Grease Band auf und ohne Band, so glaubte er, würde es auch keine Tournee geben.

Kapitel 7

1970
Mad Dogs & Englishmen

Denny Cordell war in Hollywood, als ihn der Anruf von Dee Anthony erreichte. Cordell hatte England verlassen, um mit Leon Russell als Partner Shelter Records aufzubauen. Aber der New Yorker Impressario war nicht an diesem neuen Unternehmen interessiert - er wollte wissen, hatte Cordell Joe Cocker getroffen? Cocker war zu einem verabredeten Treffen mit Anthony vor einer Woche in New York nicht erschienen. „Weißt du eigentlich, daß er in sechs Tagen auf Tournee geht?“ fragte Anthony. Cordell wußte von einer bevorstehenden Tour, kannte aber den genauen Zeitpunkt nicht. Anthony erzählte ihm, daß Joe die Grease Band gefeuert hat, doch Cordell konnte nur erwidern, daß er seit ungefähr sechs Wochen nichts von Cocker gehört hatte.

Am nächsten Tag erhielt Cordell einen Anruf von Joe. „Er war in New Orleans oder so. Ich sagte: 'Joe! ... Dee Anthony! ... Tour! Hier ist die totale Panik ausgebrochen!'“ Joe war darüber nicht allzu sehr besorgt, aber er willigte ein, nach Los Angeles zu fliegen, wo er Denny berichtete, daß er die Grease Band tatsächlich gefeuert hatte, daß er Probleme mit seiner Freundin Eileen hatte und daß er am allerwenigsten an einer Tour durch die Staaten interessiert war. Cordell hörte aufmerksam zu und sagte Joe, er solle sich keine Sorgen machen. Dann rief er Dee Anthony an und überzeugte ihn davon, daß es in der momentanen Situation keine andere Möglichkeit gab, als die Tournee abzusagen. Aber selbst Denny Cordell, einer der coolsten Manager, war von dem, was nun geschah, vor den Kopf gestoßen.

„Ich legte den Hörer auf. Acht Stunden später klopft es laut an die Tür. Ich öffne - und es ist Dee Anthony. Wir sind in Hollywood und Dee ist von New York hier heruntergeflogen - und er ist stinksauer! Ich wußte, daß Joe versucht hatte, ihm klarzumachen, daß er auf keinen Fall diese Tour machen konnte - aber Dee wurde extrem sauer und sagte Sachen wie: 'Na ja, weißt du Joe, wenn du diese Tour nicht machst - du wirst nie wieder in Amerika arbeiten. Alle Veranstalter ... Plakate sind gedruckt worden ... die Hallen sind gebucht. Man wird mich verklagen ... Ich werde dich verklagen. NIEMAND wird dich je wieder buchen! Frank Barcelona ... er ist der KING unter den Agenten - wenn du für ihn nicht arbeitest, dann wirst du für niemanden arbeiten. Deine Karriere kannst du vergessen.'“

Cordell hatte schon lange befürchtet, daß eine derartige Situation eintreten würde. Von Anfang an hatte er Dee Anthony mißtraut, und die vorangegangenen zwölf Monate hatten nichts dazu beigetragen, seine Einstellung zu ändern. „Ich haßte ihn. Und ich war nie damit einverstanden, wie er Joe behandelte, als sein Manager, und ich glaube, er hat nie wirklich begriffen, wo Joe eigentlich herkam. Er hatte Tony Bennett unter Vertrag. Aber das war ein kultureller Hintergrund - alle kamen aus Italien und waren sehr pflichtbewußt.

„Ich habe versucht, Joe da rauszuhelfen. Ich habe mich mit Dee getroffen und habe ihm meine Meinung ins Gesicht gesagt. Aber er hat mich völlig entwaffnet - er sagte: 'Yeah ... Ich liebe Joe ... tu, was immer du für richtig hältst. Mir ist es egal. Ich werde mich zurückziehen!' Er sagte: 'Laß mich darüber nachdenken.' Und einige Tage später bestellte er mich in sein Büro und da war plötzlich der drohende Zeigefinger ... und er sagte: 'Wenn du nicht mit Zement in den Schuhen im Hudson River enden willst ... Es spielt keine Rolle, wo du dich auch versteckst - ich habe in jeder Stadt in Amerika meine Freunde.' Es war alles sehr, sehr unheimlich und wir waren damals noch sehr jung und unerfahren. Die Drohung hatte ihre Wirkung!"

* * *

Joe befand sich in einem Dilemma. Auf der einen Seite hatte er keine Band und verspürte nicht die geringste Lust, auf Tournee zu gehen. Auf der anderen Seite war seine Karriere in Amerika ernsthaft bedroht und sowohl die Musiker-Gewerkschaft als auch die Einwanderungsbehörde saßen ihm im Nacken. Zusammen mit Denny Cordell suchte er die einzige Person auf, die vielleicht eine Lösung für seine Probleme wußte, zumindest was die Band betraf: Leon Russell. Würde er Interesse haben, auf Tournee zu gehen? Vielleicht wäre es möglich, eine kleine Band zusammenzustellen ... Leon am Klavier, Chris Stainton am Bass ... einen Gitarristen und Trommler würde man schon finden. Joe: „Wir haben wirklich niemals an eine große Band gedacht, wie sie dann schließlich entstanden ist ... meine Absicht war es lediglich, eine kleine Gruppe zusammenzustellen. Aber Leon wollte nur mitmachen, wenn er selbst die Band organisieren konnte." Joe hatte keine andere Möglichkeit, als diesem Wunsch zuzustimmen. Leon griff sofort zum Telefonhörer.

Als erstes rief er die Star-Perkussionisten Jim Keltner und Chuck Blackwell an. Dann erfuhr er, daß Delaney und Bonnie's Band - alles Freunde von ihm - sich aus finanziellen Gründen trennen wollten und so lud er auch sie ein. Nachdem es so aussah, daß die Tournee wirklich stattfinden würde, setzte sich Denny Cordell mit Jerry Moss, dem Boss von A & M-Records, in Verbindung und sorgte dafür, daß die Studios der Plattenfirma - falls nötig, Tag und Nacht - für Proben zur Verfügung standen, bis man fünf Tage später zum Eröffnungskonzert nach Detroit fliegen würde.

Nachdem er resigniert und eingesehen hatte, daß eine Tournee unvermeidbar war, hatte Joe sich entschlossen, ein Quartett, höchstens jedoch ein Quintett zusammenzustellen. Gleich nachdem Leon jedoch mit dem Telefonieren begonnen hatte, war es allen klar, daß die Band größer als vorgesehen werden würde. Aber weder Joe noch Denny Cordell hatten die geringste Vorstellung von dem, was sie bei ihrer Ankunft zur ersten Probe schließlich erwartete. Cordell: „Wir kamen dort an und mußten feststellen, daß Leon jeden Typen hinbestellt hatte, der gut spielen konnte! Da waren drei Schlagzeuger - Jim Gordon,

Jim Keltner und Chuck Blackwell - jeder mit seinem eigenen Drum-Set. Es gab mehrere Gitarristen und Bläser - Bobby Keys und Jim Price. Wir hatten beschlossen, daß wir drei Sängerinnen brauchten - mindestens ein Dutzend waren erschienen. Es gab Tambourine-Spieler - alles, was du dir vorstellen kannst.

„So begannen wir mit den Proben und nach etwa einer Stunde hatte Joe richtig Spaß an der Sache. Alle waren erleichtert - und die Band klang großartig. Bereits nach kurzer Zeit - es war ungefähr zehn Uhr abends - hatte es sich herumgesprochen, daß im Studio 1 etwas Besonderes im Gange war. Die Band wurde größer und größer und eine wahnsinnige Jam-Session wurde abgezogen. Wir waren wie hypnotisiert - noch niemals zuvor hatten wir jemanden erlebt, der wie Leon die Zügel in der Hand hielt, alles so perfekt organisierte und die Band dirigierte."

Russell brachte auch Ideen bezüglich des Materials ein. Joe gefiel der letzte Hit der Rolling Stones - 'Honky Tonk Women' - und sie beschlossen, die Show mit diesem Titel zu beginnen. Russell schlug die alte Julie London-Nummer 'Cry Me A River' vor, die er sich allerdings in einer Gospel-Version vorstellte. Der Box Tops-Hit 'The Letter' - wurde geprobt und während der Proben aufgenommen, zusammen mit 'Space Captain' - einer Nummer von Matthew Moore, der einfach in den A & M-Studios aufgetaucht war und die Band als Mitglied des Space Choir auf der Tournee begleitete. Diese beiden Titel wurden als Single veröffentlicht und Joe's erster Top Ten-Hit in Amerika.

Die erste Hürde - das Zusammenstellen einer Band - war genommen, doch die Tatsache, daß die Band sich ständig vergrößerte, machte Denny Cordell große Sorgen. Er sagte zu Leon Russell: „Das ist alles großartig ... und es wird auch funktionieren ... wir haben den Karren wirklich aus dem Dreck gezogen. Aber wir können unmöglich drei Schlagzeuger haben!" Russell erwiderte: „Na gut, welchen der drei wollen wir denn behalten?" Cordell meinte, jeder der drei - Jim Gordon, Jim Keltner oder Chuck Blackwell - sei gut für diesen Job, worauf Russell in seinem Oklahoma-Dialekt mit der Frage konterte: „Na gut, aber wer bringt den beiden anderen bei, daß sie die Tour nicht mitmachen werden?"

Alle drei Trommler machten die Tour mit - und zusätzlich noch zwei Perkussionisten: Bobby Torres und Sandy Konikoff. Die Bläser-Section bildeten Bobby Keys und Jim Price - später kam noch Jim Horn dazu; Carl Radle, der wie Keys und Price von Delaney and Bonnie kam, spielte Bass; Don Preston war an der Gitarre; Chris Stainton spielte Klavier und Orgel und Leon Russell Klavier und Gitarre. Der Space Choir bestand ursprünglich aus zehn Sängern, von denen Rita Coolidge und Claudia Lennear besonders zu erwähnen sind. Lennear, eine frühere Ikette, hatte bei dem Beatles-Titel 'Let It Be' ihren Auftritt, während Coolidge bei 'Superstar' ins Rampenlicht trat. Dieser Song wurde Leon Russell zugeschrieben - fälschlicherweise, wie seine frühere 'Delta Lady' behauptet. „Das war mein und Bonnie's Song. Hör dir mal den Text genau an. Da singt ein Mädchen von einem Typen. Leon und Delaney haben den Song fertigbearbeitet und dann ihre Namen druntergesetzt. Man hat uns den Titel ganz einfach geklaut!"

Während der nächsten vier Tage wurde täglich zwölf Stunden für die Tour geprobt, vor einem Publikum von mehreren hundert Leuten, die in die A & M-Studios kamen, um die Proben zu beobachten. Trotz seiner anfänglichen Abneigung, auf Tournee zu gehen, war Joe jetzt verhältnismäßig zufrieden - erleichtert, weil die Bedrohung seiner Karriere abgewendet worden war und glücklich über die hochkarätigen Musiker, die er um sich versammelt hatte. Denny Cordell kam mit dem Titel „Mad Dogs and Englishmen" an (Joe: „Das hatte er von Noel Coward.") und dann hatten er und Jerry Moss die Idee, die Tour zu filmen. Mit einer Band, einem Chor, Roadies, Soundleuten, Managern, Ehefrauen, Freundinnen, Kindern und jetzt auch noch mit einem Filmteam tauchte ein neues Problem auf. Wie konnte man einen solchen Troß durch ganz Amerika transportieren? Jerry Moss löste dieses Problem - ein Super Constellation-Jet wurde gemietet, auf dessen Spitze man die Worte 'Cocker Power' pinselte. Die Mad Dogs and Englishmen waren startklar. Alles in allem gingen dreiundvierzig Leute und ein weiß/schwarz gefleckter Hund am 19. März 1970 an Bord der Super Constellation und flogen nach Detroit, wo die Tournee am nächsten Tag beginnen sollte.

Mad Dogs and Englishmen waren in Detroit eine Sensation. Nach einer Woche und vier Shows kamen sie ins 'Fillmore East' in New York, wo später der größte Teil des Live-Albums und des Films in zwei Tagen aufgenommen wurde. Zunächst stieß die Filmcrew hier jedoch auf ein Hindernis. Bill Graham, der Besitzer, hatte bisher noch nie ein Filmteam ins Fillmore gelassen, da er befürchtete, daß dadurch das Publikum gestört würde. Er weigerte sich, von seiner Geschäftspolitik abzugehen und Pierre Adidge und seiner Crew die Erlaubnis zum Filmen zu erteilen. Nach vielen Überredungskünsten, praktisch Sekunden vor Beginn der Show, gab Graham schließlich doch nach. Die Kameras surrten, die Band legte los mit 'Honky Tonk Women' und 2.600 Leute tobten.

Ein Reporter des *Time-Magazine* staunte über das, was er dort sah. „Auf der Bühne steht die größte - und die ausgeflippteste - Rockband, die es je gab. Links auf der Bühne steht der Chor - 13 Sänger und Sängerinnen, deren Bekleidung aus Schals und tischtuchähnlichen Umhängen besteht. Ein kleiner, schwarz-weiß- gefleckter Hund tummelt sich vor den Bühnenscheinwerfern. Zwei kleine Kinder tollen fröhlich auf der Bühne umher ...

„Wenn man Joe zum erstenmal erlebt, fragt man sich, warum bisher noch niemand einen Star aus einem schwankenden Holzklotz gemacht hat." Aber die *Time*-Leser wurden über die sängerischen Qualitäten von Joe Cocker nicht im Unklaren gelassen: „Er weiß genau, wann er schreien muß, wann jammern, wann er eine Phrase mit einem klagenden Ton beenden muß. In nur acht Monaten wurde er zum bekanntesten, weißen, männlichen Blues-Sänger in den USA."

Die beiden Kinder, die auf der Bühne umhertollten, waren Denny Cordells Söhne. Mad Dogs and Englishmen mögen zwar sensationell, und Joe Cocker mag einer der heißesten Typen der Rockmusik gewesen sein, doch für Tarka und Barney Cordell, damals vier und fünf Jahre alt, gab es wichtigere Dinge, denen sie ihre Aufmerksamkeit widmeten. „Ich mochte die beiden immer sehr gerne", erzählte Joe Jahre später. „aber sie hätten mich fast dazu gebracht, sie übers Knie zu legen. Eines Nachts, ich war mitten in einer Ballade, öffnete ich die Augen und sah dicht vor meinen Füßen Tarka und Barney auf Händen und Knien umherrutschen ... sie spielten mit ihren Autos ... brrr, brrr."

* * *

Joe Cocker war der Star der Mad Dogs and Englishmen, Leon Russell dagegen wurde von den meisten Bandmitgliedern als der Bandleader gesehen - und mehr als das. Später erzählte Joe: „Leon - er war die Vaterfigur. Vor jedem Auftritt gab es für alle ein zeremonielles Dinner - bis ich mit dem Essen aufhörte - für die anderen ging natürlich alles so weiter. Zu Beginn sprach er stets ein kurzes Gebet. Manchmal waren fast vierzig Leute auf der Bühne und wenn eine Sache zu einer solchen Gemeinsamkeit wird, bekommen die Dinge für alle eine tiefere Bedeutung. Unser ganzer Haufen versuchte, die Tatsache zu begreifen, daß das ganze Leben wie eine Bühne ist."

Dieser kommunenartige Lebensstil war das Ideal von Leon Russell. „Leon war wie besessen von der ganzen Sache", erzählt Denny Cordell. „Leon stand auf Gemeinschaften - auf seine Gemeinschaft, in der er die Hauptperson war. Da gab es Joe, Chris und mich. Der Rest war seine Gemeinde und er war der Chef der Kommune. Sie richteten sich in allen Dingen nach ihm."

Eine gewisse Anzahl der Mad Dog-Truppe stammte, wie Russell, aus Oklahoma. Einer von ihnen war Jim Keltner, der 1965 mit Gary Lewis and the Playboys - einer Gruppe, die von Russell produziert wurde und die Spitzen der Charts besetzte - aufgetreten war. „Leon war mir gegenüber immer sehr hilfsbereit", erzählt Keltner. „Er ermutigte mich stets und ich habe durch ihn viel gelernt. Er stand mir immer zur Seite und sprach mir Mut zu, denn er wußte, daß ich mir gar nicht so sicher war, ob ich wirklich das Zeug zu einem Rock and Roll-Trommler hatte. Weißt du, ich komme ursprünglich vom Jazz." Keltner spricht auch über die Atmosphäre, die während der Mad Dogs Tour herrschte: „Am Anfang war dieses ganze Kommunen-Ding wirklich heavy ... wir waren alle ständig zusammen und alles wurde gemeinsam gemacht. Das war 1970, mitten in der Love-Ära ... Blumen und Liebe und freier Sex und diese ganzen Sachen. Wenn ich ehrlich bin, kann ich wirklich nur sagen, daß dieses ganze Mad-Dogs-Ding nichts weiter als eine große, lange andauernde Party gewesen ist. Es gab keinerlei Anzeichen dafür, daß etwas Großartiges daraus entstehen würde; es war wirklich nichts Besonderes. Es war auch überhaupt nicht wichtig, es schien einfach nur eine große, wilde Party zu sein. Und wir spielten auf dieser Party."

Doch nach einigen Wochen begann dieses Partygefühl bei einigen zu zerbröckeln, was bei einer so großen und aus so vielen verschiedenen Menschen bestehenden Gruppe unvermeidlich ist. Es gab emotionelle Probleme, Probleme mit dem Ego, und es dauerte nicht lange, bis Spannungen sich entwickelten, die sich im weiteren Verlauf der Tournee - speziell auf Joe - sehr negativ auswirken würden.

Die Beziehung zwischen Joe und Leon Russell verschlechterte sich zusehens, während die Band bereits auf den kleinsten Wink vom Klavier her reagierte. Die Gigs waren alle überwältigend. Wo immer auch die Mad Dogs and Englishmen auftraten, erwarteten sie wilde, begeisterte Massen, aber für Joe entwickelte sich die Tournee zu einem Monster. Cordell: „Er war jetzt nur der Vokalist in dieser großen, mitreißenden Band. Doch mit Feingefühl hatte das nichts mehr zu tun - und Joe ist ein Mann von großartigem Feingefühl. Jeden Abend ging er auf die Bühne und mußte sich die Seele aus dem Leib brüllen - mit dieser riesigen, egozentrischen, pulsierenden und unkontrollierbaren Band im Rücken. Er machte etwas, was er nicht machen wollte, während Leon das ganze genoß - er führte die Regie."

Obwohl viele Journalisten Joe im Laufe der Jahre wiederholt über die Mad Dogs und speziell über seine aus dieser Zeit resultierenden Gefühle Leon Russell gegenüber befragt haben, hat er sich kaum, wenn überhaupt, dazu geäußert. Die frühen Siebziger waren eine Periode in seinem Leben, die zu viele schlechte Erinnerungen und zu viel Schmerz enthalten, als daß er sich daran gern erinnert. Heute sagt er jedoch über Leon Russell: „Wir haben uns ziemlich verkracht - ein gewaltiger Egokrieg. Ich hatte den Mann verehrt, doch das hat er mich auf der Bühne spüren lassen. Ich habe gesungen und er: 'Alright. Come on ... come on.' Beim Publikum kam das so an, als würde er die Fäden in der Hand halten - als ob es bloß .. jeder sagte, daß er mir die ganze Zeit die Show stahl, und nach einer Weile hat mich das fertig gemacht."

Jim Keltner hatte nicht das Gefühl, daß sein Landsmann aus Oklahoma Joe die Show stahl. „Das Letzte, was mir in den Sinn gekommen wäre, war, daß irgend jemand einem anderen die Show gestohlen hätte. Aber ich weiß, daß manche so empfanden, und wenn man darüber nachdenkt, muß man einsehen, daß Leon zu der Zeit einfach stark war. Er war der musikalische Leiter - aber ich glaube nicht, daß er Joe zu irgendeiner Zeit in den Schatten gestellt hat. Ich glaube nicht, das IRGENDJEMAND Joe in den Schatten hätte stellen können." Für Rita Coolidge war die Rolle, die Russell während der Tournee annahm, keine Überraschung. „Vor der Joe Cocker Tournee war Leon ein richtiger Einsiedler gewesen; er hat mit keinem aus der alten Clique zu tun haben wollen. Eines Tages waren wir dann bei A & M, vor den Proben, das heißt, nachdem Leon sich eine Zeitlang völlig zurückgezogen hatte - und er stolzierte über den Parkplatz in diesen verrückten Sachen, die aussahen wie ein Uncle Sam-Anzug mit einem Zylinder. Und ich mußte plötzlich denken 'Ich glaube, ich weiß, wessen Tournee das werden könnte!' Es gab keinen Zweifel - er kam und lachte und riß Witze und war echt aggressiv und extrovertiert, was eigentlich gar nicht zu ihm paßt. In Wirklichkeit ist er ein mißmutiger Mensch. Aber dann gab er sich extrem extrovertiert - wie ein Gockel! Erstaunlich!"

An einem der freien Abende konnte er allerdings nicht im Mittelpunkt stehen. Joe: „Wir hörten, daß Chuck Berry in einem Club auftrat, und Leon und ich wollten ihn hören. Wir versuchten, unerkannt zu bleiben, doch der Geschäftsführer erkannte uns und führte uns zu einem Tisch direkt vor der Bühne. Chuck sichtete mich und bat mich einzusteigen, aber er erkannte Leon nicht. Leon saß also da - ganz vorne - nervös hüstelnd und verstörter Blick, während Chuck ewig lange sein Instrument stimmte. Er ist bekannt dafür, daß er sich nichts aus dem Einstimmen macht - er nimmt einfach eine Gitarre und spielt drauf los, aber an diesem Abend hat er viel Aufhebens davon gemacht. Wir haben einen seiner Rocker gespielt ... was den Text angeht, hab ich einfach improvisiert. Aber Leon war verschwunden - er hat sich davongemacht, als Chuck ihn nicht auf die Bühne geholt hat!"

Es gab andere außergewöhnliche Momente, besonders im Zusammenhang mit Bobby Keys, dem energiegeladenen, knallharten Saxophonisten aus Lubbock, Texas. „Er hat immer den Clown gespielt ... Einmal kam er an und sagte: 'Joe, komm her, ich will dir was zeigen ... sieh dir das an.' Er machte seinen Koffer auf und drin lag ein nagelneues Saxophon, das Selmer speziell für ihn gefertigt hatte - normalerweise sind Saxophone golden, aber dieses war schwarz. Er setzte zum Spielen an und sagte: 'Na, was meinst du dazu?' und ich goß ein Glas Bier hinein! Ich rannte hinaus, bevor er mich erwischen konnte ... Er ist an die Decke gegangen! 'Du motherfucker! Weißt du nicht, daß das ein empfindliches Instrument ist!'"

Drogen führten zu allerhand bizarren Ereignissen. Jim Keltner erinnert sich an eines der ersten, in der Garderobe im Fillmore East. „Wir haben uns wie eine große Familie gefühlt und da waren wir also, von einer Ecke in die andere torkelnd, und machten uns fertig zum Auftritt. Jeder bereitete sich seelisch auf seinen Auftritt vor. Dieses großartige, gewaltige Zusammengehörigkeitsdenken der ganzen Band! Und irgendwie hat uns jemand etwas Angel Dust irgendwo hineingetan und ich erinnere mich nur noch daran, daß ich auf dem Fußboden wieder zu mir kam, im Flur, zwischen allerhand Gerümpel und Abfall und Zigarettenkippen. Und irgend jemand klopfte mir auf die Schulter ... 'Jim ... komm hoch, wir müssen spielen ... es geht los.' Und ich kam vollends zu mir und ging hinunter und spielte!"

In Seattle waren die Auswirkungen tiefgehender. „Ich hatte schon immer etwas dagegen, auf Acid zu spielen, aber dieses Mal hatte mich Jimmy Gordon überredet. Das Acid begann erst richtig zu wirken, als wir auf die Bühne gingen. Als ich mich an mein Schlagzeug setzte, spähte ich um mich und sah vor mir eine riesige Wand aus roten und blauen verschwommenen Lichtern - und Joe in einer Art Nebel, während er mit den Fingern durch sein Haar fuhr, so wie er dies immer tat. Er erschien mir auf einmal so merkwürdig - ich war so verwirrt, daß ich nicht mehr wußte, warum der Kerl da stand und sich in diesem roten und blauen Nebel an den Haaren zerrte. Und dann sah ich nach links, und Jim Gordon, der direkt neben mir an seinem Schlagzeug saß, sah aus, als wäre er zwei Häuserblocks weit von mir entfernt. Ich erinnere mich lediglich daran, daß er gespielt hat und mir immer wieder zu verstehen gegeben hat. 'Spiel, spiel!' Ich hatte einen Stock in der Hand, blickte auf das Becken und in meinem Kopf tauchte die Frage auf: 'Was ist Rhythmus?' Typischer bedienter Trip! Ein Grund, warum ich jemand anders kein Acid empfehlen würde ... Ich hatte Angst, Todesangst, weshalb ich mich vom Schlagzeug erhob und mich zu Chuck Blackwell umdrehte ... ich packte ihn am Arm und zerrte ihn zum Schlagzeug. Er sagte: 'Darauf spiel ich nicht...' Ich sagte: 'Du wirst spielen, setzt dich hin!' Und ich ging von der Bühne nach hinten und setzte mich auf die Treppe. Ich erinnere mich, wie ich dort saß und zuhörte ... und weinte ... schluchzte ... und ich hörte Joe 'Bird On a Wire' singen. Dieser Song wird mir ewig im Gedächtnis bleiben. Das war ein sehr einschneidendes Erlebnis."

Als Mad Dogs and Englishmen durch Amerika zogen, von der Ostküste nach Kalifornien, via Chicago, Minneapolis, Tulsa, San Antonio und mindestens vierzig anderen Gigs dazwischen, wurde Joe von dieser Tour, zu der er mehr oder weniger gezwungen worden war, immer mehr ausgelaugt. Nacht für Nacht stieg er auf die Bühne, vor einem Publikum, das Joe Cocker sehen wollte und sich mit einem aufgeblasenen, nach Rampenlicht verzehrenden Leon Russell abfinden mußte, der mit seinem Zylinder auf der Bühne herumstolzierte und dessen Riffs aus seiner Gibson Gitarre wie Maschinengewehrfeuer kamen, und der alle anderen - einschließlich Joe - mit einer Handbewegung zum Schweigen brachte. „Dieses ganze Stargehabe ist beschissen", erklärte Joe einem

Journalisten in Pennlylvania. „Manchmal möchte ich am liebsten wieder zu den alten Tagen in den Sheffield Pubs zurückkehren - wo die Leute noch ihren Spaß hatten. Man kann auf diese Weise bessere Musik machen."

In der Zwischenzeit mußte er diese Tour durchhalten - und nichts mehr zu essen, half da auch nicht besonders. „Drogen und Alkohol gehörten für ihn damals dazu", sagt Denny Cordell. „Wahrscheinlich hat er soviel getrunken, weil er wußte, daß er Nacht für Nacht da rausgehen mußte. Und dann kam irgendeiner von Dee Anthonys Typen und sagte, die Tour sei in den roten Zahlen und deshalb seien noch mehr Gigs dazugekommen. Es sollte eine ziemlich kleine Tour werden - so dreißig Auftritte im Laufe von sechs Wochen - aber sie hat dann sehr viel länger gedauert als ursprünglich geplant. Für mich besteht kein Zweifel, daß Joe am Ende ziemlich die Nase voll hatte von der ganzen Sache."

Rita Coolidge ist der Meinung, daß Joe bereits vor dem Ende der Tour die Nase voll hatte. Ihre eigenen Gefühle hatten sich ebenfalls verändert; die ursprüngliche Begeisterung über die größte Rocktour aller Zeiten war in Frust und Unglücklichsein umgeschlagen. Nachdem sie mit Leon Russell vor der Tour Schluß gemacht hatte, war sie für kurze Zeit mit Jim Gordon zusammen, was jedoch kurz nach Beginn der Tournee auch in die Brüche ging. „Ich wollte die Tour um alles in der Welt verlassen, weil einfach zuviel Scheiße damit verbunden war. Ich war einfach die ganze Zeit über furchtbar traurig. Ich saß meistens neben Joe im Flugzeug, wir waren wirklich gute Freunde, saß einfach nur da, nach den Auftritten, während wir zur nächsten Stadt flogen, und versuchte ihm zu erklären, warum ich nicht weitermachen konnte, warum ich zurück nach Hause mußte. Und er drehte sich dann zu mir herum und sah mich mit dem süßesten Gesicht aller Gesichter an und sagte: 'Du kannst mich nicht verlassen, du kannst nicht aufhören - du bist der einzige Freund, den ich habe.' Und ich brachte es nicht mehr fertig, zu gehen. Man kann eines mit Sicherheit sagen - sein großes Herz war die einzige Kraft, die uns alle weitermachen ließ."

Schließlich war die Tournee zu Ende - in Kalifornien am 16. Mai. Acht Wochen und zwei Tage vorher waren Mad Dogs and Englishmen von Los Angeles aus zu ihrem ersten Auftritt in Detroit aufgebrochen und jetzt, achtundvierzig Städte später, spielten sie in San Bernadino vor 5000 Leuten. Als die Band loslegte, trat ein müde aussehender und leichenblasser Joe auf die Bühne und tat, was er bei jedem Auftritt der letzten zwei Monate in jeder großen Stadt Amerikas getan hatte. Einer dieser Auftritte inspirierte Albert Goldman zu seinem Artikel für *Life* mit dem Titel 'Sound of Superscapegoat,' in dem er Cocker zur Stimme „aller blinden Schreier und verrückten Bettler und lahmen Kerle erklärte, die eine Stärke beschwören, die wir nicht kennen, um ihre Seelen in den Straßen hinauszubrüllen. Für eine ganze Generation, die alles auf den Kopf gestellt hat, um die Wirklichkeit in der Armut, im Schmutz, in der Not und in der heiligen Idiotie zu finden, ist Cocker die Originalstimme." Die Originalstimme selbst sollte später über Mad Dogs and Englishmen sagen: „Es war eine Erfahrung ... etwas Außergewöhnliches. Wir haben alle daran geglaubt, auf dem Weg zur Venus zu sein, auf dem Weg ins Weltall ... nächster Stop 'Outer Space' ... aber es hat sich dann anders entwickelt. Am Ende saß ich wieder in Los Angeles, ziemlich in der Scheiße und desillusioniert vom Rockgeschäft."

* * *

Joe blieb einige Monate in L.A. Rita Coolidge: „Er schlief auf einer Fußmatte im Foyer von Denny Cordells Haus. Es hat mir das Herz zerrissen, nach all dem, was er auf der Tour durchgemacht hatte, wie er jetzt wie ein Hund auf einer Matte schlief - und Drogen nahm. Ich wohnte zu der Zeit bei meiner Schwester Priscilla und Booker T., und ich brachte Joe ab und zu mit. Er wohnte dann zwei oder drei Tage bei uns - wurde jedesmal wieder klar und nüchtern, und ich habe 'soulfood' gekocht, weil er das so gerne aß. Ich sorgte für ihn, bis er wieder bei sich war, doch jedesmal endete er wieder auf dem Fußboden."

Er hatte fast zwei Jahre lang ununterbrochen gearbeitet, seit er Sheffield im Mai 1968 in Richtung London verlassen hatte. In der dazwischenliegenden Zeit hatte er sich vom örtlichen Pubsänger zum internationalen Rockkünstler entwickelt, und jetzt wollte er nichts weiter, als sich ausruhen und über seine Erfahrungen nachdenken. Nur einmal betrat er mit Leon Russell noch ein Aufnahmestudio: „Eine traurige Wiedervereinigung - wir nahmen einen Titel auf, der nie veröffentlicht wurde - 'Wake Up Little Susie' von den Everly Brothers. Wir gingen ins Studio und nahmen nur diesen einen Song auf. Ich hab keine Ahnung - unsere Freundschaft und alles ging einfach den Bach runter. Das war das Letzte, was wir gemacht haben."

Während Joe am Boden war, verlor Leon Russell keine Zeit, um die Gelegenheit zu ergreifen, für seinen eigenen Ruhm und Geld zu sorgen. Mit einer kleinen Band, zu der die ehemaligen Mad Dogs Chuck Blackwell, Don Preston und Claudia Lennear gehörten, startete er seine Solokarriere vor 30000 Menschen im Anaheim Stadium in Kalifornien, bevor er sich achtzehn Monate lang in hektische Aktivitäten stürzte, während derer er ausverkaufte Tourneen in Amerika und England absolvierte, mit Leuten wie Eric Clapton und Bob Dylan zusammen komponierte und Plattenaufnahmen machte, und im August 1971 als Star in dem Bangladesh Mammutkonzert im Madison Square Garden auftrat. Der Höhepunkt für ihn war, an der Seite von George Harrison und Ringo Starr in dem Trio Bass zu spielen, das Bob Dylan bei eben diesem Konzert begleitete.

Es überrascht nicht, daß viele Russell vorwarfen, er hätte seine Solokarriere auf Kosten von Joe Cocker aufgebaut, obwohl Cocker, der monatelang in der Versenkung blieb, die Vorwürfe nie selbst erhob. Denny Cordell, Russells Produzent und Partner bei Shelter Records, der von Joe Cocker bis zum heutigen Tag mit großer Achtung und Zuneigung spricht, war vielleicht besser in der Lage als irgendein anderer, ein Urteil abzugeben. „Ja, es ist verständlich, warum solch ein Vorwurf gemacht wurde - aber zu Leons Verteidigung muß ich sagen, daß der Typ nun mal so war. Das war er - er war von Natur aus ein Mensch, der das Rampenlicht brauchte." Was Leon Russells Meinung über Joe betrifft, sagt Cordell: „Er sagte immer, Joe sei die Stimme des 'gemeinen Volkes.' Er sagte, daß sich jeder nach einem harten Tag wünscht, so singen zu können."

Im Sommer 1970 wurde Russell in England von Pete Frame für die Zeitschrift *Zig Zag* interviewt. Er sagte: „Ich bin ein Joe Cocker-Fan ... Wenn er etwas nicht fühlt, dann singt er es auch nicht. Ich meine damit, daß er selbst lächerliche Songs in etwas Lebendiges verwandeln kann." Trotzdem sagte Leon Russell im Jahr 1988, daß er nicht über Joe Cocker reden wolle, da er nur Negatives über ihn sagen könne. Aus Nashville ließ er durch seinen Manager, Brad Davis, ausrichten: „Wenn ich nichts Gutes sagen kann, ziehe ich es vor, gar nichts zu sagen."

Im September tauchte Joe kurz auf, um der Rockpresse ein Interview zu geben, die natürlich gespannt auf seine neuen Pläne wartete - aber dazu konnte er nichts sagen. Als er mit einem Reporter des *Melody Maker* sprach, wurde der Name Leon Russell mit keinem Wort erwähnt und auch die tiefe Desillusionierung, die er später erfahren sollte, wurde nur angedeutet. „Die Tour war großartig, hart und ermüdend, und ich schätze, daß ich am Ende ungefähr 10.000 Dollar in der Tasche hatte", sagte er. „Ich war seelisch und körperlich vollkommen runter - ich habe viel Zeit damit zugebracht, darüber nachzudenken, was ich tun wollte ... eigentlich fehlt mir der Respekt für meine Karriere. Ich singe einfach und sonst nichts. Ich nehme einfach alles so, wie's kommt. Ich hab keine großartigen Ideen. Geld ist nützlich, man kann viel damit machen, aber ich habe keine großen Ambitionen. Ich warte einfach, wie sich die Dinge entwickeln."

In der Zwischenzeit machte sich A & M-Records daran, eine Tour zu vermarkten, die trotz ihrer ausverkauften Shows und vielen Schlagzeilen vorerst nur wenig Gewinn eingebracht hatte. Die Kosten waren aufgrund der vielen Leute und der Reisespesen sehr hoch gewesen, während in die Veranstaltungssäle meist nur so um die 2.500 bis 3.000 Zuschauer paßten, im Gegensatz zu den Konzerten in den Arenen der späten siebziger Jahre, in die 20.000 Zuschauer und mehr hineinpassen.

Man hatte von Anfang an geplant, ein Livealbum während der Tour aufzunehmen, und außer der Show im Fillmore East waren noch mehrere andere aufgenommen worden. Als Denny Cordell und Leon Russell die Bänder später hörten, waren sie, die jetzt stärker an der Sache beteiligt waren als Joe, allerdings enttäuscht. Sie waren der Meinung, daß die Bänder nicht die wahre Qualität der Liveshows widerspiegelten. A & M war nicht gewillt, sich einen solchen potentiellen Renner durch die Finger rutschen zu lassen und engagierte deshalb Glyn Johns. Johns hatte für Cordell an den beiden ersten Cocker-Platten und dem Soloalbum von Leon Russell gearbeitet und schätzte Joe, den er später als einen der großartigsten Rock 'n' Roll-Sänger aller Zeiten beschrieb, sehr. Glyn Johns hörte sich die Bänder an, sortierte alle bis auf die vom Fillmore East aus, und erklärte, daß das einzige wirkliche Problem der schlechte Chor sei. Das kam für keinen überraschend, denn an vielen Abenden bestand der Chor nicht nur aus den eigentlichen Sängern, sondern aus allerlei Groupies, von denen viele überhaupt nicht singen konnten. Johns ließ den Originalchor im Studio neu aufnehmen, setzte sich dann ans Mischpult und rettete somit die ganze Sache für A & M.

Das Doppelalbum von Mad Dogs and Englishmen schaffte die Nummer Zwei der amerikanischen Hitliste und die Nummer Sechzehn in England. Von den Kritikern wurde das Ganze weniger positiv aufgenommen. „Höchstwahrscheinlich unverzichtbar für Joe Cocker-Fans", schrieb *Sounds* und warnte gleichzeitig: „Alle anderen kaufen es auf eigenes Risiko." „Ein eindrucksvolles Dokument", schrieb der amerikanische Journalist Robert Christgau, „aber der gleiche Overkill, der auf der Bühne so anregend wirkte, wirkt auf einer Doppel-LP ein bißchen zu dick aufgetragen." Wenigstens daheim in Sheffield erhielt die Platte eine eindeutig positive Kritik. „Eine der aufregendsten Veröffentlichungen seit langem“, hieß es im *Top Star Special*, „die zweifellos ein Kassenschlager werden wird.“

„Im Amerika haben wir über eine Millionen Platten verkauft, und die Zahlen für die anderen Länder waren ebenfalls eindrucksvoll“, sagt Jerry Moss. „Dieses Album war für uns ein großer Erfolg ... Man muß wissen, daß wir Joe Cocker bis dahin nie weltweit unter Vertrag hatten, sondern nur in den USA und Kanada ... aber David Platz gab uns die Genehmigung für das Album, weil es sich um ein Soundtrackalbum handelte. Es ist eine außergewöhnliche Platte ... eine der großartigsten Platten, die wir je veröffentlicht haben - und die anderen waren auch nicht zu verachten.“

Leon Russell über das Album in '*Zig Zag*': „Für mich eine seltsame Platte, denn jedesmal, wenn ich sie mir anhöre, muß ich sie mit den Auftritten vergleichen, die nicht auf Band festgehalten wurden - diese Auftritte waren die besseren. Ich glaube, wenn man diesen ganzen Heuschreckenschwarm nicht um sich hat, spielt man besser. Aber da waren immer so viele Filmleute und andere fremde Personen auf der Bühne, daß es sehr schwierig war, sich auf das Spielen zu konzentrieren.“

Der Film Joe Cocker/Mad Dogs And Englishmen kam in Amerika im Frühjahr 1971 in die Kinos. J & H Films, eine Tochtergesellschaft von A & M, hatte den Film für eine halbe Million Dollar produziert; der Regisseur Pierre Adidge erklärte gegenüber der Zeitschrift *Circus*: „Ich glaube, daß von Seiten der Plattenkäufer ein beträchtliches Interesse an dem Film besteht. Sie wollen wissen, was hinter der Bühne vor sich geht ... sie wollen die Hochs und Tiefs kennenlernen ... die Gefühle der Mitwirkenden, ich glaube so muß man es sehen. Im Grunde war das keine gewöhnliche Tour. Der Film ist Musik. Wir haben versucht, das auf der Leinwand zu zeigen, was sie auf ihrer Tournee zeigen wollten, ihre Hoffnungen und Träume.“

Der zwei Stunden lange Film, der aus siebzig Stunden Filmmaterial zusammengeschnitten wurde, erfüllt diese Erwartungen nicht. Er enthält ausgezeichnete Musik aus zwei Konzerten - Fillmore East und Santa Monica Civic - und begleitet die Gruppe in der restlichen Zeit auf ihrem Weg in die Studios, Proberäume, Garderoben, Hotelzimmer, Busse, Flugzeuge, Restaurants, ja selbst beim Picknick. Trotzdem bleiben die Gefühle der Handelnden, ihre Hoffnungen und Träume - die Adidge auf die Leinwand bringen wollte - mehr oder weniger im Dunkeln. Berauschte philosophische Ergüsse gibt es zuhauf und auch an kosmischem Gemurmel mangelt es nicht, doch der Film vermittelt nur wenig Einsicht in die Persönlichkeiten und vermeidet jede Andeutung auf die Spannungen und Traumas, die die eigentliche Tour ausmachten, nachdem die erste Euphorie verflogen war.

Joe, der nie vorher oder nachher jemals so mager gewesen war, wirkt zu Anfang des Film fröhlich und gesprächig, zieht sich jedoch im Laufe des Film aus unerklärlichen Gründen immer mehr zurück, ja scheint sich zu einem anderen Menschen zu verwandeln, während Leon Russell die ganze Szene, sowohl während der Auftritte wie dazwischen mit Eiseskälte überwacht. Man sieht die beiden während des ganzen Films nicht ein einziges Mal miteinander sprechen.

Jerry Moss, der den Anfang der Tournee miterlebte, spricht über die Beziehung zwischen Joe und Leon Russell zu jener Zeit: „Von meiner Position schien mir alles okay. Ich glaube, daß die beiden sich musikalisch respektierten ... Dann sah ich sie, als sie wieder nach Kalifornien kamen - und irgendwie behandelte Leon ihn von oben herab. Aber Joe hatte immer noch eine Menge Energie und jeder war davon überzeugt, daß er, wenn er es nur wollte, jederzeit den Spieß umdrehen konnte. Es schien, als würde er die Dinge einfach nur so laufen lassen...“

„Während der ganzen Tour wurde ziemlich viel mit Drogen experimentiert und ab diesem Zeitpunkt wurde Joe immer abwesender und unnahbarer. Joe war ein Mensch, der, ganz besonders während dieser Tournee, zu nichts „Nein“ sagen konnte. Das wurde während der Dreharbeiten klar - und wir mußten entscheiden, ob wir einen Film drehen wollten, der vom dokumentarischen Standpunkt aus interessant war, dafür aber in gewisser Weise unseren Künstler im negativen Licht zeigte. Ich glaube, man kann sagen, daß wir vielleicht etwas auf die langweilige Schiene geraten sind, aber wir wollten ihn einfach nicht in einem schlechten Licht präsentieren.“

Insgesamt hat Cocker bessere Kritiken erhalten als der Film, der unter dem Vergleich mit Woodstock litt. „Er beherrscht die Leinwand und man kann sich dieser seltsamen, hypnotisierenden Macht, die von ihm ausgeht, wenn er singt, einfach nicht entziehen“, schrieb der *Toronto Globe & Mail* in einem Artikel, der den Film als „unvergleichliche Langeweile“ beschrieb. *Time* bezeichnete Joe als einen „heiligen Mann mit einer Vision, der schwitzt, gröhlt, mit den Augen rollt und sich mit scheinbar großer spastischer Energie über die Bühne bewegt.“ Der Kritiker des *Time-Magazine*, der ein wenig milder als die anderen war, schloß mit dem Satz: „Wenn Joe Cocker sich nicht mit den Besten messen kann, verfügt er über genügend Talent und Energie sowie eine Überfülle an sensationellen Klängen, um sein Publikum dazu zu bringen, sich zurückzulehnen und, wie es in den alten Songs so schön heißt, sich zu sagen: ‘Let the good times roll.’

Joe, der keineswegs in der Stimmung war, solche Ratschläge anzunehmen, mußte feststellen, daß die finanziellen Aspekte des Films lediglich zu seiner Desillusionierung beitrugen. „Ich habe einen Vertrag unterzeichnet, nach dem mir ungefähr 95% der Bruttoeinnahmen zustanden, was ich geradezu für fantastisch hielt ... Ich habe damals nicht begriffen, daß ich für jede nur denkbare Ausgabe selber aufkommen mußte. Ich bin deswegen immer noch in den roten Zahlen“, erklärte er 1982. Obwohl der Film inzwischen auf Video erhältlich ist, hat Joe nach eigenen Aussagen immer noch keinen Gewinn durch den Film gemacht.

Auch seine Einnahmen aus der eigentlichen Tour blieben weit hinter den Erwartungen zurück - von den zehntausend Dollar, die er im September 1970 gegenüber dem *Melody Maker* erwähnt hatte, waren nach Abzug von unvorhergesehenen Kosten ganze 862 Dollar übriggeblieben. Glücklicherweise verhieß der Erfolg der Doppel-LP beträchtliche Tantiemen.

* * *

Die Presse berichtete 1970 ständig über Joe, der in Los Angeles immer noch in den

Tag hinein lebte, ohne irgendwelche Anzeichen für ein Comeback. Als eine geplante Herbsttournee abgesagt wurde, waren die Fachleute sprachlos und spekulierten über mögliche Gründe.

Cocker sei frustriert über seine Unfähigkeit, ein Instrument zu spielen, so hieß es, deshalb seine „wandernden Finger"; er sei blockiert, weil er keine Songs schreiben konnte; deprimiert, weil die alten Rocker wie Chuck Berry und Jerry Lee Lewis jünger aussahen als vor zehn Jahren, während er älter aussah als noch vor einem Jahr. Der erhobene Zeigefinger wies auf sein Label A & M, das, so hieß es, nicht mit seinem ersten echten Rockstar umzugehen wußte ; seinen Background im Norden von England; seine Naivität in der grausamen, harten Welt des Rock and Roll. Joe hatte seinen Geist vernachlässigt, sagten manche, er hätte Angst davor, daß es ihm nicht gelingen würde, an seinen großen Erfolg mit den Mad Dogs anzuknüpfen, und er war jeder nur bekannten Droge erlegen.

Vielleicht steckte in all diesen Behauptungen ein Quentchen Wahrheit, aber Tatsache war, daß Joe Cocker, ein sensibler Mann mit sehr viel musikalischer Integrität, überhaupt nicht vorhatte, seine Karriere wieder aufzunehmen, bevor er sich dafür gerüstet fühlte. Mad Dogs war eine gründliche und vernichtende Erfahrung gewesen, die ihm mehr oder weniger aufgezwungen worden war. Die Erkenntnis, wie wenig Kontrolle er über sein eigenes Schicksal hatte, hat eine Wunde hinterlassen, die erst nach vielen Jahren verheilen sollte.

* * *

Im November ließ sich Joe von Denny Cordell überreden, nach Muscle Shoals in Alabama zu reisen, wo er zusammen mit Chris Stainton die Nummern 'High Time We Went' und 'Black-Eyed Blues', die beide gemeinsam komponiert hatten und die als nächste Single erscheinen sollten, aufnahm. Seit seinem ersten Hit in den Top Ten 'The Letter' hatte Joe im Alleingang nur noch wenig Erfolg; 'Cry Me A River' erreichte nur Platz 11 und 'She Came In Through The Bathroom Window' nur noch Platz 30. 'High Time We Went' konnte sich nur geringfügig besser plazieren und erreichte Platz 22. Im November war Joe im britischen Fernsehen zu sehen, wo er mit Tom Jones in dessen Show auftrat; die Show war bereits im vorangegangenen Februar aufgezeichnet worden, also noch vor der Mad Dogs Tour. Kurz vor Weihnachten flog er dann wieder zurück nach England.

Vom Flughafen Heathrow aus fuhr Joe zu Bruce Rowland, dem früheren Grease Band-Schlagzeuger, der ganz in der Nähe wohnte. Die Band war offiziell nie aufgelöst worden - ganz im Stil des Rockbusiness hatten sie, als ihre 30 Pfund pro Woche ausblieben, erkannt, daß sie nicht länger gebraucht wurden, und sie hatten erfahren, daß Joe in L.A. war und für eine Tournee probte, die er geschworen hatte, nie zu machen. Sie hatten seinen Abschied von der Gruppe als zur Schau gestellte Geste hingenommen, als taktische Maßnahme in seinem in die Länge gezogenen Streit mit Dee Anthony, und waren mehr als erstaunt, als sie erfuhren, daß er die Tournee doch mitmachte.

Trotz der unbefriedigenden Art und Weise ihres Auseinandergehens trug die Band Joe nichts nach. Bruce Rowland sagte sogar: „Ich war erleichtert. Ich hatte die Nase voll von diesen Leuten ... Dee Anthony, A & M, Premier Talent - im Nachhinein erscheint mir das alles ziemlich krank.“ Aber Rowland und Alan Spenner, die sich freuten, Joe wiederzusehen, waren schockiert über seine schlechte Verfassung. Spenner: „Er war wie ein anderer Mensch ... sprach mit sich selber ... er sprach manchmal über etwas, um dann eine Sekunde später das Thema zu wechseln und über etwas vollkommen Anderes zu reden. Er schien sehr deprimiert, sehr unglücklich, sehr einsam und mir dämmerte, daß er eine Menge durchgemacht hatte. Ich weiß, daß er die Tour nicht freiwillig gemacht hat, und ich glaube, daß er einfach so viele Betäubungsmittel geschluckt hat, wie er nur konnte ... Der Schaden war angerichtet, weil er nicht mehr der Gleiche war, dem wir zum Abschied gewunken hatten. Er wollte nichts mehr von Musik wissen - er wollte überhaupt nie mehr davon reden. Er schien zerbrochen und desillusioniert von dem ganzen Geschäft.“

Joe's Bruder Vic machte in London gerade einen beruflichen Lehrgang bei der staatlichen Wasserbehörde, als er einen Anruf von Eileen Webster erhielt, die sich von Joe vor der Mad Dogs-Tour getrennt hatte. „Eileen erreichte mich und meinte, ich solle mich mit Joe in Verbindung setzen. Sie lebte mit einem Typ zusammen, den Joe früher gekannt hatte, aber sie hatte Geschichten über Drogen gehört und bat mich, Kontakt mit ihm aufzunehmen und mich zu vergewissern, daß alles in Ordnung war. Ich traf ihn und brachte ihn mit nach Hause, wo er ein paar Tage blieb. Er erzählte dies und jenes, aber es war trotzdem schwierig herauszufinden, was eigentlich los war.“ Vom Haus seines Bruders in der Nähe von Birmingham aus machte Joe sich auf den Weg nach Hause - in die Tasker Road in Sheffield, wo er, abgesehen von gelegentlichen Ausflügen, das nächste Jahr verbrachte. Seine Eltern, die ihn schon seit geraumer Zeit vor der Mad Dogs-Tour nicht mehr gesehen hatten, waren tief besorgt ob seiner körperlichen und seelischen Verfassung. Harold Cocker: „Er war wie ein Zombie. Er saß einfach nur den ganzen Tag da und starrte in die Luft. Er sprach überhaupt nicht - er nahm lediglich sein Mahlzeiten zu sich und saß da. Es schien, als hätte er sich völlig ausgeleert.“

* * *

Im Nachgang zu Mad Dogs and Englishmen gelang nicht nur Leon eine erfolgreiche Solokarriere. Bobby Keys, Jim Price, Matthew Moore, Claudia Lennear, Chris Stainton und Rita Coolidge brachten irgendwann alle Platten unter ihren eigenen Namen heraus. Obwohl Russell damals für das größte Aufsehen sorgte, ist Rita Coolidge in ihrer Karriere die Beständigste - mit Singles in den Top Ten seit fast zwei Jahrzehnten, mit Gold und Platin-Platten und einem Grammy. Mit Mad Dogs and Englishmen verbindet sie viele unglückliche Erinnerungen, die jedoch verblassen, wenn sie an das aufregende Gefühl der eigentlichen Shows denkt. „Ich habe es schon so oft gesagt - daß unabhängig davon, wie schrecklich und deprimierend und wie verrückt das Leben im Flugzeug und in den Hotels war ... in dem Moment, in dem die Musik loslegte und Joe die Bühne betrat, war ich das glücklichste Mädchen der Welt. Und dabei gab es Abende, an denen ich geschworen hätte, daß der Mann nicht einmal mehr auf die Bühne kommt, geschweige denn eine Show abliefern kann - aber jedesmal, wenn Joe auf die Bühne ging und zu singen anfing, hatte er die Show in der Tasche. Er hat nie einen Text vergessen. Zu der Zeit konnte er immer noch Alkohol und Drogen vertragen, ohne umzufallen. Er ging einfach auf die Bühne und war voll da. Es bestanden niemals Zweifel darüber, wen das Publikum sehen wollte, und er war derjenige, der die magischen Momente heraufbeschwören konnte ... man konnte die Macht förmlich spüren, diese unglaubliche Macht, die von seiner Musik ausging. Wenn die Musik zu Ende war, war er beinahe wie ein hilfloses Kind, aber wenn er sang, kam keiner an ihn heran. Es war ein unglaubliches Gefühl, Teil davon zu sein."

Jim Keltner, immer noch einer der gefragtesten Rockschlagzeuger, erinnert sich an seine Enttäuschung, als er erfuhr, daß alles vorbei war. „Es war einfach sagenhaft, in dieser Band zu spielen - bei manchen Auftritten schwebten wir einen halben Meter über dem Boden. Es war eine unglaubliche Erfahrung und ich habe Ähnliches seitdem nie wieder erlebt ... Ich verstand nicht, warum wir uns trennen sollten, aber ich erinnere mich, daß ich mich über beide, über Leon und Joe, geärgert habe. Als das Ganze zu Ende war und wir im *Time Magzine* standen - 'Mann, das war ja ein Superding!' erinnerte ich mich an den Spaß, den wir zusammen hatten. Das war eine meiner ersten großen Enttäuschungen vom Rock and Roll-Geschäft. Natürlich haben alle ihre Egos und jeder hat seine Probleme. Aber es war einfach zu schade."

Nach Denny Cordells Meinung jedoch besteht kein Zweifel daran, daß die Mad Dogs für Joe ein Fehler gewesen sind. „Der einzige Zweck der Tournee bestand darin, das zu retten, womit Dee Anthony uns gedroht hatte, nämlich die Möglichtkeit, weiter auftreten zu können. Mad Dogs and Englishmen war ein seltsamer Haufen, ein sehr seltsamer Haufen, und so großartig es auch war, wünschte ich, daß es - vom Ideal her gesehen - nie passiert wäre. Denn idealerweise wären wir mit einem Quartett oder Quintett auf Tour gegangen und hätten eine ganz andere Show gemacht - und keine Zirkusnummer. Ich will damit nicht sagen, daß Joe's Folgekarriere deswegen besser oder schlechter verlaufen wäre - aber ich nehme an, wenn er Mad Dogs nicht gemacht hätte und statt dessen mit einem Quartett und einem Tenorsaxophonisten oder einem Quartett und drei Sängerinnen auf Tour gegangen wäre, er statt einer anstrengenden Tournee eine weitere Stufe in seiner Entwicklung durchgemacht hätte, und am Schluß das Gefühl gehabt hätte, etwas erreicht zu haben. Eine der bittersten Erfahrungen für Joe war wahrscheinlich die Tatsache, daß er am Ende der Tour mit Mad Dogs and Englishmen für etwas gelobt wurde, das er selbst für einen ziemlichen Schwindel hielt. Ich war schon immer der Meinung, daß Joe auf einer Stufe mit den Großen steht."

Das letzte Wort über die Tour, die „auf dem Weg zur Venus und weiter ins Weltall war", gebührt Joe Cocker. Im Frühjahr 1988 sagte er: „Damals blieb ich allein und erschöpft zurück und ohne Ambitionen für die Zukunft - das war das Schreckliche daran. Ich erinnere mich an ein Hotel, das Sunset Marquee, und ich hatte ziemlich abgenommen, und ich fühlte mich wie Haut und Knochen und entsprechend fertig. Nun soll ich also sagen, wie ich heute über die ganze Sache denke? Sie hat ihre Narben hinterlassen - aber so war es mit anderen Sachen auch. Wenn ich zurückschaue - es gab da ein paar Mädchen im Hintergrund, ich weiß, daß einige schon tot sind ... und dann der Schlagzeuger Jim Gordon, er hat seine Mutter umgebracht. Ich habe ein paar Narben davongetragen ... es war halt eines der kleinen Wagnisse im Leben."

Kapitel 8

1971
Alive And Well And Feelin' Alright

Die englischen Medien konnten sich nicht erklären, warum Joe Cocker wieder zu Hause in Sheffield war. Noch verwunderter waren sie, als er ihnen mitteilte, daß er nicht mehr die Absicht hatte, nach Amerika zurückzukehren und eigentlich überhaupt keine Pläne hatte, mit der Ausnahme vielleicht, ein Haus irgendwo in der Gegend von Sheffield zu kaufen. 1970 hatte er in Amerika Platten im Wert von drei Millionen Dollar verkauft, und mit dem Album von Mad Dogs in den Charts war er auf dem besten Weg, eine dritte goldene Platte zu machen. In der amerikanischen Ausgabe des Playboy war er auf Platz Eins der jährlichen Jazz- und Rocksängerhitliste - vor Paul McCartney, Tom Jones und Frank Sinatra - und es hieß, daß die Promoter in den Vereinigten Staaten nach seiner Rückkehr verlangten und Summen bis zu fünfzigtausend Dollar für einen Auftritt boten. Nichts davon schien ihn auch nur im Geringsten zu interessieren.

Für die Außenwelt war das einzige sichtbare Zeichen von Erfolg ein neuer blauer Rover, der neben den anderen, älteren Autos in der Tasker Road stand. Gelegentlich machte Joe eine Fahrt damit, aber die meiste Zeit beschränkten sich seine einzigen Ausflüge darauf, vom Haus um die Ecke ins Mason's Arms-Pub zu gehen. „Ich habe versucht, ihn dazu zu bringen, mit mir auszugehen und Musik zu hören, aber er weigerte sich", sagt sein Bruder Vic. „Er wollte absolut nichts von Musik wissen. Ich verstand es nicht, aber er war nicht einmal bereit, darüber zu reden." Kommunikation erwies sich auch als Problem, als eines Tages eine Fernsehcrew aus Yorkshire Joe unerwartet beim Frühstück überraschte. „Sie platzten zur Tür herein mit ungefähr neun Kameraleuten, als ich gerade dabei war, meine Flocken zu essen. Ich sagte: 'Was sucht ihr denn hier?', und sie fingen wieder an mit der alten Geschichte - 'Warum bist du nach Sheffield zurückgekommen?'. Dann schleppten sie mich in die Stadt um mich zu filmen, wie ich am Gas Board vorbeigehe. An der Ecke war dieses Pub und da kam mir ein bekannter Klempner-Kollege von früher entgegen, 'Hallo Mann, wie geht's?' also bin ich mit ihm in die Kneipe und habe die Fernsehcrew vollkommen vergessen."

Ray Stuart, damals freier Radio-Mitarbeiter, interviewte Joe für die BBC-Rundfunksendung Scene And Heard. „Er war sehr enttäuscht über das, was auf der Mad Dogs Tour gelaufen war. Er sagte: 'Es hat alles mit Love und Peace angefangen und im Chaos aufgehört', er war desillusioniert. Er schien zu denken: 'Das war's - ich hab' es erlebt und mir reicht's.' Er hatte kein Interesse mehr am Rock and Roll - ich glaube, er wollte nichts mehr mit der Musikszene zu tun haben."

Joe's ursprünglicher Gitarrist Phil Crookes hatte ihn lange Zeit nicht gesehen, als sich die beiden eines Tages zufällig trafen. Phil war erschüttert über die Persönlichkeitsveränderung. „Der Humor war weg. Das war etwas, was ich an Joe immer so gemocht hatte, seine Spontanietät - diesen Humor. Jetzt saß er einfach nur noch da und grübelte vor sich hin. Joe ist ein Mann mit sehr tiefen Gefühlen - muß man wissen. Er bringt alles in seiner Musik zum Ausdruck - er hat wirklich eine Menge Soul. Er ist wie ein Maler, der von innen heraus malt ...

„Die Zeit in den Staaten ... die Arbeit mit jemandem wie Leon Russell - all das hat einen tiefen Eindruck hinterlassen. Um zu verarbeiten, was er da durchgemacht hat, hätte jeder normale Mensch ein ganzes Leben gebraucht. Und die verrückte Zeit hinterher - eine Menge Leute, viel Dope und viel Herumgesitze. Das schien damals angesagt - herumzusitzen in verklärtem Schweigen ... Aber Joe gehörte zu der Art von Menschen, die gerne reden ... sich mitteilen ... aber das war plötzlich verschwunden."

Ein anderer seiner ehemaligen Musiker, Dave Memmott, nahm Kontakt mit ihm auf. „Ich klingelte eines Sonntag Mittags an der Tür und wir gingen in die Kneipe. Er hatte Gummistiefel an ... keine Ahnung warum, es hat nicht geregnet. Er hat nicht viel geredet, aber ich erinnere mich, daß er sich wünschte, jemandem vertrauen zu können ... er hatte das Gefühl, daß er die Kontrolle verloren hatte und nur noch benutzt wurde."

Nach Wochen, in denen er kaum aus der Tasker Road herausgekommen war, und außer Essen, Atmen und Schlafen kaum etwas getan hatte, kam wieder Leben in Joe. Während seiner Schulzeit hatte er Interesse fürs Malen gezeigt und hatte seine Schulhefte mit Bildern von Rockstars bemalt - nun machte er dort weiter, wo er aufgehört hatte. „Er malte ein Ölportrait von Ray Charles", erinnert sich Harold Cocker. „Er malte es auf eine Faserplatte - Kopf und Schultern ... ich weiß nicht, wo es geblieben ist."

Joe machte auch einige zaghafte Versuche, ein Haus zu kaufen mit den hohen Tantiemenschecks, die er monatelang in seiner Hosentasche mit sich herumtrug. Er erinnert sich an seine Besuche bei Maklern in Sheffield: „Ich kam 'rein in meinen Gummistiefeln und Haare bis hier ...

'Ich suche ein Haus ...'
'Oh ja. An welche Preisklasse hatten Sie denn gedacht?'
'Tjaaaa. Hundertausend Pfund vielleicht?'
'Ohhh ... Sehr gut.'

Dann ging's weiter mit: 'Wann schmeißt jemand den Kerl endlich raus. Das ist doch ein Verrückter.' Keiner nahm mich ernst und deshalb habe ich den Scheck einfach in meinen Jeans gelassen und die Jeans ein paarmal gewaschen - und irgendwann sind die Zahlen einfach verblichen." Kenny Slade, der seinen früheren Rausschmiß von der Grease Band in der Zwischenzeit verwunden hatte, begann irgendwann, regelmäßig in der Tasker Road anzurufen, und wenn Joe abhob, war der kleine, energiegeladene Schlagzeuger für gewöhnlich zur Stelle. „Wir sind überall gewesen", erinnert sich Slade. „Einmal kam er zu mir nach Hause ... ich war gerade da - kleine Wohnung mit Frau und Kind - pleite wie meistens ... und höre diese laute Rock and Roll-Musik. Ich öffne die Tür und da steht Joe in seinem afghanischen Mantel. Auf der Straße steht ein riesiger Rolls Royce - neuer Rolls mit Chauffeur, getönten Scheiben und dröhnendem Stereo - alle Nachbarn öffneten ihre Türen, um auch ja alles mitzukriegen. Er sagt: 'Na wie wär's, willst du auf einen Drink mitkommen?' Also erfand ich schnell eine Ausrede für meine Frau - hab mich nicht einmal umgezogen. Ich glaube, ich war ganze fünf Tage weg. Wir waren überall ... in London, überall ... haben uns besoffen und ziemlich aufgeführt ... der Chauffeur hat uns überall hingefahren. Reichlich Pillen, reichlich Acid und reichlich Spirituosen."

Kenny Slade kann sich an einen Großteil der Zeit, die er mit Joe nach den Mad Dogs verbracht hat, nicht mehr so genau erinnern. „Die meiste Zeit waren wir stoned. Er beglich alle Rechnungen, und ich wollte es ihm später zurückgeben. Er sprach nie über Mad Dogs, aber ich weiß, daß er Leon Russell überhaupt nicht gemocht hat, das weiß ich. Er haßte ihn."

Am 27. Februar 1971 spielte Leon Russell mit seiner Band an der Universität von Sheffield. „Ich freue mich, in Joe Cocker's Heimatstadt zu sein", erklärte Russell der versammelten Menge. „Wir haben Joe heute nachmittag zu Hause angerufen und hoffen, daß er im Laufe des Abends noch hier auftaucht." Das Publikum, das sofort von Leon Russell Austrahlung gefangen worden war, applaudierte begeistert - unwissend der Rivalität der beiden. Joe war tatsächlich in Sheffield an jenem Abend, in der Wohnung eines Freundes, der ihn zu überreden versuchte, hinzugehen. „Ich hatte jede Menge Acid eingeworfen ... Ich sagte: 'Nein.' Wir waren gründlich zerstritten."

Beinahe drei Monate später erschien Joe tatsächlich mit einem der früheren Mitglieder von Mad Dogs auf der Bühne. Rita Coolidge, die wie Russell eine Solokarriere gestartet hatte, trat im Vorprogramm der Byrds in der City Hall von Sheffield auf. Sie hatte ihren Auftritt mit ihrer Band, den Dixie Flyers, schon halb hinter sich, als Joe plötzlich an der Bühnenseite auftauchte und erklärte, daß „es ihm leid täte, jemand anderen bei seiner Show zu stören, er müsse jedoch bei solch einer großartigen Band einfach mitsingen." Er improvisierte über zwei Blues-Nummern und sang anschließend mit Coolidge im Duett den Bonnie Bramlett-Song „When The Battle Is Over." Rita Coolidge: „Ich rief ihn an, als wir in die Stadt kamen, und sagte ihm, daß ich ihn einfach gern wiedersehen würde. Als Joe dann in der Garderobe auftauchte, beschlossen wir, daß er an diesem Abend mit mir singen würde. Ich erinnere mich, wie er auf der Bühne war und wir verstanden uns großartig - und Roger McGuinn rannte an der Bühnenseite wütend auf und ab, deutete auf seine Uhr und schrie: 'Schafft ihn runter ... SCHAFFT IHN VON DER BÜHNE RUNTER!' weil es unmöglich schien, nach diesem Auftritt weiterzumachen. Ich wußte, daß Joe sehr viel Acid in sich hatte. Ich sagte: 'Joe - wie hältst du das durch? Wie kannst du zehn Acidtrips schlucken und überhaupt noch irgendwas tun?' 'Rita', antwortete er, 'der einzige Unterschied zwischen einem Acidtrip und zehn Acidtrips besteht darin, daß mir mein Nacken mehr wehtut.'"

Im darauffolgenden Monat nahm Joe in den Island Studios in London innerhalb einer Woche neun Songs auf. Die meisten Titel entstanden im Studio, Joe lieferte Texte zu den musikalischen Ideen von Chris Stainton. Während der Sessions spielte B. J. Wilson Schlagzeug, mit Ausnahme des einen Tages, als Ringo Starr auftauchte. Steve Winwood spielte Bass und Orgel, und Mick Wayne, von der wenig bekannten Band Junior's Eyes spielte Gitarre. Joe, so enthüllte Denny Cordell während eines Interviews für Melody Maker, hatte sich für ein paar Nummern ans Schlagzeug gesetzt und gespielt - „direkt, einfach, ohne Schnörkel." Die Idee ins Studio zu gehen, sagte Cordell, war von Joe gekommen, der „einfach einer Eingebung folgte." Sie brauchten noch zwei Stücke für das Album, das im Herbst erscheinen sollte, dann, so hoffte Cordell, wenn Joe und Chris Stainton eine Band für eine Tournee zusammengestellt haben würden. In der Zwischenzeit, sagte er, suche Joe ein Haus in Nordengland, etwas, wo er ein Aufnahmestudio einrichten konnte.

„Wir sind überall rumgefahren und haben Häuser angeschaut", erzählt Kenny Slade. „Wir haben uns Stoke Hall und das Bakewell Manor House angesehen. Ich erinnere mich - wir waren beide auf Acid, total high und trugen Gummistiefel und alte Pullover. Wir kreuzten in einem Daimler Sovereign auf, den Joe damals selber fuhr - er war ein vorzüglicher Fahrer, wenn er stoned war, aber nüchtern hat er ein paar Karren zu Schrott gefahren. Wir parkten in diesem riesigem Hof. Das Gebäude war wunderbar - hunderte von Fenstern und große, hohe Decken. Es gehörte drei Brüdern, die sich zerstritten hatten. Sie schienen ein bißchen verwirrt durch uns - ich voll auf Acid, hab' aber trotzdem alles mitgekriegt ... Ich bin überall im Haus gewesen, da ein bißchen Feuchtigkeit und dort ein bißchen Moder ... während Joe einfach nur ziellos herumging. Ich erklärte, daß er es war, der das Haus kaufen wollte, aber sie hatten keine Ahnung, wer er war. Sie fragten: 'Ja, wo hat er denn das Geld her?' 'Ich antwortete: 'Durch's Singen.' Es war in Ordnung, aber gekauft hat er damals nichts."

* * *

Das geplante Herbstalbum kam nicht zustande, und die neun Stücke, die in den Island Studios aufgenommen worden waren, wurden später als schlecht eingestuft und sind nie wieder aufgetaucht. Trotz der Bemühungen von Chris Stainton kam die Band, die Denny Cordell im Auge hatte, auch nicht zustande, und Joe verbrachte die zweite Hälfte des Jahres 1971 genauso wie die erste Hälfte - „trying to get himself together", um es mit den Worten eines Island-Sprechers zu sagen. Seine Desillusionierung und sein Mangel an Motivation erfuhr durch die Unstimmigkeiten zwischen seinen Geschäftspartnern keine positive Veränderung.

Denny Cordell, den Joe als seinen Mentor ansah, hatte sich mit seinem Partner bei Straight Ahead Productions - David Platz, der außerdem Boss von Essex Music war - zerstritten und die beiden redeten kein Wort mehr miteinander. Weiters lag sich Cordell in den Haaren mit A & M Records, wegen seines Anspruches auf Produktionstantiemen für das Mad Dogs Album und deswegen, weil A & M die Platte bei den Tantiemen als einfaches anstatt als doppeltes Album wertete.

Cordell konzentrierte seine Aktivitäten jetzt ganz auf Shelter Records, wobei er besonders Leon Russell's Karriere im Auge hatte, was natürlich nicht dazu angetan war, Joe Cocker zufriedenzustellen. Mit seiner Tantiemenregelung mit David Platz war Joe ebenfalls nicht zufrieden. Seit er am 1. Januar 1968 Verträge mit Straight Ahead Productions und Essex Music unterschrieben hatte, war genug Zeit vergangen, besonders während seiner inaktiven Phasen, um darüber gründlich nachzudenken. „Ich hatte einen Vertrag mit ständig niedriger werdenden Tantiemen unterzeichnet und dachte plötzlich ... mein Gott, das heißt ja, daß ich 15000 Platten verkaufen muß, damit ich einen Cent verdiene. Ich ging also eines Nachmittags zu Platz ins Büro und packte den kleinen Bastard einfach am Kragen und hob ihn hoch! Aber er hatte seinen Knopf unter dem Schreibtisch ... seinen Panikknopf ... und seine zwei schwergewichtigen Leibwächter machen das gleiche mit mir! Ich war wütend auf ihn ... Ich sagte: 'Du bescheißt' mich.' Und er sagt: 'Joe - das tu ich nicht.' Tatsache ist, daß man in jenen Tagen schon froh war, wenn man die Möglichkeit hatte, eine Platte zu machen ... alles in Butter ... wir haben einen Vertrag ... alles andere spielte keine Rolle." So unzivilisiert Joe's Aktion auch war, sein Besuch bei Platz hatte gewirkt - der Musikverleger bezahlte über 30000 Pfund an ausstehenden Tantiemen nach.

Während all dieser Unstimmigkeiten zog sich Chris Blackwell, der in früheren Tagen eine wesentliche Rolle in Joe Geschäftsangelegenheiten gespielt hatte, aus dem Geschehen zurück. Aber Dee Anthony, der durch seine Verbindung mit Blackwell Joe's Amerika-Manager geworden war, war nicht bereit, so schnell aufzugeben. Bemüht darum, Joe zurück in die Staaten und auf die Bühne zu holen, flog er 1971 mehrere Male nach England - siebenmal, wie er später behauptete - ohne Joe auch nur ein einziges Mal zu treffen. Diesmal gelang es Anthony nicht, die Situation zu beeinflussen - Drohungen machten auf einen Mann, dem so wenig an seiner eigenen Karriere lag, keinen Eindruck. „Ich glaube, daß hat ihn getroffen", schmunzelt Joe heute. Auch wenn Joe's Einstellung und sein Widerwillen zu arbeiten für Dee Anthony und andere ein Rätsel blieb, sein Bruder und sein Vater waren keineswegs verwundert.

Vic Cocker: „Man muß wissen, daß mein Vater stur ist, und Joe ist wie er. Wenn er einmal eine Entscheidung getroffen hat, geht er nicht von ihr ab. Diese ganze Sache da 1971 - er konnte sich nicht entscheiden, was er tun wollte, aber er wußte, was er nicht tun wollte."

Harold Cocker: „Es schien, als hätten ihn alle nur für ihre eigenen Zwecke benutzt, um sich dann die Hände in Unschuld zu waschen. Als er zu der Überzeugung gelangt war, daß man ihn auf irgendeine Weise ausgebeutet hatte, stellte er sich stur - und weder Geld noch sonst etwas konnte ihn davon abbringen."

* * *

Im September, als der *Mad Dogs and Englishmen*-Film in England in die Kinos kommen sollte, berichtete der Londoner *Evening Standard*, daß MGM das ganze Land nach Joe absuchte. Ein Sprecher der Filmgesellschaft erklärte: „Wir möchten, daß er bei der Premiere des Films im Ritz Cinema, Leicester Square, am 23. September anwesend ist, aber das letzte, das seine Agenten von ihm gehört haben, ist, daß er Lastwagen fährt."

Lastwagenfahrer, pleite, wieder Gasinstallateur - Mythen über Joe's Aktivitäten und Verbleib machten die Runde. Er war wieder mit Eileen Webster zusammen und die beiden machten sich in einem Ford Transit mit einem komplettenSchlagzeug im Laderaum auf, die Britischen Inseln zu bereisen. „Ich hab' einfach beschlossen, herumzuziehen. Wir fuhren hinauf zum Lake District und bis zu John O' Groats. Und wieder zurück Richtung Süden - nach Wales - und haben einfach im Bus geschlafen. Irgendwann hab ich das Drumset dann bei Chris gelassen."

Seine Unauffindbarkeit nährte die Gerüchte, daß Joe die Musik für immer aufgegeben hatte - eine Aussicht, die etliche amerkanische Fans dazu veranlaßte, über den Atlantik zu fliegen, um sich in der Tasker Road selbst von der Wahrheit zu überzeugen. „Das Haus glich damals einer Bahnhofshalle", erinnert sich Harold Cocker. „Sie kamen von überall her. Madge kümmerte sich um sie - sie setzte sich mit ihnen ins Wohnzimmer und bot ihnen eine Tasse Tee an und redete mit ihnen. Manchmal ging sie mit ihnen auch ins Mason's Arms."

Carolyn Shaw aus New Jersey hat diese Pilgerreise im September 1971 gemacht. Sie hatte Joe bei vielen Auftritten an der Ostküste gesehen, angefangen von seinem ersten Auftritt im Fillmore East bis zu den Mad Dogs and Englishmen. „Irgendwo hab ich gelesen, daß Joe nie wieder auf Tour gehen würde. Mit einem Freund bin ich zum Haus gegangen ... wir sind, glaube ich, hundertmal vor dem Haus auf und ab gegangen, bis wir uns getraut haben anzuklopfen, und als wir vorbeigegangen sind, haben wir eine Frau im Haus gesehen - es war Madge. Wirklich eine nette Frau! Sie bat uns herein, bot uns Kekse an und rief Joe, er solle aufstehen. Ich hatte schreckliche Angst, daß er nach unten kommen und sagen würde: 'Wer seid ihr denn?', aber er sagte nichts dergleichen und wir redeten und hörten uns Platten an. Ich war so glücklich, als ich erfuhr, daß Joe nicht vorhatte, aus dem Musikgeschäft auszusteigen, sondern daß er nur etwas Zeit für sich brauchte.

Ebenso wie Joe's Eltern die nächtlichen Proben der Cavaliers seinerzeit geduldet hatten, beklagten sie sich auch nie über die Invasion von Fans und anderen Besuchern in ihrem Haus. Gelegentlich war Harold jedoch ganz dankbar, wenn er in seinen Schrebergarten flüchten konnte, so wie er es an dem Tag tat, als ein Team von Journalisten und Photographen der Zeitschrift *Life* eintraf. In der Absicht, Joe mit Mutter und Vater in einem großen Bericht über Rockstars und ihre Eltern zu präsentieren, mußten sie bald feststellen, daß Madge zwar äußerst kooperativ war, indem sie nicht nur Tee machte, sondern sich mit Joe photographieren ließ, aber Harold, wie die Zeitschrift es nannte, „die Gartenarbeit dem Modellstehen vorzog." Er erinnert sich an den Besuch im Herbst 1971 sehr gut: „Es war ein Samstag ... sie kamen in einem großen Bus, voll mit Leuten und stellten alle möglichen Lampen im Vorhaus auf. Sobald ich das sah, suchte ich das Weite! Ich kam dann später zurück, aber sie waren immer noch da, also machte ich mich wieder aus dem Staub. Es war ungefähr 8 Uhr abends, als sie endlich weg waren. Sie haben Bilder von unserem John zusammen mit seiner Mutter gemacht. Das war nichts für mich - ich bin eher ein Einzelgänger."

* * *

Zum Jahresende 1971 sah es so aus, als wäre Joe Cocker's Karriere endgültig ein Trümmerhaufen. Er war in neunzehn Monaten nicht ein einziges Mal öffentlich aufgetreten, hatte mehr als ein Jahr lang keine erfolgreiche Plattenproduktion gemacht und es gab keine Anzeigen dafür, daß sich die Situation verändern würde. Er war schon zu lange draußen, sagten die Fachleute - das Publikum hatte ihn vergessen - jetzt würde er es bestimmt nicht mehr schaffen. Aber in der dritten Woche des neuen Jahres sollte der Mann, den viele schon auf dem gleichen Weg wie Jimi Hendrix, Janis Joplin und Jim Morrison sahen, alle überraschen. Er flog nach Westport, Connecticut, wo Chris Stainton mit einer neuen, vor kurzem zusammengestellten Band probte.

* * *

Nach Mad Dogs and Englishmen kehrte Chris Stainton mit seiner amerikanischen Frau Gail, die er während der Tournee kennengelernt hatte, nach England zurück und kaufte ein Haus in Buckinghamshire. In der zweiten Hälfte des Jahres 1970 fand sich die Grease Band wieder zusammen, und im darauffolgenden Frühling spielte Stainton während der Tournee in Amerika Keyboards in der Band. Wieder zurück in England, verbrachte er den Rest des Jahres 1971 damit, Joe die Rückkehr ins Musikgeschehen schmackhaft zu machen, und als alle seine Bemühungen fehlschlugen, beschloß er, eine eigene Band zu gründen.

Stainton holte den Steelgitarristen Glen Fernando Campbell von Juicy Lucy, Alan Spenner und Neil Hubbard, die beide in der wieder gegründeten Grease Band mitgespielt hatten und Schlagzeuger Conrad Isadore. Es gab allerlei vertragliche Probleme, die schließlich jedoch vom neuen Manager der Band, Nigel Thomas, einem jungen Engländer, der zuvor Juicy Lucy gemanagt hatte, aus dem Weg geräumt wurden, worauf die Band Anfang Januar zu Proben nach Connecticut flog.

Nachdem Chris Stainton die Musiker beisammen hatte, brauchte er einen Sänger. Gesangsproben wurden abgehalten und verschiedene Leute bewarben sich, doch keiner konnte wirklich überzeugen. Und dann rief Stainton eines Nachts Joe Cocker in England an. „Wir haben jetzt eine Band. Warum kommst du nicht rüber und singst", sagte er. Am darauffolgenden Tag war Joe auf dem Weg nach Amerika.

Cocker verlieh der Stainton-Band sofort ein besonderes Gewicht. Bald wußte jeder in Westport und Umgebung Bescheid, und jeden Abend kamen mehrere hundert Leute zum gemieteten Kinosaal, wo sie hofften, etwas von den Proben mitzubekommen. „Joe ist nur der Sänger der Band", erklärte Nigel Thomas der Presse, „dies hier soll keine Joe Cocker-Show werden."

Eine Tournee wurde angekündigt, sie sollte Mitte März beginnen und unter anderem nach New York, Kanada, Kalifornien und Hawaii führen. Plakate wurden gedruckt, Vorgruppen engagiert und die Proben fortgesetzt - und dann, an einem kalten Winterabend, als Joe nach einem King Crimson-Konzert in das von der Band gemietete Haus zurückkehrte, kam die Überraschung. Drinnen wartete ein Mann auf ihn, der, so sagte er, bereits den ganzen Tag auf ihn gewartet hatte, in der Hoffnung auf ein Interview. Joe stimmte zögernd zu und nachdem das Interview beendet war, mußte er feststellen, daß er eine gerichtliche Verfügung in Händen hielt, die ihm untersagte, die in Kürze stattfindende Tournee mitzumachen.

Ein Sprecher des Dee Anthony Bandana Managements, der die Verfügung aufgrund dessen, was sie als „Joe's illegale Tournee" bezeichneten, erreicht hatte, erklärte: „Wir haben es für Joe getan und letztendlich wird er erkennen, daß es zu seinem Besten war ... Entweder arbeitet Cocker für Bandanda oder er kauft sich aus dem Vertrag frei."

Joe's Vertrag lief angeblich noch zwei Jahre. Nigel Thomas, damals lediglich Manager der Stainton Band, später auch Joe's Interessensvertreter im Streit mit Bandana, sah die Situation anders. „Die ganze Sache war ein spitzfindiger Rechtsstreit und eine der Bedingungen für eine Einigung lautete, daß keiner über die Einzelheiten sprechen sollte. Ursprünglich hatte Chris Blackwell Joe unter Vertrag und hatte eine Vereinbarung getroffen, daß er für das amerikanische Management sorgen würde - die Frage, ob Joe jetzt noch bei Dee Anthony unter Vertrag war oder nicht, das war der zentrale Punkt in diesem Rechtsstreit." Während Nigel Thomas und Dee Anthony sich mit ihren Anwälten berieten, gab es laut Alan Spenner „einige beunruhigende Situationen, ... schwarze Limousinen am Ende der Straße ... zahlreiche Drohungen. Druck wurde ebenfalls auf die Band ausgeübt, die Roadies ... alle. Es ging soweit, daß Nigel Thomas eine Sicherheitsagentur beauftragte, die beiden Häuser, in denen wir wohnten, sowie den Proberaum durch einen bewaffneten Wärter bewachen lassen." Vorher hatte sich Dee Anthony noch in einem Interview mit dem *Phonograph Record Magazine* ziemlich deutlich über seine Situation mit Joe beklagt. „Joe ist leichtgläubig und hat sich mit Leuten umgeben, die seinen Geist vergiften", schmähte er. „Ich kann nur eines sagen - wenn man genau nachrechnen würde, wer das meiste Geld an Joe Cocker verdient hat, käme ich wahrscheinlich an letzter Stelle."

Zur Untermauerung seiner Ansicht, daß Joe dazu verleitet worden war, sein Management und seine Agentur in Amerika (Bandana und Frank Barsalonas Premier Talent Inc.) für seine derzeitige mißliche Lage verantwortlich zu machen, erklärte Anthony: „Ich habe alles darangesetzt, um ihn in Amerika rauszubringen. Ich will damit sagen, daß Agenten und Veranstalter mir erzählt haben, daß Joe Cocker nur ein Produkt meiner Phantasie sei - wenn Joe nur zurückblicken und jene Menschen erkennen würde, die für ihn da waren und an ihn geglaubt haben. Anstatt dessen glaubt er jenen, die sich nur anhängen wollen. Ich spreche von diesen geldgierigen Parasiten, die er zum Teufel jagen sollte. Er braucht keine vier Psychiater und diesen ganzen Kram. Sie haben Joe zerstört, sie haben ihn zum Waschlappen gemacht. Diese Sache ist die Übelste, die mir jemals untergekommen ist."

Zwei Wochen, bevor die Tournee am 15. März im Madison Square Garden starten sollte, wurde der Rechtsstreit beigelegt. Nigel Thomas: „Dee Anthony erhielt eine bestimmte Summe. Das Geld stammte zum Teil von A & M, zum Teil von mir, zum Teil von Joe und zum Teil aus den Einnahmen aus der ersten Tournee der Band." Die Einigung soll angeblich um die 250 000 Dollar gekostet haben, im Austausch für die Managementrechte - eine beträchtliche Summe, wenn man bedenkt, daß Joe einen solchen Vertrag niemals unterzeichnet hat. Bandana's Presseverlautbarung hatte folgenden Inhalt: „Mit der Bekanntgabe der Einigung wollte Cocker seine Wertschätzung und Bewunderung für Dee Anthony und Bandana zum Ausdruck bringen, erklärte jedoch gleichzeitig, daß er an neuen Projekten arbeite ... und daß Nigel Thomas ab jetzt das Management von Cocker übernehmen wird."

Mit einer ganzseitigen Anzeige im Billboard wurde der Welt verkündet, daß Joe „Alive And Well And Feeling Alright“ war. Um dieser Aussage Nachdruck zu verleihen, brachte A & M eine Wiederveröffentlichung der „Feelin' Alright“-Single auf den Markt. Auch wenn Joe Cocker „nur der Sänger der Band“ war, war seine Rückkehr zum Rock and Roll Grund genug für einigen Jubel.

* * *

„Diese Band kam genau zur richtigen Zeit“, erklärte Joe später gegenüber *Sounds*, „denn ich fühlte mich allmählich unwohl - nun ja, dieses Schuldgefühl, das man irgendwann kriegt .... Ich hab mich einfach zu weit weg treiben lassen von der Musik ... Ich habe ständig über irgendein künftiges Projekt nachgedacht, aber man kann auch zu viel denken.“

Es war nicht leicht, wieder ganz von vorne anzufangen. „Er kam regelmäßig zu den Proben, ohne sich jedoch viel zu beteiligen“, erinnert sich Neil Hubbard, der neue Gitarrist der Band. „In der Hauptsache hat er zugehört. Er saß meistens beim Schlagzeug und hörte zu.“ Langsam überwand Joe sein Zögern und seine Zurückhaltung und man begann, ein Programm zusammenzustellen. Und dann, ungefähr eine Woche vor dem Auftritt im Madison Square Garden, wurden Stainton und er aktiv, indem sie beschlossen, daß eine weibliche Gesangsgruppe gebraucht würde. Und schon waren sie auf dem Weg nach Dallas, wo sie Hörproben abhielten, bevor sie mit drei Mädchen zurückkehrten, die sich The Dips nannten. Alan Spenner: „Die drei waren ziemlich schrecklich - konnten eigentlich gar nicht singen. Sie selbst waren auch nicht besonders erfreut, nur mit Weißen aufzutreten. Während der Hörprobe sagte Joe zu Chris: 'Na, was hältst du von ihnen?' Und Chris antwortete: 'Ich finde sie ziemlich furchtbar.' 'Großartig - wir engagieren sie.' Typischer Fall von Joe's Antihaltung!“

Da der erste Auftritt schnell näherrückte, wurde beschlossen, eine Art Generalprobe auf der Bühne abzuhalten, die Neil Hubbard noch gut in Erinnerung ist. „Wir mieteten die größte Halle in Westport ... ein Theater ... und irgendeiner hatte die Idee, die Leute des Ortes reinzulassen - und jeden Musiker, der kommen wollte. Und auf diese Weise sind dann Rick Alphonso und Fred Scerbo dazugekommen ... Trompeter und Saxophonist. Sie hatten einfach nur so vorbeigeschaut und sind dann in der Band hängengeblieben. Das Problem war, daß der Gig bereits vor der Tür stand, und sie deshalb wenig Zeit hatten zu proben. Da war noch ein Dritter, der mit ihnen gekommen war - er war ziemlich schlecht, aber er wollte unbedingt im Madison Square Garden auftreten und 'sein Horn blasen' ... wir mußten echte körperliche Gewalt anwenden, um ihn wieder von der Bühne zu schaffen!“

* * *

Zwanzigtausend Menschen kamen, um Joe's Comeback im Madison Square Garden mitzuerleben. Da es seine erste Show seit den Mad Dogs and Englishmen vor zwei Jahren war, zeigte die Presse lebhaftes Interesse, und sie landete sogar in den Fernseh-

Hauptnachrichten. Aber diejenigen, die eine Neuauflage der Mad Dogs erwartet hatten, eine Reprise der alten Cocker-Songs, sahen sich enttäuscht.

'Love the One You're With', 'St. James Infirmary', 'Midnight Rider', 'Black-Eyed Blues', 'Woman To Woman' - ein Song, den Joe und Chris erst ein paar Tage vorher geschrieben hatten - das Publikum wurde mit einem Programm konfrontiert, das beinahe ausschließlich aus neuen Nummern bestand. „Sein größter Fehler war", schrieb die Kritikerin Lillian Roxon, „nur unbekannte Nummern zu spielen, während das Publikum in nostalgischer Verzückung die alten Lieblingsstücke hören wollte."

Die alten Lieblingsstücke blieben in der Schublade - nicht einmal 'With A Litte Help from My Friends' wurde gespielt - aber gerade, als bestimmte Zyniker aus der Presse und aus dem Musikgeschäft zu lästern begannen, daß Joe das Publikum einschläfere, heizte er ihnen mit 'High Time We Went' ein und beendete den Set vor einem nach Zugaben tobenden Publikum.

„Mein Feuer hat nie aufgehört, zu lodern", erklärte Joe der Presse nachher. „Ich war einfach eine Zeitlang weg von der Szene und ich habe das Gefühl, daß die Band gut gespielt hat. Ich wollte die alten Sachen nicht mehr aufwärmen - wollte nicht zu sehr in der Vergangenheit wühlen." Später wurde die Frage gestellt, warum man den ersten Auftritt einer Comebacktournee in solch großem Rahmen veranstaltet hatte. „Eine Tournee in New York zu starten ist wie ein Weitsprung ohne Anlauf", schrieb Alfred G. Aronowitz. Heute meint Nigel Thomas, der damals die Entscheidung traf, in New York zu beginnen, dazu: „Im Nachhinein ist es immer leicht, alles besser zu wissen. Es war ein Fehler, im Madison Square Garden mit der Tournee anzufangen. Wir hätten es nicht tun sollen."

Von New York aus ging's weiter nach Montreal, wo die Kritiken besser ausfielen, dann hinunter in den tiefen Süden. Die Fans strömten in Massen zu den Shows, aber keiner konnte vorhersagen, wie es sein würde. Alan Spenner: „Wenn ich zurückblicke, muß ich sagen, daß Joe noch nicht wirklich bereit dafür war. Zugegeben, er hatte seine guten Tage ... wo er sich an den Text erinnerte, aber am nächsten Tag konnte es sein, daß er einfach nicht gut drauf war. Und er lehnte es kategorisch ab, auch nur einen Song zu singen, den er mit Mad Dogs gesungen hatte - oder irgendeinen anderen alten Song. Ich glaube, wenn wir klüger gewesen wären, hätten wir gesagt: 'Wir können es jetzt einfach noch nicht machen ... laßt es uns in ein paar Monaten noch einmal probieren.'"

Das Problem war nicht nur Joe's körperliche Verfassung oder sein Widerwille gegen die alten Nummern; das Problem war tiefgehender. Seit seinem letzten Liveauftritt in San Bernadino im Mai 1970 war Joe in zwei großen Rockfilmen zu sehen gewesen, *Woodstock* und *Mad Dogs and Englishme*n. Nigel Thomas meint dazu: „Joe Cocker wurde plötzlich ein Symbol, sowohl für die Fans, als für die Leute im Rock and Roll-Geschäft ... er wurde mit etwas assoziiert, das auf der Leinwand zehn Meter groß war. Er begriff, daß er nicht zehn Meter groß ist - und daß er es damit nie aufnehmen konnte ... Aber seit er so etwas wie ein Heiliger geworden war, war er auch für die Randerscheinungen des Rock and Roll-Geschäfts ein Heiliger geworden. Wenn wir mit Joe Cocker in die Stadt, in der der Auftritt stattfand, kamen, mußten wir die Türen bewachen, um die Dealer von ihm fernzuhalten. Wir hatten auf dem ganzen Stockwerk im Hotel Sicherheitsleute - und trotzdem haben sie es geschafft, an ihn ranzukommen. Es war ein Alptraum - er zog diese Leute an, weil sie wußten, daß er nicht nein sagen konnte."

Nur acht Tage nach Beginn der Tournee war Joe in Miami in Topform. „Der 'Wolfsmensch' ist zurückgekehrt", schrieb der *Miami Herald*. „Cocker kam, um sein Publikum zu begeistern und das hat er geschafft - er hat den Abend zu einem wilden Wiedersehensfest gemacht ... Unbändig wie ein Vogel, energiegeladen wie ein Blitzstrahl, hinterließ er den Eindruck einer gewaltigen Explosion ... das Publikum wurde mitgerissen und wogte begeistert im Takt ... schön, ihn wieder in Aktion zu wissen."

Die Tournee führte die Band von Jacksonville nach Albuquerque, nach New Orleans, nach Dallas und an die Westküste, wo sie in der letzten Aprilwoche in L.A. auftraten. Dort sollten sich einige Wechsel ergeben.

Die erste Veränderung bestand darin, daß die Dips die Band verließen und durch die Sanctified Sisters - Viola Wills, Virginia Ayers und Beverly Gardner - ersetzt wurden. Um der Bläsersektion mehr Feuer zu verleihen, wurde ein Altmeister am Saxophon, Jim Horn, hinzugeholt - seine Tour-Erfahrung beschränkte sich bis dahin auf Clubs in und um Connecticut. Auch der Schlagzeuger Conrad Isadore hatte die Erwartung nicht erfüllt, weshalb Alan Spenner und Chris Stainton bei dem früheren Mad Dogs Schlagzeuger Jim Keltner anfragten. Spenner: „Zu unserem Erstaunen sagte er: 'Na klar, mit Vergnügen - ich habe Joe schon immer gemocht.' Wir konnten es kaum glauben und haben sofort den Manager angerufen, der dann die Sache in die Hand nahm."

Jim Keltner: „Er rief mich an und lud mich und meine Frau zum Essen sein, und ich konnte dem guten alten Nigel nicht widerstehen. Ich habe zuerst im Los Angeles Forum, in Las Vegas und San Diego gespielt. Dann ging's weiter nach Baltimore und Pittsburgh, bevor wir den Rest des Monats Mai im Sunset Sound Studio Aufnahmen machten."

Mit Unterstützung eines zweiten Schlagzeugers - zuerst Jim Gordon und dann Jimmy Karstein - spielte Keltner alle noch ausständigen amerikanischen Konzerte, sowie die in England und auf dem Kontinent. Er verließ die Band nach Unstimmigkeiten mit Nigel Thomas bezüglich seiner Gage. Seine Erinnerungen an diese Tour sind, verglichen mit den früheren Konzerten mit Joe, eher negativ: „Ich glaube, es ist uns allen schwergefallen - weil wir alle wußten, wie wunderbar es mit Mad Dogs gewesen war. Ich glaube, wir waren nicht mehr so gut - ich vermisste Leon's Führung. Chris Stainton war hervorragend und mir gefiel, wie er spielte - er war ein unglaublicher Musiker - aber ich glaube nicht, daß wir eine richtig gute Show ablieferten. Das war mein Eindruck."

* * *

Im Mai kehrte Joe nach England zurück, um als Star bei zwei Open Air-Festivals aufzutreten, beim Great Western - das in der Nähe von Lincoln auf einer Farm stattfand - und im Crystal Palace in London. Einer ihn rund um die Uhr belagernden Presse erklärte er, daß die eine Million Dollar, die er von seiner vor kurzem beendeten Amerika-Tournee mitgebracht hatte, für ihn völlig bedeutungslos war. „Okay, ich will ein Haus kaufen. Ich kann also mit dem Geld ein Haus und ein paar Autos kaufen", sagte er, „aber jedesmal, wenn ich einen Hamburger esse, habe ich das Gefühl, daß jemand mich essen will."

Mad Dogs and Englishmen sowie sein anschließender Rückzug waren die Haupt-Themen für die Interviewer, doch die englische Musikpresse verschwieg auch die neue Band nicht. „Es war eine gute Tour“, erklärte Joe der Zeitschrift *Sounds.* „Wenn eine Band so gut spielt wie diese, dann könnte ich auch 200 Tage hintereinander spielen, ohne müde zu werden. Zur Zeit fühle ich mich sehr entspannt, bin auch auf der Bühne gelassener und genieße es deshalb viel mehr.“

Aber die beiden englischen Festivals gaben nicht viel Anlaß zur Freude. In Lincoln konnte die Band erst mit einem Tag Verzögerung auftreten und das Publikum, das bereits seit zwei Tagen in Wind und Regen saß, reagierte längst nicht so begeistert wie auf die vorherige Band Sha Na Na die drei Zugaben gespielt hatten. Cocker hatte in der Zwischenzeit einige der alten bekannten Nummern ins Programm aufgenommen - ‘Cry Me A River’, ‘The Letter’ und ‘Feelin’ Alright’ - aber das Warten auf die Band hatte einfach zu lange gedauert. Joe’s erster Auftritt in der Heimat war kein glücklicher; am Ende des Sets raufte er sich vor lauter Frustration die Haare. Der Auftritt beim Crystal Palace Festival fünf Tage später war um keinen Deut besser. Wie in Lincoln mussten Joe und die anderen Bands des Festivals, die Beach Boys, The Faces mit Rod Stewart und Richie Havens, auch hier gegen das miserable Wetter ankämpfen und zudem noch gegen eine schreckliche Anlage. Es war so kalt und der Sound war so schlecht, daß die Band nur daran erkennen konnte, ob Joe sang, daß sein Atemhauch zu weissem Nebel gefror.

Von London aus flogen die Band und Joe für ein Konzert nach Deutschland, um nach ihrer Rückkehr zwei Abende im Rainbow Theatre aufzutreten. Danach brachen sie zur allerersten Cocker-Europa-Tournee auf, in deren offiziellem Programmheft zu lesen war: „Alle Klagen, Verfügungen etc. sind Nigel Thomas persönlich zu überbringen. Rechtliche Ansprüche werden erst ab einer Höhe von 1.000.000 Dollar berücksichtigt.“ Der zweite Schlagzeuger der Partie war jetzt der Engländer Alan White, der zuvor mit John Lennon’s Plastic Ono Band gespielt hatte. Saxophonist Milton Sloane ersetzte Jim Horn und der Steelgitarrist Glen Campbell hatte die Band verlassen, ein Abgang, der durch sein Beharren, doppelt so laut zu spielen wie alle anderen, beschleunigt worden war.

Die Tournee in Europa verlief äußerst erfolgreich. Joe war bei guter Stimme und er fand wieder Gefallen am Rock and Roll-Leben. „Europa hat uns gut getan, damals ist es wirklich wieder losgegangen“, erzählte er später dem Melody Maker. „Man hat keine Gelegenheit, viel anderes zu tun, als zu schlafen, sich ein paar Drinks hinter die Binde zu kippen und zu rocken.“ Sie traten in Frankreich, Deutschland und Holland auf, bevor sie nach Italien weiterreisten. In Mailand, nachdem sie vor 32.000 Leuten gespielt hatten, wurde Joe nach dem Konzert durch den Besuch seines allerersten Pianisten, Vernon Nash, überrascht.

Der ehemalige Big Blues und Grease Band-Pianist war gerade im Auftrag einer Stahlfirma aus Sheffield in Italien. „Ich hab’ die Plakate für die Show gesehen und eine Karte gekauft und bin in dieses Riesenstadium gegangen ... die halbe italienische Armee war mit Schlagstöcken und Wasserwerfern dabei. Die Show war hervorragend - Stainton am Klavier - tadellos. Ein unglaublicher Trompeter im Rollstuhl (Rick Alphonso) ... mich hat’s umgehauen. Ich bin dann mit ins Hotel zurückgefahren und wir haben uns die Aufnahme der Show angehört. Es war wie Mao Tse Tung in China - alle redeten durcheinander und jedes Mitglied der Band hatte etwas zu sagen - 'An dieser Stelle warst du zu laut' ... 'Du hättest an der Stelle das spielen sollen' ... Sie haben das Band unzählige Male angehalten und die Show exakt analysiert. Sie hörten sich jede Note, die gespielt worden war, genau an. Ich dachte: 'Das haben wir nie gemacht - Mein Gott, das sind ja richtige Profis! Rauchen Dope und trinken wie die Sumpfhühner!"

Mitte August kehrte Joe aus Europa zurück und startete eine zweite Tournee in Amerika. Für Trompeter Rick Alphonso und Saxophonist Fred Scerbo, die ursprünglich im März in Westport nur für eine Session vorbeischauen wollten und dann mit der Band durch Amerika, Kanada und Europa getourt waren, war es das Ende der Reise. Alan Spenner: „Sie waren besser geworden, wenn auch nicht wesentlich - und zu der Zeit standen alle auf Bobby Keys und Jim Price - sie hatten mit den Stones gearbeitet. Also haben wir sie angerufen und daraufhin haben sie die zweite Tournee in Amerika mitgemacht ... Wir hatten ein Flugzeug in den Staaten - der Pilot war echt stark. Vor dem Cockpit hing ein Schild mit der Aufschrift: 'Im Cockpit bitte nur normale Zigaretten." Nach den Gigs haben wir mitsammen gefeiert - damals schien mir das alles großartig, aber wenn ich mich zurückerinnere, denke ich: 'Du lieber Himmel! Hat er uns wirklich geflogen?" Er hat uns oft verarscht, wenn wir von den Auftritten nach Hause flogen ... 'Hört mal ... wir können in Hollywood nicht landen - Nebel ... wir müssen nach ... irgendein verlassenes Nest in der Wildnis ... fliegen - aber es dauert von dort nur drei Stunden, bis wir zu Hause sind.' Und dann landeten wir in Burbank und alle stiegen aus und meinten: 'Ist das nicht komisch, es kommt mir so bekannt vor ... sieht aus wie Burbank!"

Während der ersten amerikanischen Tournee waren einige Shows aufgenommen worden - Tuscaloosa, New Orleans und Hollywood Bowl und Long Beach Arena in Los Angeles, sowie die beiden Shows in London im Crystal Palace und im Rainbow. Joe's erste Platte mit seiner neuen Band sollte als Livealbum der unveröffentlichten Stücke erscheinen, die die Band während der Tour gespielt hatte. Letztendlich enthielt das Album zwar die neuen Stücke, aber nur zwei Nummern waren live, der Rest stammte aus Studioaufnahmen mit Denny Cordell.

Mit dem verwirrenden Titel 'Joe Cocker' in Amerika veröffentlicht - ohne das '!' der 1969 erschienen Platte mit ähnlichen Titel - erreichte das Album Platz 30 der amerikanischen Hitliste. In England und Europa, wo es unter dem Titel 'Something To Say' erschien, kam es überhaupt nicht in die Charts, obwohl das Echo der Presse sehr ermutigend war.

'Something To Say' ist einzigartig unter den Cocker-Platten, weil Joe zu sechs der zehn Stücke die Texte geschrieben hat. Zu den Melodien von Chris Stainton oder, wie im Fall des Titelsongs von Roadie Pete Nicholls, hat er im Hotelzimmer oder bei den Proben getextet, ähnlich wie auf seiner ersten Amerika-Tournee mit der Grease Band. Alan Spenner: „'High Time We Went', 'Black-Eyed Blues', 'Something To Say' - diese Stücke sind '69 unterwegs entstanden. Joe hat die Texte dazu gemacht - er war ein Meister. Sie sind ihm einfach nur so über die Lippen gekommen ... wir haben sie auf Band aufgenommen ... zu Papier gebracht ... und sie passten."

Musikalisch gesehen signalisierte die Platte Joe's neue Richtung, weg vom kommerziellen Rock seiner ersten beiden Platten hin zu einem mehr jazz- und bluesbeinflußten Stil - nirgendwo besser hörbar als bei 'St James Infirmary', einer der Livenummern, und

'Woman To Woman' - eine weitere Cocker/Stainton-Nummer mit einem hypnotisierenden Beat und einem schier unmöglichen Falsettoteil, den Joe meisterhaft bewältigte. Greg Allman's 'Midnight Rider' zeigt die Energie der ganzen Band, während Joe das hymnische 'Do Right Woman', eine Aretha Franklin-B-Seite, im Duett zusammen mit Viola Wills von den Sanctified Sisters singt.

„Kein Song auf diesem Album ist eine Niete, keine Note am falschen Platz und jede Nummer schließt sich harmonisch an die vorhergehende an", schrieb der *Melody Maker.* „Wenn seine Liveshows ebenso stimmig wären wie 'Something To Say', wäre Joe Cocker nicht nur aufgrund einiger Hits ganz oben."

Die Platte hat sowohl etwas Zartes wie Aufregendes, und je öfter man sie hört, desto mehr geht sie einem ins Blut über. Die Band, von Spenner und Keltner angetrieben, wird durch leichte Bläser-Arrangements akzentuiert und durch Stainton's Piano-Riffs und wunderschöne Klavier-Passagen sowie Neil Hubbard's melodisches Gitarrenspiel optimal ergänzt. Kompromißlos wie eh und je verströmt Joe's Stimme Gefühl und Stimmung, wenn er den Blues klagt und tief aus seiner Seele herausschreit - ein Comeback Album, das niemanden darüber im Zweifel ließ, daß Joe Cocker immer noch den alten Zauber verströmt.

Kapitel 9

1972 - 1973
Locked Up In Australia

Es gibt nur wenige Künstler, denen in einem Land bereits zwölf goldene Schallplatten verliehen wurden, bevor sie es jemals betraten. Noch weniger Künstler kommen das erste Mal zu einer ausverkauften Tour in ein Land, um zweimal im Gefängnis zu landen und es wieder zu verlassen, ehe die Einwanderungsbehörde sie deportieren kann. Joe Cocker hat 1972 in Australien beides geschafft. Am 9. Oktober 1972 kam er mit einer Truppe von dreißig Leuten und vierzig Tonnen Bühnenausrüstung und Gepäck in Sidney an. Er kam über Neuseeland, wo er drei Abende vorher sein Debut vor zwanzigtausend Zuschauern gegeben hatte. Während er an seinem Champagner nippte, empfing er die australischen Presseleute, die von seiner einfachen und bescheidenen Persönlichkeit überrascht waren. Die Presse war erstaunlich sanft in ihrem Umgang mit Joe Cocker.

„ Wie lang wird jedes ihrer Konzerte dauern ?“
„ Vielleicht eine Stunde . . . eineinhalb Stunden. . . zwei Stunden. . . . „
„Spielen sie eigentlich Rock 'n' Roll oder Rhythm and Blues ?“
„ Jawohl. . . so etwas ähnliches. . . „
„Singen sie viele Stücke von Mad Dogs and Englishmen ?“
„Drei. „
„COCKER-POWER VERPUFFT“ behauptete eine Schlagzeile. „Champagner konnte Joe's Zunge nicht lockern“ besagte eine andere. Es sah ganz und gar nicht danach aus, als würde der zu Besuch weilende Popstar von großem Interesse für die Presse werden.

Die Tournee ging eigentlich ganz gut los, mit vier Shows im Hordern Pavilion in Sidney. Jimmy Karstein war wieder am Schlagzeug, unterstützt von dem kubanischen Percussionisten Felix Falcon, der bereits bei den amerikanischen und europäischen Gigs dabeigewesen war. Bobby Keys und Jim Price haben es nie bis Australien geschafft. Sie waren zwar in Neuseeland mit der Band angekommen, aber nach einer Auseinandersetzung mit Nigel Thomas über ihre Gage flogen sie von Auckland aus direkt nach Amerika zurück. Ohne Bläser wurde die Chris Stainton-Band nun durch den Gitarristen Ollie Halsall aus der Vorgruppe Patto, die auch den zweiten Schlagzeuger, John Halsey, zur Verfügung stellte, verstärkt.

Die Konzerte in Sidney waren zufriedenstellend verlaufen und von dort ging es weiter nach Adelaide. Von diesem Zeitpunkt an begannen Dinge, die nichts mit der Musik zu tun hatten, täglich Joe's Namen in die Schlagzeilen der australischen Presse zu bringen.

Joe, der zu Beginn der Tournee noch erklärt hatte„ Ich bin ein extrem gewöhnlicher Mensch“ begann, das Interesse der australischen Medien an seiner Person zu wecken. Seine Anwesenheit in Australien wurde immer mehr zum Mittelpunkt der Berichterstattung von Radio und Fernsehen. Jedes Wort, das er sagte, jeder Weg, den er ging, wurde ausführlich analysiert und als wichtiges Ereignis an die Weltpresse weitergeleitet. Menschen, die nicht das geringste Interesse an Pop Musik hatten, wurden plötzlich auf Joe Cocker aufmerksam. Nicht durch seine Schallplatten oder durch seinen Ruf, der größte weiße Bluessänger der Welt zu sein, sondern weil er ihnen täglich in den Zeitungen begegnete mit Schlagzeilen wie: „CRAZY JOE“, „THE WILD MAN OF ROCK“, und, unvermeidlich: „THE MAD DOG.“

* * *

Das Unheil begann am 14. Oktober, kurz nach 10 Uhr morgens, als zwei Polizisten des Rauschgift-Dezernats in Adelaide's Park Royal Motel auftauchten. Entweder hatten sie einen Tip bekommen oder waren lediglich der Vermutung gefolgt, daß jeder Rockmusiker irgendeine Form von illegaler Substanz bei sich trägt, jedenfalls holten sie Joe aus dem Bett und fragten ihn, ob er Cannabis in seinem Besitz hätte. Tatsächlich fand sich eine kleine Menge, von der er angab, sie in Sidney gekauft zu haben.

Daraufhin wurde Verstärkung angefordert und die Zimmer der anderen Musiker gefilzt. Bei dieser Razzia verhaftete man Joe, fünf Musiker seiner Band und eine der Musiker-Frauen. Alle wurden auf der Polizeistation verhört und gegen eine Kaution von 200 Dollar pro Person wieder auf freien Fuß gesetzt. Am Montag, dem 16. Oktober, erschienen Joe und die anderen vor einem Gericht in Adelaide. Dort erklärten sie sich schuldig zu den Anklagen und wurden wieder gegen Kaution freigelassen, um zwei Tage später schließlich zu einem Bußgeld von 300 australischen Dollars verurteilt zu werden. Das Gericht wertete die Offenheit und geständige Haltung ebenso mildernd wie den Umstand, daß man es hier ganz offensichtlich nicht mit Drogenhändlern zu tun hatte. Beim Verlassen des Gerichtsgebäudes erwähnte Joe gegenüber der Presse, daß es sich seiner Ansicht nach um ein faires Urteil gehandelt hätte.

Diese Geschichte wurde als Berufsrisiko und unglücklicher Gesetzesverstoß abgehakt und Joe und die Band flogen so schnell wie möglich weiter nach Melbourne, wo sie für vier Konzerte gebucht waren. Niemand war sich bewußt, daß der Fall mit dem Verlassen des Gerichtsgebäudes in Adelaide noch längst nicht abgeschlossen war - oder daß der Ärger jetzt erst richtig losgehen würde.

Nigel Thomas: „ Als wir in Melbourne ankamen, war es fast so, als hätte irgendjemand den Präsidenten erschossen. . . es war einfach unglaublich. Als wir aus Adelaide abflogen, machten sich einige Parlamentsmitglieder, von denen bis dahin noch nie jemand etwas gehört hatte, Joe's Mißgeschick zu Nutzen, indem sie öffentlich zum Rauswurf dieser korrupten Engländer aus Australien aufforderten. Zu der Zeit war die Gesellschaft in Australien noch sehr viktorianisch dominiert und nun wollten ein paar Parlamentarier diese Chance für ein wenig eigene Publicity nutzen. Sie forderten immer lautstärker die Ausweisung von Joe Cocker und seiner Band aus Australien und alle glaubten, daß das unheimlich komisch war. Selbst die Presse fand das irgendwie komisch, bis zu dem Zeitpunkt, als der Einwanderungsminister anfing, sich für den Fall zu interessieren. Und - wegen des Wahlkampfes in Australien - dachte er dann auch, daß ihm die Unterstützung dieser Forderung sicher Stimmen bringen würde und schloß sich der breiten öffentlichen Meinung an."

Der Parlamentarier, der diese ganze Geschichte ausgelöst hatte, hieß Frank Stewart, ein Labour Party - Abgeordneter in New South Wales, Australien. Zur gleichen Zeit, als Joe Cocker mit seiner gesamten Band auf dem Flug nach Melbourne war, fragte dieser Frank Stewart im Parlament den Einwanderungsminister Dr. Forbes, ob er sich darüber im Klaren wäre, daß Joe Cocker und die anderen Bandmitglieder sich vor einem Gericht zu den Drogenvorwürfen öffentlich schuldig bekannt hätten. Und dann ging er noch weiter, indem er den Minister fragte, ob dieser „die Autorität hätte, die Aufenthaltsgenehmigungen zurückzuziehen und ob er diese Autorität im Interesse der australischen Jugend auch benutzen würde", und darauf antwortete der Minister, daß er „sich genauestens erkundigen wolle und fügte hinzu, daß ihm mehrere Möglichkeiten zur Ausweisung zur Verfügung stünden.

Dr. Forbes Erkundigungen dauerten nicht lange. Bereits am nächsten Tag, Mittwoch dem 19. Oktober, unterschrieb er die Ausweisungsbescheide für Joe und sechs andere Bandmitglieder, die gemeinsam mit ihm in Adelaide verwarnt worden waren. Man sagte ihnen, daß sie innerhalb von zwei Tagen Australien verlassen müßten, und wen sie das nicht täten, dann würde man sie festnehmen und zwangsdeportieren. Der Minister sagte : „Ich muß so handeln, denn die Regierung hat ein sehr strenges Augenmerk auf solche Vorkomnisse zu legen, besonders bei Personen, die sich in einer Position größten Einflusses auf viele junge Australier befänden."

Die Schlagzeilen der Zeitungen schrien „RAUS!" oder „POP-KÖNIG WIRD DEPORTIERT" und „JOE COCKER WILL BLEIBEN!"

Die öffentliche Meinung entzündete sich an der Entscheidung des Ministers. Bei einer Straßenbefragung unter Jugendlichen in Perth, viele hatten sogar Tickets für die dortige Show, stimmten vier von fünf für eine Ausweisung. In Adelaide protestierte ein Kirchenvertreter, daß das Urteil einen Mißbrauch der Gerichtsbarkeit darstellte. Ein Fernsehmoderator ging sogar soweit, zu behaupten, daß jeder normale Australier, der unter diesen Umständen festgenommen würde, sofort ins Gefängnis käme. Ein Sprecher der Labour Party distanzierte sich von der Entscheidung seines Kollegen und war der Meinung, daß die vorhandenen Gründe nicht ausreichten, um Joe Cocker des Landes zu verweisen und der *Daily Mirror* aus Sidney betonte: „Er ist sicherlich ein echter Popstar, aber es ist auch eine Tatsache, daß zwei Drittel der Leute, die in Australien dafür bezahlt haben, ihn zu sehen, nicht unsere leicht zu beeinflussenden Jugendlichen sind, sondern mündige Erwachsene zwischen 23 und 28 Jahren."

In einem Interview mit dem *Daily Mirror* sagte Joe dann: „Man hat uns geschnappt und dafür bestraft. So einfach ist das. Ich bin darüber nicht verbittert. Wie könnte ich auch. Wir hatten ein wenig Gras in Sidney gekauft und wenn wir nicht erwischt worden wären, hätten wir das Zeug in der gleichen Nacht noch weggeraucht. . . aber mein Gott, für sowas kann ich doch nicht des Landes verwiesen werden. Nicht einmal im Traum würde ich so etwas glauben." Und wie Joe in Melbourne in seinem Hotelzimmer saß und die Hand von Eileen Webster hielt, die mit auf der Tournee, aber nicht verhaftet worden war, fragte er sich: „Warum sind sie hinter mir her? Es tut mir wirklich leid, was ich getan habe. Ich bin geschnappt und bestraft worden. . . . alles, was ich jetzt möchte, ist, meine Konzerte hier zu beenden. Das ist der Grund, warum ich überhaupt hierher gekommen bin!"

Während Joe vor Presse, Rundfunk und Fernsehen die ganze Zeit belagert und gleichzeitig seine Rechtsanwälte einen Einspruch gegen die Ausweisungsverfügung vorbereiteten, spielte er sein erstes Konzert in Melbourne. Den sechstausend Fans in der Festival Hall in Melbourne als „Nr. 173567" - seiner neuen Polizei-Registrierung - vorgestellt, wurde Joe frenetisch gefeiert, als er mit einem Glas Wein in der einen und einer fast leeren Flasche in der anderen Hand auf die Bühne kam. „Ich hatte eine himmlische Besprechung mit der Polizei, und ich wollte euch nur sagen, daß ich bereit bin", dabei hielt er seine beiden Arme so zusammen, als hätte man ihm Handschellen angelegt. Und dann kam das, was eine der Zeitungen am nächsten Tag „die Aufforderung" nannte, als Joe seinem Publikum sagte „Ich wette mit euch, daß Marihuana in fünf Jahren in Australien legal sein wird, und der gleiche Typ, der jetzt versucht, uns hier rauszuschmeißen, wird dann selber auch rauchen."

Die australische Presse war sich einig, daß es sich hierbei um das wildeste Popkonzert gehandelt hat, welches je in Melbourne stattgefunden hatte, aber sie erwähnten kaum die Musik, sondern beschrieben genußvoll, wie Joe seinen Wein , Whisky, Bier und Champagner auf der Bühne trank, wie er seine Schuhe auf der Bühne auszog, Trommelstöcke in die Menge schleuderte und wie er zweimal den Mikrophon-Ständer umwarf, wobei einmal ein Reporter am Kopf getroffen wurde. Nach einer Stunde torkelte er von der Bühne, um zehn Minuten später zurückzukehren und eine wahnsinnige Version von 'With A Little Help From My Friends' zu bringen. Das Publikum raste und schrie nach mehr und Joe zog sein T-Shirt aus und warf es mit den letzten noch verfügbaren Trommelstöcken in die Menge und verließ die Bühne.

Nigel Thomas: „Joe war enorm beunruhigt gewesen ... da war einmal die Gerichtsanhörung in Adelaide ... danach waren wir gleich nach Melbourne geflogen. . . die Presseleute machten ihn verrückt. . . er hatte kaum geschlafen und wir mußten die Hotels wechseln. . . und am Abend des ersten Konzertes in Melbourne hat er sich einfach besoffen. Als wir dann nach dem Konzert zurück ins Hotel kamen, hatten die Australier noch eine kleine Überraschung für uns."

Dazu Joe: „Ich war ohne T-Shirt und Schuhe. . . außer meinen Jeans hatte ich nichts an. Ich gehe also zum Fahrstuhl und mit mir die beiden schwarzen Mädchen aus der Band, Viola Wills und noch eine andere, und ich hatte eine Sechserpackung Bier, die ich mit auf mein Zimmer nehmen wollte. Ich drückte den Knopf, der Fahrstuhl schloß sich aber nicht und ganz plötzlich sagt da so ein Typ zu mir 'Mr. Cocker, wir möchten, daß sie das Hotel verlassen. ' und ich sagte ' Ja okay, aber ich muß doch erst einmal auf mein Zimmer gehen und meine Sachen einpacken.' Er sagte 'Nein, ich meine - sofort!' Ich war so wütend, daß ich ihm eine der Fosters-Dosen an den Kopf knallen wollte, aber die Mädchen haben sich dazwischen gedrängt. Also, der Fahrstuhl klemmte und dieser Typ brüllte mich an und plötzlich tauchten Zivilbullen auf und schleppten mich nach draussen... verdrehten mir den Arm hinter meinen Rücken... und ich sagte zu dem einen 'Ist ja gut, Kumpel, brauchst mir ja nicht gleich den Arm brechen. . . ich weiß ja, was ihr wollt. . . mich ins Gefängnis bringen. ' Meine damalige Freundin, Eileen Webster, und die Freundin von Neil Hubbard, die ebenfalls Eileen hieß, schlugen auf die Polizisten mit ihren Handtaschen ein, auf den Kopf. . . und schrien hysterisch 'Laßt ihn zufrieden. . . laßt ihn gehen.' . . und benutzten allerlei Schimpfworte. Also wurden sie gleich mit verhaftet. Die Presse machte daraus wieder die entsprechende Sensation! Irgendetwas über uns war jeden Abend in den Nachrichten zu hören und zu sehen... Cocker verhaftet! Meine Mutter hat es im *Daily Express* gelesen und bekam fast einen Herzanfall.

Insgesamt wurden Joe, die beiden Eileens und ein Roadie, Keith Robertson, verhaftet. Keith war kurz nach Joe und den anderen im Hotel eingetroffen und hatte keine Ahnung, daß die Männer, die Joe mit dem Kopf voran durch die Hoteltür stießen, Polizisten waren, also versuchte er, ihm zu helfen... Sie wurden alle vier auf die Polizeistation gefahren und verbrachten die Nacht hinter Gittern.

Joe: „Ich komme also in diese Gefängniszelle, die Tür knallt zu und ich sitze im Dunkeln und denke, daß ich da alleine drin bin. Und ich höre dieses Rascheln. Auf einmal geht ein Streichholz an und ein Typ fragt mich, ob ich eine Tüte rauchen will und ich sage 'Sicher, sehr nett von dir, das wird mich etwas beruhigen' und dann fragte er mich, 'Warum bist Du denn hier?' und ich meinte, '... das weiß ich selber nicht so genau, Unruhestiftung oder so etwas ähnliches. Und Du?' ... und er meinte 'Sie nennen es Mord. Ich hab' einen Aboriginal umgelegt, aber - für mich ist das kein Mord.' ... und ich denke mir 'Jesus, was haben sie bloß mit mir gemacht!' Aber wir haben die ganze Zeit geredet, bis man mich um sieben Uhr morgens wieder rausließ. Australien hat mich erst zum 'Mad Dog' gemacht, die haben die Sensationslust erfunden."

Am Donnerstag, dem 19. Oktober, humpelte Joe zu seiner Verhandlung ins Bezirksgericht Melbourne, denn er hatte seinen Fuß am vorangegangenen Abend auf der Bühne verletzt. Die Anklage umfaßte zehn Punkte - unter anderem Beleidigung der Polizei, Beleidigung des Hotelmanagers, Widerstand gegen die Verhaftung, anstößiges Benehmen, obszöne Äußerungen und Widersetzen der Aufforderung, das Hotel zu verlassen. Die Verhandlung gegen ihn und die anderen Verhafteten wurde um eine Woche verschoben und alle vier gingen gegen eine Kaution frei.

Jetzt hatte das Einwandeerungsministerium zwar ausreichende Gründe für eine Ausweisung bekommen, aber die Abschiebung konnte gesetzlich nicht vollzogen werden, solange Joe auf Kaution frei war. Der australische Veranstalter schaltete sich ein und gab bekannt, daß er 50.000 Dollar verlieren würde, wenn die restlichen Konzerte abgesagt würden. Nigel Thomas versuchte nochmals, mit dem Einwanderungsministerium zu verhandeln, aber man lehnte ab und erklärte, daß Joe und die anderen ohne Rücksicht auf den Kautions-Status im Hotel verhaftet würden. Von der Weltpresse umzingelt und mit einer Menge Polizeispitzel im Hotel - „Da kamen immer vier oder fünf Leute gleichzeitig, um uns eine Tasse Tee zu bringen" erinnert sich Neil Hubbard - wurde es für die Cocker-Truppe Zeit, etwas zu unternehmen.

Ein Möbeltransporter wurde bestellt, der in der Kellergarage des Hotels mit laufendem Motor wartete. Ein hilfreicher Hotelangestellter blockierte den Lift, der direkt in den Keller fuhr, ohne im Erdgeschoss zu stoppen, wo die Presse lauerte. Joe und die Band sprangen in den Möbelwagen und wurden aufs Land gebracht, wo sie die Gastfreundschaft eines Freundes des Veranstalters genossen.

In der Zwischenzeit war die Vorgruppe der Tournee, Patto, mit dem Lift in die Hotellobby gefahren, mit ihren Mänteln über den Kopf gezogen ausgestiegen und zum Ausgang gerannt und mit Höchstgeschwindigkeit in Richtung Flughafen gerast, die Presse hart auf den Fersen.

„Die Behörden wollten uns jetzt entgültig abschieben," erinnert sich Nigel Thomas, „aber plötzlich war niemand mehr da, um deportiert zu werden. Und alles, was passierte, war 24 Stunden lang im Fernsehen zu sehen. . . es gab diese schöne Szene, in der Viola Wills den Reportern am Flughafen etwas vorsang. . . wir waren weiterhin der Meinung, daß die ganze Angelegenheit eigentlich lächerlich war, aber das Ministerium hatte schon soviel Presse bekommen für diese Geschichte, daß sie sie nicht aufgeben wollten. Am gleichen Abend gaben wir ein Konzert und wurden nicht verhaftet und dann spielten wir auch noch die Mitternachtsshow."

Diese beiden Konzerte fanden - ohne einen Zwischenfall - am Freitagabend statt und die Frist, bis mittags um Zwölf das Land zu verlassen, war verstrichen, als Joe im Möbelwagen aufs Land hinausfuhr und der Einwanderungsminister zur gleichen Zeit an einem Empfang in Victoria teilnahm. Kurz nach Mittag verließ Dr. Forbes das Essen und eilte an den Reportern mit den Worten vorbei: „Ich muß vorzeitig gehen, weil ich ein kleines Problem habe und das heißt Joe Cocker! Wenn ich jetzt nicht gehe, dann haben wir bald eine nationale Krise."

Später an diesem Nachmittag erklärte Dr. Forbes, dessen 18-jährige Tochter bei Joe's Show in Adelaide gewesen war und, laut Zeitungsbericht, „jede Minute geliebt" hat, daß er zugestimmt hätte, Joe Cocker und seine Leute mit dem nächsten zur Verfügung stehenden Flug am darauffolgenden Tag - auf eigene Kosten - ausreisen zu lassen, anstatt sie auf Staatskosten abzuschieben.

So konnten die beiden Konzerte in Melbourne doch noch in den Zeitplan reingequetscht werden, aber die beiden Konzerte in Brisbane, wo der Polizeipräfekt erklärt hatte, er werde alles in seiner Macht Stehende tun, um die Jugend von Queensland von solchen Leuten nicht „verpesten" zu lassen, und ein Open-Air Konzert in Perth, die alle waren ausverkauft, wurden abgesagt.

* * *

Über die harte Haltung des Ministeriums war Nigel Thomas derart erbost, daß er eine Pressekonferenz abhielt und erklärte, er könne sich nicht vorstellen, daß internationale Popgruppen unter solchen Umständen Australien in Zukunft besuchen würden.

„Da gibt es zuviele politische Ungereimtheiten" sagte er, „Dr. Forbes, der Einwanderungsminister, hat gezeigt, daß er sich über alle rechtlichen Vorschriften hinwegsetzt. Wenn das australische Gerechtigkeit sein soll, dann stinkt sie! Sie stinkt schon deshalb, weil man bereit ist, insgesamt achtzehn Anklagepunkte gegen sogenannte Kriminelle innerhalb eines Tages fallenzulassen - wir wollen die Anklagepunkte bei einer Verhandlung widerlegen - für Joe Cocker steht sein Ruf auf dem Spiel, aber darum scheint sich in der australischen Regierung niemand zu kümmern. Man hat ihm ja nicht einmal das Recht eingeräumt, zu den erhobenen Vorwürfen Stellung zu nehmen."

Am nächten Tag, Samstag, dem 22. Oktober, kamen Joe und seine Truppe in einer Flotte von Straßenkreuzern auf dem Flughafen in Melbourne an. Hunderte von Fans, Presse und Fernsehen bestürmten ihn, als Joe aus seiner Limousine stieg: „Ich glaube, daß man mich hier sehr unfair behandelt hat" sagte Joe. Nach den wilden Szenen bei seinem Konzert in Melbourne befragt, meinte er nur: „Ich war verärgert - der Rest waren ein paar Flaschen von eurem Cream Sherry. Das mache ich nicht jeden Abend."

Joe ging an Bord einer Linienmaschine Richtung London und flog zuerst noch Sidney an, wo er während eines einstündigen Zwischenstops ständig überwacht und am Verlassen der Maschine gehindert wurde. Es war die Rede gewesen, daß er nach London fliegen wollte, aber als das Flugzeug seinen nächsten Stop in Los Angeles machte, stieg Joe aus und entkam so den am Londoner Flughafen wartenden Reporterhorden.

Für die Medien in Australien begann nun die Zeit der Nachrufe: „Cocker wird nicht der Letzte sein" schrieb der *Sidney Daily Telegraph* und zitierte den Einwanderungsminister,."..daß künftig alle Besucher, die gegen die Drogengesetze verstoßen, genauso behandelt werden wie Joe Cocker." Die *National Times* forderte in einer Schlagzeile, „Joe Cocker wenigstens das Recht auf eine Anhörung zu gewähren", und kritisierte gleichzeitig die Haltung des Einwanderungsministers und die Art und Weise, in der man Joe Cocker losgeworden war.

Seinen größten Fürsprecher fand Joe in Craig McGregor von der Zeitung *The Australian*, der in seiner Kolumne schrieb: „Also haben sie Joe Cocker geschnappt, sie haben ihn sogar hinausgeworfen und es ist ein Wunder, daß sie ihn nicht auch noch gekreuzigt haben. Und wofür das alles? Was hätte dieser Mann der australischen Nation damit antun können, wenn er einen Joint in seinem Hotelzimmer geraucht hätte? Er ist nur für ein paar Tage in einem Land, wo Marihuana wild wie Gras wächst und er wird durchsucht in der Hoffnung, daß er etwas bei sich trägt! Wer hat diese Durchsuchung überhaupt veranlaßt?" Und weiter schreibt McGregor: „Die Politiker wollten sich hier mal wieder profilieren. Und was heißt eigentlich eine Deportation aus Australien, wo Australien ursprünglich nur aus Deportierten anderer Länder entstanden ist... die wiederum einer Gesellschaft entflohen waren, die sich nur noch aus rachsüchtigen Leuten zusammengesetzt hatte. Und jetzt hat sich das Rad einmal voll im Kreis gedreht - die australische Gesellschaft wiederholt genau das, wovon sie sich ursprünglich einmal selber entfernen wollte!"

* * *

Nach einer Woche in Los Angeles flog Joe nach England, wo er den am Heathrow Airport wartenden Journalisten sagte: „Ich habe es nicht eilig, nach Australien zurückzukehren." Und ein paar Tage später sagte er dem *Daily Mirror*: „Wir sind wie in einen Hinterhalt gelaufen. Australien ist so weit von hier entfernt. Es ist fast so, als wäre man dort auf dem Mond!"

In Sheffield besuchte er mit seiner Freundin Eileen und seiner Mutter den Fiesta Night Club, um Buddy Rich, in dessen Band Joe's früherer Bassist John Fleet spielte, zu sehen. In einem Interview für die Club-Zeitung sprachen sie kurz über die schreckliche Zeit in Australien: „Wir wurden Tag und Nacht gehetzt und bei fast jedem Konzert gab es eine Bombendrohung. Es wurde alles getan, um unsere Tournee zu stören. Sie haben nichts unversucht gelassen, um uns wieder loszuwerden!"

* * *

Über Weihnachten und Neujahr versuchte Joe, etwas zur Ruhe zu kommen. Keine Interviews und keine Presse. Entweder er war in Sheffield bei seinen Eltern oder in Eileen's Wohnung in London. Im Januar besuchte er das Comeback- Konzert von Eric Clapton im Rainbow, aber er sehnte sich danach, selber wieder auf der Bühne zu stehen.

Das vergangene Jahr hatte ihre Hochs und Tiefs gehabt, aber seine Stimme war immer besser geworden, die Band war nun richtig eingespielt und er hatte wieder Geschmack am Musikleben gefunden. Jetzt, nach all den Schwierigkeiten hinter sich, wollte er nur noch zurück auf die Bühne und singen und für Anfang März waren bereits zwei Konzerte im Rainbow Theater in London angesetzt, gefolgt von einer kurzen Tournee durch Skandinavien.

Kurz nach ihrer Ankündigung waren die beiden Konzerte im Rainbow auch schon ausverkauft und alles schien klar. Dann, ein Monat vor dem Termin, ließ Chris Stainton die Bombe platzen. Er hatte sich entschlossen, eine Pause von den Liveauftritten zu machen, um ein eigenes Studio aufzubauen und einzurichten. Nigel Thomas versuchte, ihn zu überreden, aber ohne Erfolg. Das war ein harter Schlag für Joe - und es sollte lange dauern, bis er sich davon wieder erholte.

Stainton war Joe's Freund und rechte Hand, sein Arrangeur und kongenialer musikalischer Partner, obendrein noch sein Bandleader. Mehr als sechs Jahre lang hatten die beiden sich gegenseitig inspiriert und ihre Spuren im Rock'n Roll hinterlassen, wie sie es sich weder erträumt noch für möglich gehalten hätten. Ein früheres Grease Band-Mitglied beschrieb das Verhältnis, das jetzt zu Ende ging, einmal als „eine Ehe, vollzogen mit Blut, Schweiß und Soul - und Druckerschwärze am Schluß." Nigel Thomas zu diesem Thema: „Der wirkliche Grund lag in Gail Stainton's Wunsch, ihren Mann zu Hause zu haben - und weil sie das so wollte, konnte Chris ihr das nach all den Jahren auf Achse nicht mehr abschlagen... wenn dieser Bruch damals nicht passiert wäre ... ich glaube, eine Menge Dinge wären in der Folge auch nicht geschehen."

Ersatz für Chris Stainton zu finden, war mehr als nur einen Musiker auszutauschen, und deshalb mußten die beiden Konzerte im Rainbow und die Skandinavien-Tournee abgesagt werden. Die britische Musik-Presse reagierte prompt, in dem sie prophezeite, Joe Cocker's Karriere sei extrem gefährdet - aber es kam noch schlimmer. Nachdem seine „rechte Hand" gegangen war und seine Band sich auflöste, beschloß Joe, sich von seinem Manager Nigel Thomas, der erst vor einem Jahr Joe's Vertrag von Dee Anthony übernommen hatte, zu trennen.

Nigel Thomas: „Nach dem Ausstrieg von Chris fiel Joe in ein Stimmungstief, das alles noch sehr viel komplizierter machte, weil nämlich auch die Plattenverträge gerade neu ausgehandelt wurden und die Plattenfirma A & M Records in Los Angeles Joe Cocker direkt unter Vertrag nehmen wollte. Zu der Zeit war Joe noch bei David Platz unter Vertrag, der ihm ohnehin nur eine ganz niedrige Beteiligung zahlte und A & M Records wollte Joe so schnell wie möglich wieder ins Studio bringen, also unterschrieben wir mit dem neuen Vertrag auch die Aufnahmebedingungen.“ Joe sollte sechs Wochen nach Amerika, um mit Bob Johnston, der bereits Aretha Franklin, Bob Dylan und The Byrds produziert hatte, in Nashville aufzunehmen. Dann sollte er in Memphis mit den Staple Singers Songs für ein Album einspielen, mit Al Bell als Produzenten und schließlich wurde zur Sicherheit noch Denny Cordell verpflichtet, um in den Muscle Shoals Studios in Memphis mit der berühmten Hausband einige Titel zu produzieren.

„Aber buchstäblich einen Tag, bevor Joe und ich nach Nashville abfliegen sollten, hieß es auf einmal, daß Eileen Webster, Joe's Freundin, nicht wollte, daß er nach Amerika geht,“ sagt Nigel Thomas. Zwischen den beiden hatten sich Probleme eingestellt, die erst ausgeräumt werden mußten. „Ich rief Bob Johnston an und verschob die Studioreservierung. Aber eine Woche später war die Situation unverändert. Als ich ihn abholen wollte, waren die beiden in einen Riesenkrach verwickelt... Dinge flogen durchs Zimmer und sie sagte: 'Er bleibt hier!.' Und dann begann ein Streit zwischen uns, ich fand es nicht fair, einen Vertrag zu unterschreiben, beträchtliche Vorauszahlungen zu kassieren und dann einfach nicht ins Studio zu kommen... Eileen und Joe waren anderer Meinung und sie sagten, 'OK, wenn du nicht mehr Manager sein willst...'“

Für jemanden wie Joe, der für das Singen lebte, der sich danach sehnte, wieder aufzutreten, war seine Weigerung mit solchen Berühmtheiten wie Bob Johnston, Al Bell oder Denny Cordell - von den Staple Singers erst gar nicht zu reden - in Amerika zu arbeiten, ziemlich unverständlich. Ebenso mußte er noch gut in Erinnerung haben, wie teuer es werden kann, einen bestehenden Management-Vertrag vorzeitig aufzulösen.

Aber logische Überlegungen waren hier fehl am Platz. Joe war zu deprimiert und desillusioniert über den plötzlichen Zerfall seiner Band.

Joe: „Ich hatte mit Heroin angefangen! Ich lebte in dieser Londoner Wohnung, die Eileen gehörte, und wie für jeden, der einmal mit diesem Zeug zu tun gehabt hat, gab es auf einmal für mich nichts Wichtigeres mehr, als den Stoff zu besorgen... alles andere interessierte mich nicht. Ich werde nie vergessen, wie Bernard Pendry, mein Steuerberater, ungläubig den Kopf schüttelte... ich war zu einem Treffen mit Nigel Thomas in sein Büro gekommen und ich sagte zu Nigel: 'Ich will dich los sein!' Ich wollte ihn einfach aus meinem Leben schaffen. Und er sagte: 'Das wird aber teuer.' Also habe ich ihm die ganze Summe aus dem Vertrag mit A & M, 400.000 Dollar, gegeben.“ Jerry Moss, der Boss von A & M Records, erinnert sich: „ Wir hatten Joe für den neuen Vertrag gerade 400. 000 Dollar bezahlt, das war der Betrag, den Nigel Thomas für ihn ausgehandelt hatte. - Nigel war auch so etwas wie eine Garantie, daß Joe ins Studio gehen würde und dann auf Tournee... das war zwar nicht vertraglich festgelegt, aber es wurde so angenommen. Ich hatte gehofft, daß Joe das Geld nutzen würde, um sich ein Haus zu kaufen... Man kann sich vorstellen, wie ich mich fühlte, als ich dann hörte, daß Joe die ganzen 400. 000 Dollar einfach Nigel Thomas gegeben hat, ich verstand nichts mehr, denn ich hatte auch angenommen, daß Joe sowieso kaum Geld aus dem vergangenen Jahr übriggeblieben war und zu der Zeit war Joe nicht gerade besonders heiß im Geschäft. Er hatte sich von all seinen Produzenten getrennt und wirkte auch persönlich ziemlich daneben..."

Nigel Thomas erklärt noch einmal alles ganz genau: „Also, die Einzelheiten unserer Trennung sind sehr leicht nachzuvollziehen. Joe's Management-Vertrag sollte noch zwei Jahre dauern. Im Laufe des Jahres 1972 hatten Joe Cocker und die Band - sie waren Partner bei den Konzertumsätzen - über 2, 5 Millionen Dollar eingenommen und der Deal mit A & M Records 1973 garantierte zukünftige Einnahmen von 2,4 Millionen Dollar, die natürlich nicht sofort fällig waren, sondern im Gegenzug mit den fertiggestellten LP-Produktionen. Wir addierten also die garantierten Einnahmen der folgenden Jahre und ich bekam meine Kommission, ohne eine Ablöse für die vorzeitige Auflösung meines Vertrages."

Bernard Pendry, ursprünglich Nigel Thomas' Buchhalter, versuchte die beiden wieder zusammenzubringen, aber obwohl er sich sowohl mit Joe als auch mit Nigel gut verstand und versuchte, beide Seiten abzuwägen, gelang es ihm nicht, den unglücklichen Sänger mit seinem Manager wieder zu vereinen. Heute nicht mehr für Nigel Thomas tätig, aber weiterhin mit Joe gut befreundet, sieht er die ganze Sache so: „Joe war aufeinmal von der Szene verschwunden - keiner wußte, wo er war - er war buchstäblich wie vom Erdboden verschluckt. Kein Kontakt mehr! Und irgendwann im Mai 1973 kam er plötzlich in mein Büro und wollte sich zu dem Zeitpunkt ganz offensichtlich von Nigel Thomas trennen - egal wie ! Er war in unglaublich schlechter Verfassung. Man merkte, daß er ziemlich erregt und außer sich war. Er war einfach davon überzeugt, Nigel Thomas loswerden zu müssen... er hatte sich ihm immer unterlegen gefühlt. „Also vereinbarten wir eine Zusammenkunft und Joe tauchte auf und bot irgendeine Summe... eine Million Pfund oder so... komplett verrückt. Sogar Nigel war schockiert! Joe war so verwirrt, er hätte alles hergegeben, was er besaß. Von den 400.000 Dollar Vorschuß hatte Nigel schon seine 25 Prozent kassiert, also waren es eigentlich nur mehr 300.000, die Joe aber auch nicht mehr hatte, sie waren bereits für irgendwas draufgegangen. Aber er sagte: 'Nimm dir den ganzen Vorschuß!'"

„Ich ging mit Joe kurz 'raus, versuchte, auf ihn einzureden, aber es war sinnlos. Man kann, glaube ich, mit Sicherheit sagen, daß er unter Heroineinfluß stand. Also sagten wir ihm 'OK, es ist zwar verrückt, aber gut, nimm' diese Papiere mit und laß sie von einem Anwalt prüfen. Er ging, und am nächsten Tag kam er wieder, ohne Anwalt, und wollte unbedingt unterschreiben, aber er schlief am Tisch ein! Nigel's Anwalt erklärte das Treffen für ungültig - am folgenden Tag unterschrieb er dann alles. Er war wie eine Dampflokomotive, die schnurstracks auf eine Klippe zuraste und die keiner mehr aufhalten konnte. Außer vielleicht in einer Zwangsjacke konnte man damals, 1973, mit Joe nichts mehr anfangen. Aber auch schon gar nichts."

Vom Heroin ziemlich angegriffen, verschwand Joe für die nächsten Monate in der Versenkung. Nachdem er Nigel Thomas die vereinbarte Summe bezahlt hatte, war nicht mehr viel übrig geblieben. Den zwei Millionen Dollar Einnahmen aus den Konzerten in 1972 standen enorme Auslagen und Reisespesen gegenüber. Der verbleibende Gewinn wurde zu gleichen Teilen an die Musiker der Chris Stainton Band, damals Stainton, Neil Hubbard, Alan Spenner und - anfänglich - Glen Campell und Conrad Isadore, ausbezahlt. Obwohl Joe derjenige war, für den das Publikum bezahlte, war sein Anteil nicht größer als der der anderen Musiker.

Er verbrauchte die Tantiemen aus seinen früheren Platten als auch einen weiteren Vorschuß von A & M so schnell, daß sogar Bernard Pendry nicht die leiseste Ahnung hatte, wofür. Joe Cocker war den Neppern und Schleppern im Kielwasser des Rock-Business gegenüber immer sehr anfällig gewesen. „Geld konnte man von ihm einfach viel zu leicht locker machen," sagt Harold Cocker. Gerüchten zufolge gab er jemandem 30.000 Pfund für einen Plattenladen in Australien, einem anderen 50.000 Pfund für ein Aufnahmestudio auf den Fidji-Inseln - und weitere, unzählige kleinere Beträge an die sogenannten 'Freunde', die alle vom Überfluß lebten. Heute erinnert sich Joe an all das ohne eine Spur der Verbitterung und meint: „Ich ging durch eine Phase, in der ich allen irdischen Dingen entsagen wollte. Und wenn man etwas zu verschenken hat, findet sich immer jemand, der das Verlangen hat, es zu nehmen."

Kapitel 10

1974 - 1976
„Got Some Whisky From the Barman, Got Some Cocaine From a Friend"

Nicht zum ersten Mal sah es in seiner Karriere so aus, als ob Joe Cocker besser von der Rock-Szene verschwunden wäre. Es gab keine Neuigkeiten über einen anderen Manager, der ihn statt Nigel Thomas übernehmen würde, keine Neuigkeiten über Aufnahmen, trotz seines neu abgeschlossenen Vertrages mit A&M. Es gab keine Nachricht über seine Aktivitäten, seine Zukunftspläne, seinen Aufenthalt. Seit Monaten gab es überhaupt nichts Neues über Joe Cocker.

In Eileen Websters Wohnung in Shepard's Bush sitzend, war Joe seinen eigenen Worten nach „in einer Drogen-Phase .... Ich hing rum und tat gar nichts." Um die jüngsten Probleme seiner Karriere aus seinen Gedanken zu verbannen, hatte er begonnen, Heroin zu schnupfen und war, wie viele vor und nach ihm, schnell gefangen von der Macht der euphorisierenden Wirkung. Obwohl er niemals soweit kam, die Droge auch zu spritzen, gibt Joe zu: „ .... Es hatte mich gepackt .... Ich war richtig panisch .... wenn ich in einer Bar saß, dachte ich, daß jeder mich anstarrte .... und mich umbringen wollte."

Jerry Moss versuchte, mit ihm in Kontakt zu kommen: „In dieser Zeit machte ich mehrere Reisen nach England und versuchte immer, Joe zu erreichen. Ich versuchte, ihn anzurufen .... hinterließ eine Nachricht .... ich wollte eine neue Platte von ihm haben..." Einmal, als sie sich im Dorchester Hotel zum Dinner trafen, war das Chaos in Joe's Leben nicht mehr zu übersehen. „Wir luden Joe zum Essen in unsere Suite ein, und er kam mit Eileen .... nettes Mädchen. Es fing ganz harmlos an und dann entschuldigte sich Joe oder Eileen und ging ins Badezimmer oder so .... und dann rief einer den anderen und sie gingen in ein anderes Zimmer. Abe Somer (der Anwalt von A & M) und ich hörten gerade Musik, als plötzlich diese Geräusche aus dem Zimmer drangen ... dann hörten wir Glas splittern und schauten sofort rein ...."

Joe's Kopf blutete, und es sah so aus, als lief es in Strömen, Blut auf dem Teppich, der Spiegel zerbrochen und die Lampe heruntergefallen. Ich sagte: 'Joe, ich rufe jemanden an .... du bist vielleicht verletzt!', aber er sagte: 'Nein - wir wollten sowieso gerade nach Hause gehen.' Ich sagte: 'Ihr könnt jetzt nicht gehen, ihr müßt versorgt werden.' .... 'Nein, nein - es geht schon.' Und in diesem Augenblick rannte Eileen hinaus, und ich glaube, wir waren im obersten Stockwerk des Dorchester .... wir waren jetzt am Flur .... und sie rannte das Treppenhaus hoch, geradewegs aufs Dach. Ich sagte: 'Oh, Scheiße - du kannst doch nicht aufs Dach gehen! Geh nicht aufs Dach!' Mir wurde gerade ein bißchen mulmig .... es war fürchterlich, aber schließlich kamen sie wieder zur Besinnung und gingen."

Joe wußte, daß er sich aus der Heroinabhängigkeit befreien mußte, um sich selbst vor dem Abgrund zu retten, den viele, die ihn kannten, für unvermeidlich hielten. „Ich funktionierte, wie die Dealer es wollten, die ich in London traf - sie machen immer das gleiche Spiel mit dir. Sie locken dich damit an, daß viel da ist - aber plötzlich mußt du für eine Portion 100 Pfund zahlen .... ich durchschaute ihr Spiel - also machte ich das durch, was man allgemein cold turkey nennt .... es war grauenvoll .... solche Schmerzen ...." Zum Unterschied von anderen Rockstars mit Drogenproblemen gab es für ihn keine teure Therapie oder Privatklinik. Joe machte es auf die harte Tour - allein.

Im Juni fuhren er und Eileen nach Cornwall, ursprünglich für vierzehn Tage, verbrachten sie aber neun Wochen in einem schäbigen, spärlich möblierten Häuschen in Bodmin Moor. Danach gingen sie nach Sheffield, wo Joe, auf der Türschwelle seines Elternhauses sitzend, mit Frank Heath von *Sounds* sprach - das erste Interview seit seiner Trennung von Nigel Thomas: „Ich bin jetzt selbständig" sagte er, „und ich brauche keinen Manager. Nicht jetzt jedenfalls. Ich habe einen Plattenvertrag zu erfüllen und ich möchte ein neues Album aufnehmen. Ich kann es kaum mehr erwarten. Ich möchte eine Band zusammenstellen, aber jetzt, wo Chris gegangen ist, ist es schwierig - wir haben sehr lange zusammengearbeitet."

Er sprach davon, daß eine Rückkehr in die Vereinigten Staaten vorerst ausgeschlossen wäre - aufgrund seiner Drogengeschichte in Australien - und daß er Stücke schreiben und möglicherweise eine Band unbekannter Musiker finden wolle. Dieser Artikel gab den Cocker-Fans Hoffnung, denn selbst die größten Optimisten unter ihnen hatten während dieser Unterbrechung das Schlimmste befürchtet. „Ich will so schnell wie möglich nach London, um alles für ein neues Album in Bewegung zu setzen", sagte er. „Ich freue mich darauf - es ist schon lange her."

Es war sicherlich eine lange Zeit her, seit Joe mit Denny Cordell zusammen war, der ihn bei seinen Platten bis zum damaligen Zeitpunkt beraten hatte. Und jetzt, nachdem er sich von seinem früheren Schützling zurückgezogen hatte, war Cordell nicht mehr verfügbar. „Ich baute gerade Shelter Records, meine eigene Firma, auf - und Joe war nicht bei Shelter. Er war bei A&M, aber keine Attraktion mehr von A&M. Es gab einige Rivalität mit den A&M-Leuten." Da gab es noch eine andere, traurigere Seite des Abbruchs einer ehemals so fruchtbaren und erfreulichen Verbindung. Denny Cordell: „Joe und ich waren ein Team .... bis ein Anwalt aus dem Musikgeschäft einen Keil zwischen unsere Beziehung trieb, indem er Joe einredete, ich würde ihn übervorteilen. Er sagte zu ihm: 'Du denkst, er kriegt drei Prozent für seine Produzentenarbeit, dabei kriegt er 4 Prozent.' Und ich konnte Joe nie begreiflich machen, daß mir diese Plattenfirma in England gehörte, und ich meinen Anteil an David Platz verkauft hatte - all die Künstler, die ich in England hatte - T. Rex, Procul Harum, The Move, Joe - in Form einer höheren Beteiligung an der anderen Firma. Und das war genau dieses eine Prozent mehr, das ich am Verkaufsumsatz aller Künstler hatte!"

„Also sagte ich zu Joe: 'Wenn ich es nicht kriegen würde, nähme es eben David Platz - es ist nicht so, daß es von dem kommt, was dir zusteht.' Und er sagte: 'Ja, mein

Freund, aber du bist Produzent und solltest nur drei Prozent kriegen - aber du kriegst vier Prozent. Das ist nicht richtig - Produzenten kriegen keine vier Prozent. Das wars - er war ein Dickschädel und ein Anwalt hatte ihm eingeredet, daß ich ihn abziehen würde. Und so gab es eben Funkstille in unserer Beziehung und wir sahen uns eine ganze Weile nicht .... außerdem kam er in eine sehr schlechte Gemütsverfassung.“

* * *

Es war Jim Price, der zum ersten Mal mit Joe bei Mad Dogs & Englishmen gespielt hatte, der ihn zurück ins Studio brachte. Seit dieser Zeit war Price, zusammen mit seinem Nebenmann Bobby Keys, zu einem der gefragtesten Bläser in der Szene geworden, aber er kam diesmal nicht als Begleitmusiker, sondern als Produzent 1973 wieder zu Joe. Joe erinnert sich: „Das war eine eigenartige Sache, warum ich wieder eingestiegen bin. Ich hing rum und tat überhaupt nichts, da besuchte mich Jim Price in meiner Wohnung in London und spielte 'You Are So Beautiful', ein Stück von Billy Preston .... das hat mich irgendwie aufgerüttelt und er sagte: 'Ich würde gerne eine Platte mit dir machen' - und wir machten uns daran.“

Die Ballade 'You Are So Beautiful' sollte eine Hymne für die Joe Cocker-Fans in aller Welt werden. Das Lieblingsstück seiner Mutter, sagte Joe darüber später: „Yeah, ich bekomme immer noch dieses Gefühl .... es ist eines dieser besonderen Stücke. Ganz egal, ob es Japan oder Spanien ist .... Italien - auf der ganzen Welt - weil es so ein Grundgefühl ausdrückt .... simple Worte. Ich singe es immer wieder gern.“

Die ersten Sessions zu den Aufnahmen, aus denen zwei Alben entstehen sollten, - 'I Can Stand A Little Rain' und 'Jamaica Say You Will' - begannen im November mit Henry McCullough an der Gitarre, der erst kürzlich bei den Wings ausgestiegen war. Joe war von der Idee begeistert, mit seinem Kumpel aus der alten Grease Band wieder zusammenzuarbeiten, sagte er in einem *Sounds*-Interview drei Monate vorher. Bei den Sessions mit von der Partie waren Bassist Chris Stewart und Jimmy Karstein am Schlagzeug; Jim Price spielte Klavier, Orgel und produzierte.

„Für die erste Hälfte der Aufnahmen fuhren wir quer durch ganz England,“ erinnert sich Joe. „Wir machten Aufnahmen an unzähligen Orten .... Woburn Abbey .... dann unten in South Wales - wir wohnten dort in diesem alten Schloß. Ich glaube, Jim wollte ein Doppelalbum machen, aber dann wurde es konfus. Die 'Jamaica'-Bänder blieben sechs oder sieben Monate liegen, ohne daß etwas weiter geschah.“

Schließlich landeten sie bei den Village Recorders in West Los Angeles, wo unter all den Session-Musikern auch Soul-Stars wie Richard Tee, Cornell Dupree, Chuck Rainey und Bernard „Pretty“ Purdie, der selbsternannte „weltbeste Trommler“, waren. Joe: „Ich fragte Jim über sie aus - sie waren zu dieser Zeit die besten Atlantic-Session-Typen. Ich hatte sie mit Aretha und anderen auf Platten gehört .... also fragte er: 'Willst du, daß ich sie kriege?' - und ich sagte: 'Oh ja!' Ich war total begeistert und ich erinnere mich, wie Richard Tee ins Studio kam - er wußte nicht, was er mit mir anfangen sollte, ich trank Bier und diese Typen flößten mir Respekt ein. Er setzte sich ans Klavier und fing an, all diese Funky-Nummern zu spielen - und ich legte mich begeistert unter das Klavier und schlief ein. Er war sehr verletzt: 'Hey, das ist aber nicht sehr nett - ich komme extra her und der Typ schläft ein!' Aber es war wie eine Erlösung, sein Spiel zu hören. Er spielte diese Kirchenläufe .... so fließend .... und es wirkte so beruhigend auf mich."

Das 'I Can Stand A Little Rain' - Album wurde im Sommer 1974 in Amerika veröffentlicht. Obwohl es sich von 'Something To Say' mindestens genauso unterschied wie dieses von seinem Vorgänger 'Mad Dogs & Englishmen', zeigte es Joe's Fähigkeit, anderer Leute Stücke auszuwählen und zu ihrem Besten zu verändern. Das Titelstück hatte der Produzent Jim Price geschrieben, während Jimmy Webb 'It's A Sin When You Love Somebody' und 'The Moon Is A Harsh Mistress' beisteuerte und Joe's Bearbeitung noch im Hintergrund am Klavier unterstützte. Henry McCullough brachte 'Sing Me A Song' mit, während ex-Mad Dog Daniel Moore den zündenden Auftakt 'Put Out The Light' geschrieben hatte. Harry Nilssons 'Don't Forget Me' ging dem packenden 'You Are So Beautiful' voraus, während die beiden dramatischsten und gefühlvollsten Stücke - Allen Toussaints 'Performance' und Randy Newmans 'Guilty' - bis zum Schluß aufgespart wurden.

Die Atlantic-Session-Männer Richard Tee und Co. traten nur bei einem Stück in Erscheinung - einer begeisternden Cocker/Price - Komposition 'I Get Mad' - ihr Hauptbeitrag sollte erst auf dem folgenden Album erscheinen. Aber auch 'I Can Stand A Little Rain' kam an Virtuosen nicht zu kurz. Einige der besten Westküsten-Studiomusiker sind auf der Platte zu hören, zusammen mit Randy Newmans flüssigem Klavier auf 'Guilty', sowie den Hintergrundsängerinnen Merry Clayton und Clydie King und dem begehrten Pianisten Nicky Hopkins, der Joe auf 'You Are So Beautiful' begleitet. Die Liste derjenigen, mit denen der frühere Jeff Beck-Begleitmusiker und Kollege von Jim Price in der Rolling Stones-Tourformation seit Mitte der sechziger Jahre gearbeitet hat, liest sich wie ein 'Who is Who' der Rockgeschichte. Aber er beschreibt Joe Ccocker als „einen meiner Helden" und 'You Are So Beautiful' als eines seiner Lieblingsstücke aus all den tausend Songs, bei denen er mitgespielt hat. „Wenn es zwei oder drei Platten gibt, auf die ich stolz bin - diese ist eine davon. Was für eine wunderbare Aufnahme!"

Das Album wurde von der Rockpresse hochgelobt. *Billboard*: „Nach einer zweijährigen Pause ist Joe Cocker zurück mit seinem vielleicht besten Gesang seit seinem Höhepunkt vor nahezu fünf Jahren und der abwechslungsreichsten Zusammenstellung bisher. Die kraftvolle, bluesige Stimme Cockers ist besser denn je und er kann sich immer noch mit den Großen messen, er hat aber ebenso gelernt, seine Stimme in den sanfteren Tonlagen zu kontrollieren."

Music Week kommentierte: „Er gibt einen eindrucksvollen Beweis seiner Fähigkeit, Gefühle besser als jeder andere weiße Sänger auszudrücken", während *Sounds* geringe Chancen auf Spielzeit im Radio vorhersagte: „Joe Cocker ist ein harter Brocken für diejenigen, die seit ihrer Geburt mit Milch und dünnem Toast aufgezogen worden sind - aber seine gequälte Stimme ist es immer wert, gehört zu werden. Er singt 'Somebody Reached Up And Put Out The Light', aber er kann sogar im Dunklen die meisten anderen Sänger an die Wand singen."

Der *Rolling Stone* war es, der die „schmerzliche Übereinstimmung des Materials" mit Joe's persönlichen Erlebnissen beobachtete: „Es ist eine Platte über Leid und Verfall, die, um es geradeheraus zu sagen, grausam Cockers angeschlagene Kondition ausdrückt und mißbraucht .... sogar die Titel der Songs geben Cockers meteorologische Hochs und Tiefs wieder .... das Leiden in seiner Stimme ist so intensiv, daß kein Arrangement es verbessern oder verschlechtern könnte."

Bei A & M-Records wunderte sich Jerry Moss, daß der Produzent Jim Price solch ein gutes Ergebnis trotz aller Widrigkeiten ablieferte: „Er war der Typ .... er machte diese Platte, und es wurde eine gute Platte .... wenn man an all das Zusammenfügen denkt, das unter den erstaunlichsten Umständen passierte .... ich war in den Studios in L. A. .... die Musiker, die Jim ausgesucht hatte, waren so überwältigend, daß der zweite oder dritte Take ausgereicht hätte - aber Joe hatte den Text vergessen! Also ging ich hinüber, um ihm ein Textblatt zu geben. Ich sagte: 'Joe, du weißt, es wäre wesentlich leichter für dich und die anderen, wenn du den Text hier ablesen würdest' .... er sagte: 'Ich mach' das nicht!' .... 'Oh, O.K. .... aber wenn du an einen Song wie 'You Are So Beautiful' denkst - ohne die zweite Strophe ....!' Er trank Unmengen während der Sessions."

Im November erreichte 'I Can Stand A Little Rain' Platz Elf der amerikanischen LP-Charts, die Single 'You Are So Beautiful' kletterte im darauffolgenden März bis auf Platz Fünf. Es würde fast acht Jahre dauern, bis Joe Cocker wieder einen Hit in Amerika landen sollte.

* * *

Der Erfolg von 'I Can Stand A Little Rain' wurde trotz einiger peinlicher Live-Auftritte erzielt. Ein vielzitiertes Debakel ereignete sich im Juni '74 im Roxy Theatre auf Hollywoods Sunset Strip, als sich ein geladenes Publikum von Journalisten und Stars aus dem Musikgeschäft - unter ihnen Diana Ross, Cher und Marc Bolan - versammelten, um Joe's Vorstellung des neuen Albums zu hören. Jerry Moss: „Wir trafen uns eine Woche zuvor zum Essen, um über die Show zu sprechen. Er war für ein paar Tage mit Dick La Palma beim Fischen gewesen und sah fantastisch aus .... gebräunt, seine Augen waren klar .... er trug einen weißen Anzug .... ich werde das nie vergessen. Er war so charmant beim Essen. Er sagte: 'Mann, wir schaffen das. Es wird toll. Mach dir darüber keine Sorgen.'"

Aber als er dann zum Gig kam, war er zu betrunken, um aufzutreten. „Ich mußte ihnen sagen, daß sie aufhören sollten", sagte Jerry Moss. „Es war wirklich traurig. Jim Price hatte eine außergewöhnliche Band zusammengestellt .... Jimmy Webb am Klavier .... aber Joe konnte sich an keine Zeile erinnern. Er stolperte auf der Bühne herum .... hatte diesen Ausdruck eines schlimmen Jungen in den Augen, den er jedem zuwarf. Ich erinnere mich, daß ich zu Diana Ross heruntersah, als ihr gerade die Tränen die Wangen herunterströmten. Jeder wußte, was er gerade durchmachte - es war wirklich furchtbar traurig. Beim dritten Stück lag er in einer Embryo-Position auf der Bühne."

Kurze Zeit später begann er, sich nach Musikern für eine Tournee umzusehen. Sein erstes Ziel war Henry McCullough, der zu diesem Zeitpunkt gerade versuchte, in San Francisco eine Band zusammenzustellen. Er ließ diese Idee sofort fallen, um mit seinem früheren Bandleader wieder zu spielen und brachte Mick Weaver mit, Keyboardspieler der Londoner Band Wynder K. Frog. Jimmy Karstein war an den Drums und Bassist wurde

Buffalo Gelber, „Ein Riese aus New York“, erinnert sich Mick Weaver, „mit einer wilden Mähne und einem Vollbart wie ein Büffel. Ich habe weder vorher noch nachher etwas von ihm gehört.“

Zu dieser Zeit hatte Joe wieder einen Manager. Reg Lock hatte Heads, Hands & Feet gemanagt, eine englische Rockband um den erstklassigen Country-Gitarristen Albert Lee, als er Joe in Los Angeles traf. Lock, ein Ex-Roadie, unterschied sich stark von Joe's früheren Geschäftsvertretern und so kam es bald zu einer Einigung über die Übernahme des Managements. Auf der Tour sollte Werbung für das neue Album gemacht werden und jetzt war es vordringlich, einen Ort zu finden, wo die Songs mit der Band geprobt werden konnten.

Karen Lee, eine Grundstücksmaklerin in Südkalifornien, wurde mit der Suche beauftragt. „Es dauerte lange. Sie wollten 24 Stunden am Tag proben, und ich war überrascht, wie viele Leute .... ältere Leute .... wußten, wer Joe Cocker war. Sie sagten: 'Wer will es mieten?' und ich antwortete: 'Naja, ein Sänger namens Joe Cocker' 'Oh, nein, der kriegt unser Haus nicht!.' Schließlich fand ich dieses Haus in Buleton, vierzig Meilen von Santa Barbara entfernt; es gehörte Hastings Harcourt. Es war eine ehemalige Pferdefarm, die seit einiger Zeit leerstand und wie geschaffen für sie war, viele Morgen Land und kein Mensch weit und breit - sie konnten tun und lassen, was sie wollten. Ich denke, Hastings Harcourt hatte einige Kontroversen mit Leuten in dem Ort gehabt und ihm gefiel die Vorstellung von dem wilden Haufen, der jeden herausfordern konnte. Das taten sie - sie terrorisierten die ganze Stadt!“

Mick Weaver: „Wir sollten eigentlich proben, aber daß alle zur gleichen Zeit nüchtern waren, schien unmöglich. Es war Sommer und jeder saß draußen im Garten und trank Tequila Sunrise, bis die Sonne unterging und dann war niemand mehr in der Lage, zu üben. Wir standen alle am nächsten Morgen auf, mit einem Kater vom Abend zuvor, plantschten im Pool herum und versuchten, uns zu erholen. Die Einheimischen konnten es nicht fassen - wir hatten alle unsere Frauen dabei und die gingen gewöhnlich in die Stadt runter, um den halben Supermarkt mit Lebensmitteln und Bier leerzukaufen .... endlose Flaschen von Whiskey und Tequila - und jeden Tag holten sie mehr. Ich weiß nicht, wer das alles bezahlt hat - es muß ein Vermögen gekostet haben.“

Es gab selten Langeweile in Buleton. Einmal ritten Henry McCullough und Joe aus. Henry versuchte zu galoppieren, sein Pferd stürzte, fiel auf ihn und zertrümmerte seine Schulter, während Joe ebenfalls vom Pferd fiel und sich das Handgelenk brach. Eines Nachts nahm sich Mick Weaver, genervt vom Herumsitzen, einen der Mietwagen, um ein bißchen durch die Gegend zu fahren. Auf einer Wiese geriet er ins Schleudern, die Räder blockierten und ein Funken setzte das Gras in Brand. Als die Feuerwehr eintraf, war das Auto schon ausgebrannt und ein großes Stück Land stand in Flammen und erleuchtete den Nachthimmel orangerot. Aber das war noch nicht alles: „Jimmy Karstein trug eine Waffe - eine Pistole, die echte Geschosse abfeuerte. Nachdem ich das Auto in Brand gesetzt hatte, dauerte es ein paar Tage, bis ich den Nerv hatte, mir anzusehen, was ich getan hatte. Und da stand Jimmy, und benutzte das Auto als Zielscheibe. Es war ein bißchen schwierig mit dem Versicherungsvertreter. Er kam, um ein versengtes Wrack zu begutachten und dann waren Einschüsse darin!“

Karsteins Pistole hätte auch beinahe Joe's Karriere - und sein Leben - verfrüht beendet. Inmitten vieler Streitigkeiten unter den Bandmitgliedern - gewöhnlich völlig übertrieben durch die vielen Drinks - erreichte die Auseinandersetzung zwischen McCullough und Cocker ihren Höhepunkt. Joe: „Er war wirklich witzig - er versuchte, mich zu erschießen! Er sagte: 'Joe, du bringst es einfach nicht mehr.' Also entgegnete ich: 'Okay, wenn du es so siehst, können wir nicht mehr zusammen weitermachen.' Dann nahm er eine Whiskeyflasche und bedrohte mich damit, also schnappte ich mir die Courvoisierflasche und danach fragte er Jim, ob er ihm seine Knarre leihe, um mich wegzupusten! Wir haben uns seitdem wieder getroffen - aber wir sind unverbesserlich .... betrinken uns und streiten."

McCullough verließ die Ranch, kurz darauf folgte Jimmy Karstein. Mehr aufs Spielen bedacht als der Rest der Band, hatte sich Karstein bei den wilderen Geschehnissen zurückgehalten, aber sein Weggang hatte nichts mit Frust oder Arbeitseifer zu tun - er hatte sich einen Arm gebrochen bei dem Versuch, vom Dach in den Swimming Pool zu springen. Es waren nur noch vierzehn Tage bis zum ersten Gig und die Band brauchte dringend einen neuen Gitarristen und Schlagzeuger. Reg Lock mußte nicht lange suchen. Heads, Hands & Feet waren auseinandergegangen und Albert Lee und Pete Gavin hingen irgendwo in Los Angeles rum. Beide zogen auf die Ranch und die Proben kamen schließlich in Gang. Zu der gleichen Zeit begann gerade Albert Lees Ruf als Gitarristen-Phänomen. In den Sechzigern hatte er in England mit Chris Farlowe & The Thunderbirds gespielt, dann Sessions und danach Country Rock. In einer seiner ersten Sessions spielte er die Rhythmusgitarre auf Joe's 'Marjorine' und als Joe kurze Zeit später nach einem Gitarristen für seine erste Grease Band suchte, sollte Albert einsteigen. Er schmiß den Job, was er später bedauerte, aber jetzt, sechs Jahre und einige Bands später, ergriff er die Gelegenheit. „Ich hatte gerade ein Album mit Don Everly gemacht und ich wartete darauf, daß er auf Tournee ging. Die Sache mit Joe war aber etwas ganz anderes und ich war froh, das machen zu können - Joe war auch wirklich fair mit der Band, jeder bekam das Gleiche, was eine Ausnahme war für jemand so Berühmten. Pete und ich stiegen auch in die Schulden der vorangegangenen Probemonate ein und so konnten wir nicht zu Geld kommen, ehe wir zwei oder drei Wochen auf Tour waren, aber wir haben trotzdem sehr gut verdient."

Joe's erste Tournee seit zwei Jahren begann Ende August in El Paso. Die Band, genannt die Cock 'n' Bull Band, hatte sich, mit Ausnahme von Mick Weaver, total verändert, seit sie zwei Monate zuvor in Buleton mit den Proben begonnen hatten. Nach McCullough und Karstein war Buffalo Gelber plötzlich verschwunden und wurde durch Greg Brown ersetzt. Aber es war bald klar, daß Brown es nicht brachte und so wurde ein New Yorker Bassist, Andy Denno, eingeflogen. Er verfolgte die Show zwei Abende lang, lernte sein Set und am dritten Abend spielte er bereits den Baß, während Greg Brown noch im Flugzeug nach Hause saß. Um die Formation zu vervollständigen, kamen noch Marianne und Phyllis Lindsay als Back-up Sängerinnen dazu.

„Es gab zwei Tournee-Hälften", erzählt Mick Weaver. „Die erste ging über sechs Wochen durch die Staaten und Kanada .... Konzerthallen, Theater. Dann machten wir für zwei oder drei Wochen Pause auf den Bahamas - wir sollten proben, aber .... du weißt schon. Dann ging es wieder los. Wir waren bei jedem Auftritt regelrecht weggetreten. Es gab ein oder zwei gute Shows .... San Francisco war so eine - es klang wie der alte Joe Cocker. Ich erinnere mich an New York, als Chris Wood (von Traffic) in einem fürchterlichen Zustand in den Umkleideraum reinstolperte. Das war alles, was Joe brauchte - wir versuchten, Chris rauszuschaffen, aber es war zu spät."

Eine Kritik dieser Show erschien im *Melody Maker*: „Mit müden Fingern und ziemlich traurigem Herzen drücke ich die Tasten meiner Schreibmaschine, um Sie darüber zu informieren, daß Joe Cocker nur noch ein Schatten seines früheren Selbst ist," schrieb Chris Charlesworth. „Diese einst so große Stimme, die Tausende erschauern ließ, scheint unter ihrer Behandlung in der langen Auftrittspause ziemlich gelitten zu haben. Auf der Bühne der Academy of Music torkelte er wie ein alter Trinker."

Albert Lee: „Er konnte noch immer beeindrucken .... einige seiner Songs ließen einen wirklich erschauern .... aber in Wirklichkeit war er ständig nervös. Wir kamen früh zu einem Gig, gingen ins Hotel und er fing mit einer Flasche Brandy vor dem Auftritt an. Wir bekamen einen Anruf vom Tour-Manager. 'Kommt rauf in Joe's Zimmer, er hat eine Flasche Brandy bekommen. Kommt und helft ihm, sie zu trinken.' Wir gingen rauf und mischten uns da ein. Er aß nichts und war sehr gereizt - übergab sich auf der Bühne ...."

In Toronto, wo Joe und die Cock'n' Bull Band vierzehn Tage lang spielten, verglich der *Globe and Mail* das Verhalten der Leute, die die Cocker-Show besuchten, mit denjenigen, die Pablo Casals letzten Konzerten wie einer Totenwache beigewohnt hatten. „Mit dem Unterschied, daß es sich bei Cocker um eine Trinkerwache handelt. Wird Joe heute nacht von der Bühne fallen?"

„Eine Menge der Zuseher kam," sagt Mick Weaver, „um ihn herumstolpern zu sehen. Er brachte es soweit, ein Ansehen dafür zu bekommen. Da gab es eine Zeile in dem Lied, das wir spielten .... 'Guilty' - 'got some whisky from the barman, got some cocaine from a friend' - und immer, wenn er zu dieser 'Cocaine'-Stelle kam, flippten alle aus. Ich glaube, wenn er auf der Bühne geschnupft hätte, hätte es das Haus zum Einstürzen gebracht. Jede Nacht versuchte er, so gut es ging, die höheren Tonlagen zu treffen .... und improvisierte .... übergab sich und ging kurz von der Bühne .... dann ging es weiter. Ich hatte das Gefühl, die Leute kamen nur, um zu sehen, wie er das Konzert durchstand."

Die Bänder, die bei einigen Shows im Herbst '74 aufgenommen wurden, sind nicht gerade Unterhaltungsmusik. In Allendale, Michigan, am 15. September, klingt Joe's Stimme heiser und unnatürlich. Das Set bestand aus Stücken von 'Joe Cocker' und 'I Can Stand A Little Rain', plus dem bis dahin unveröffentlichten 'Jamaica Say You Will' - Album. Ironischerweise hat Joe die beste Stimme bei einem Stück, das er nie aufgenommen hat, 'In A Station', von The Band's 'Big Pink' - Album.

Neun Tage später, in Niagara-Falls, schien eine weitere Verschlechterung eingetreten zu sein. Viel von der Show wird durch Mick Weavers Klavier und Albert Lees Gitarre getragen, während Joe's Stimme jede Kraft verloren hatte und zeitweise unhörbar ist. Seine Einführungen zwischendurch sind unzusammenhängend, er hat Probleme, mit der Band Takt zu halten, und er macht keine Anstalten, die vielen hohen Tonlagen zu erreichen. Gegen Ende der Show hört man ihn in einer Auseinandersetzung mit jemandem darüber, wie lange er schon auf der Bühne sei, woraufhin die Band 'High Time We

Went' anstimmt und dann alles vorbei ist. Bei dieser Gelegenheit gab es kein 'With A Little Help.'

An anderen Abenden lief es ähnlich. Die Presse vernichtete Joe fast überall, wo er spielte. „Kein Feuer" .... „Fehlen von Abwechslung und Tempo" .... „unverständlicher Text" .... „eine von Mißbrauch gezeichnete Stimme" .... „ein Schatten des besten weißen Soulsängers, der er einst war." Aber er stand die Konzerte alle durch und beendete die Tour. Und das war sehr viel mehr, als einige Leute von ihm erwartet hatten.

* * *

Joe's nächstes Album 'Jamaica Say You Will' war nicht mehr so erfolgreich wie sein Vorgänger und erreichte nur Platz 42 in den U.S.-Charts. Im April '75 veröffentlicht, war es im Frühjahr des vorhergehenden Jahres aufgenommen worden. 'Jamaica' hatte die Atlantic House Band - die Herren Tee, Dupree, Rainey und Purdie - auf sechs von zehn Stücken, neben Nicky Hopkins, Jimmy Karstein, Jim Horn und Bobby Keys.

Obwohl es von einigen Kritikern als Ausschuß der Aufnahme-Sessions zu 'I Can Stand' abgetan wurde, hat 'Jamaica' seinen ganz persönlichen, charakteristischen Funk-Stil, bei dem Richard Tees Piano dominiert. Vor allem auf den Stücken von Matthew Moore - 'That's What I Like In My Woman' und 'Forgive Me Now', wo Tees Nachtbar-Piano sehr gut von Sid Sharp & Co's Streichern unterstützt wird. Daniel Moore steuerte auch zwei Stücke bei - das sehnsüchtig verhaltene 'If I Love You' und einen Folk-Blues 'Jack O'Diamonds', den Leadbelly singen könnte. 'I Think It's Going To Rain Today' ist eines der beiden Stücke, die Randy Newman schrieb, zusammen mit 'Lucinda', der traurigen Geschichte eines Mädchens, das von einem Strandreinigungslaster überfahren wird, während es in seinem Schulabschlußkleid im Sand liegt.

Jim Horns Alt-Saxophon klagt auf 'Oh Mama', einem typischen Cocker-Seelen-Aufschrei, den Jim Price geschrieben hatte, sowie auf Jackson Brownes Titelsong 'Jamaica Say You Will.' 'Where Am I Now', eine Jesse Ed Davis-Ballade, hat den alten Sessionmann Ben Benay an der Gitarre, während das schnellere 'It's All Over But The Shouting' all denjenigen Befriedigung versprach, die - ausgehend vom letzten Album - bemängelt hatten, daß Joe sich vom Rock losgesagt hat, um ausschließlich Blues und Balladen zu singen. Der Song ist nicht gerade einer von Joe's Lieblingen - „Ich haßte ihn. Als wir die Scheibe aufnahmen, lag ich betrunken unter dem Klavier und ich habe in einer zu hohen Stimmlage gesungen. Es war wirklich harte Arbeit für mich, das durchzustehen."

Die Rockpresse, die Joe's Live-Shows - nicht ohne Grund - scharf kritisiert hatte, sprach Cocker für seine Platte das ihm gebührende Lob aus. „Die kraftvolle Blues-Stimme von Cocker klingt besser denn je und er kann es noch immer mit den Besten aufnehmen. Cocker ist nach wie vor ein Superstar," erklärte *Billboard.* „Er singt mit mehr Feingefühl und Kraft, als ich es je zuvor von ihm gehört habe," schrieb Michael Davis in der *Los Angeles Free Press.* „Cockers Fähigkeit, mit seiner Stimme das Herz zu erreichen, ist unerreicht," schrieb *Record World,* während *Times Weekend* schrieb, „Cocker hat eine Reife, einen weisen Sanftmut erreicht, was eine Seite offenbart, die man zuvor nie wirklich wahrnahm.“

* * *

Joe machte es Spaß, mit Richard Tee und den Atlantic Session-Leuten zusammenzuarbeiten. „Wir kamen gut miteinander aus. Sie dachten nicht, ich sei bloß ein Weißer, der behauptet, Blues singen zu können. Sie nahmen mich ernst. Es ist schon was Besonderes, wenn du mit schwarzen Musikern zusammenarbeitest - fast wie eine Prüfung. Es war genau das, was ich schon immer tun wollte.“ Und nachdem Joe mit ihnen im Studio war, wollte er sie dazu kriegen, mit ihm auf Tournee zu gehen.

Da gab es nur ein Problem: Die Veranstalter in Amerika und Kanada waren sehr zurückhaltend nach der wenig erfolgreichen Herbst ’74- Tour. England und Europa fiel ebenso aus - Joe’s Platten hatten dort seit ‘Mad Dogs & Englishmen’ wenig Eindruck hinterlassen. Aber Australien, das Land, in dem er vor zweieinhalb Jahren so viel Ärger hatte, war bereit, alles zu vergeben und zu vergessen.

Kurz nachdem Joe im Oktober ’72 Australien so überstürzt verlassen hatte, wurde die liberale Regierung abgewählt. Die neue Labour-Regierung bewertete die Affäre nicht so hoch, und, trotz einiger Proteste der australischen Musiker-Gewerkschaft, die behauptete, daß er ihren Beruf in Verruf gebracht hätte, wurde im Januar 1975 angekündigt, daß er im folgenden Monat für vier Konzerte zurückkehren würde.

Als Joe am 18. Februar in Sydney ankam, waren die Sicherheitsvorkehrungen sehr streng. Die Veranstalter, Paul Dainty Promotions, hatten eine Serie von Drohanrufen erhalten. „Wenn die Regierung so blöd ist, Cocker nach Australien zu lassen, dann müssen wir ihn auf unsere Weise aufhalten. Er wird vielleicht ein Konzert geben, aber ich garantiere dafür, daß er kein zweites gibt!“ Aber Joe gab alle vier Konzerte, plus eines extra in Sydney.

Bei einer Pressekonferenz auf der Rennbahn von Randwick, dem Veranstaltungsort der Sydney-Shows, sagte Joe, er sei nicht verbittert über seinen früheren Aufenthalt und erwarte keine Probleme. „Ich betrachte die Dinge sehr klar und frei von Gefühlen“, sagte er. Nach Drogen gefragt, meinte er: „Ich bin kein großer Drogenfreund,“ und deutete auf den Drink, der vor ihm stand, „ich bevorzuge es eher, ein bißchen darin zu schwelgen.“ Er antwortete den Reportern, die behaupteten, daß sein Besuch ein letztes Aufbäumen war, um seine Karriere zu retten: „Es gibt kein Zurück. Ich werde solange singen, solange ich dazu fähig bin.“

Die Cock’n’ Bull Band, die mit Joe tourte, war eine kuriose Mischung von Musikerkarrieren. Richard Tee, klassisch ausgebildet an der New York High School of Music and Art, war an den Keyboards; Cornell Dupree, der mit Neunzehn vom legendären King Curtis in Texas entdeckt worden war, spielte Gitarre; Gordon Edwards, dessen eigene Band, die Encyclopedia of Soul, eine Clubattraktion in New York war, spielte Bass; Albert Lee, ein Londoner, der vom Skiffle aufgestiegen war, um mit Buddy Hollys alter Band, den Crickets, zu spielen, bevor er mit Joe zusammenkam, spielte ebenfalls Gitarre; Pete Gavin, Lees Kumpel von Heads, Hands & Feet, war der Schlagzeuger; und, um das

Ganze zu vervollständigen, Kenny Slade, ehemals Grease Band, zurückgekehrt in die Welt des Rock'n Roll, als Perkussionist. Slade hatte Joe zu Weihnachten in Sheffield getroffen, kehrte mit ihm in die Staaten zurück und fand sich schließlich in Australien. „Er war sehr witzig", erinnert sich Joe amüsiert. „Er ging als erster auf die Bühne und man konnte den Aufschrei der Menge hören, und er fing an 'Kommt schon .... ihr könnt das doch viel besser! JOE IST DA DRINNEN!'"

Die Tour, mit Shows in Sydney, Brisbane, Melbourne und Adelaide, lief gut. Die australischen Medien widmeten ihnen eine Menge Aufmerksamkeit, ihre Kameras warteten dauernd auf einen Schnappschuß und die Polizei durchstöberte bei einigen Gigs die Garderobe, aber nichts Unvorhergesehenes geschah. Albert Lee: „Joe war großartig .... er war nicht krank während dieser Tour, und für mich war es toll, mit Cornell zu spielen. Ich glaube, er dachte, ich sei ein wenig komisch - er war es nicht gewohnt, mit einem Country-Rock-Gitarristen zu spielen, aber dem Rest der Truppe schien es zu gefallen. Die Shows waren wirklich gut." Von Australien flogen sie nach Auckland, wo der *New Zealand Herald*, überrascht von Joe's ruhigerem Repertoire, schlagzeilte: „Cocker hat zu toben aufgehört!" Auf dem Rückweg spielten sie noch eine Show in Hawaii; und dann waren sie wieder in dem Haus in Paradise Cove, das Joe in Malibu gemietet hatte. „Es war Spiel und Spaß" sagt Kenny Slade. „Wir gingen aus in ganz L. A. .... wurden aus dem 'Troubadour' geschmissen, naja, und solche Sachen eben."

Albert Lee und seine Frau Karen lebten ebenfalls in dem Malibu-Haus. Eine oft gesehene Besucherin war auch Eileen Webster, die jetzt mit einem Ladenbesitzer aus Hollywood verheiratet und Mutter eines kleinen Babys war. „Sie kam dauernd ins Haus", erinnert sich Karen Lee. „Und dann kam sie in einem Taxi aus Hollywood und zog mit dem Baby ein. Joe nahm sie auf .... sie war der Grund für einige wilde Zeiten in seinem Leben gewesen .... sie schien sehr ärgerlich wegen seines Ruhmes zu sein - als wenn sie etwas davon haben wollte. Sie kämpfte um seine Aufmerksamkeit - und das ziemlich heftig!" Andere Leute erinnern sich an einen Zwischenfall im Roxy bei einem Elkie Brooks-Konzert, wo Eileen betrunken hinter der Bühne strippte. Sie erzählen, wie sie Joe in Verlegenheit bringen und ihn hin und her dirigieren konnte und wie er, unbeachtet von alledem, noch immer an ihr hing.

* * *

Mitte 1975 ging Joe nach Kingston, Jamaica, um sein drittes Album innerhalb von drei Jahren aufzunehmen. Produzent von 'Stingray' war Rob Fraboni, der auf den letzten Tourneen für den Sound verantwortlich war, während der größte Teil der musikalischen Arbeit von Stuff kam - Richard Tee, Cornell Dupree und Gordon Edwards, und zwei Gleichgesinnte aus den New Yorker Studios: Eric Gale an der Gitarre und Steve Gadd am Schlagzeug. Später hatten Stuff mit drei LP's für Warner Bros. großen Erfolg im Jazz/Funk-Bereich.

'Stingray', unter Musikern ein bevorzugtes Cocker-Album, beeindruckte Jerry Moss, Chef von A&M-Records, überhaupt nicht, als er es zum ersten Mal hörte. Joe: „Er war bestürzt .... er sagte: 'Was soll ich damit machen?.' Und ich sagte: 'Naja, tu', was du mit den meisten machst - versuch' es, zu verkaufen!' Er sagte: 'Aber da steckt nichts drin .... es ist nichts drin, was sich verkaufen läßt!'"

Später beklagte Joe sich bei A&M-Records über mangelnde Werbung für die Platte. Sie gaben zur Antwort, daß er ihnen nichts zum Bewerben gegeben hatte! Das Album verkaufte sich schlecht, erreichte nur Platz 70 in den U.S.-Charts - seine niedrigste Albumplazierung bis zu diesem Zeitpunkt. Musikalisch jedoch - und das war Joe's einzig wichtiges Anliegen - bewies das Album seine kontinuierliche Entwicklung, indem er seinen unvergleichlichen Stempel auf den bekannten wie unbekannten Songs hinterließ.

'Stingray' beginnt mit Bobby Charles' 'The Jealous Kind', einer etwas schnelleren Nummer, die Ray Charles - nicht verwandt - später aufnahm, nachdem er Joe's Version gehört hatte. 'You Came Along', vom gleichen Autor, brachte ein Gitarrensolo von Albert Lee, einem der vielen Gäste auf diesem Album. Matthew Moore schrieb das rockige 'I Broke Down', ebenso wie zwei Balladen - 'Moondew' und 'Worrier' - , auf dem Eric Clapton Gitarre spielt und Bonnie Bramletts Hintergrundstimme Joe's Schrei „Guess, I'm a worrier" verstärkt. Da ist eine Cocker/Tee-Komposition, 'Born Thru' Indifference', George Clintons 'She Is My Lady' und eine traurige Rückschau in 'A Song For You', das Joe zum ersten Mal 1969 von Leon Russell hörte. Außerdem waren da noch zwei Bob Dylan-Songs - jeder mit einer eigenen Überraschung.

Joe hatte Dylan in Sheffield erstmals entdeckt. Zu einer Zeit, als er überlegte, nur noch Blues zu singen, wurde seine Aufmerksamkeit von Dylans melodischem 'Don't Think Twice, It's Alright' angezogen. Er begann, Dylan-Songs mit der Grease Band auszuarbeiten und hatte schon vor 'Stingray' einige aufgenommen. 'The Man In Me' von 'New Morning' gibt er hier in einer leichten Reggae-Version neues Leben, sie wurde von Peter Tosh und Tyrone Downey arrangiert. 'Catfish', das Dylan selbst nie veröffentlicht hat, ist wahrscheinlich die schwermütigste Nummer in der Auswahl, die Joe als „Mein Überstunden-Album" bezeichnet.

Wie kam Joe dazu, Dylans Geschichte von dem Baseballspieler Catfish Hunter aufzunehmen - „Ich fragte ihn .... ich war etwas nervös, ihm zu nahe zu treten .... ich fragte ihn um ein Lied, das er nicht aufgenommen hatte, und Dylan antwortete: 'Ich habe diesen alten Blues, den ich über Catfish geschrieben habe' .... und er gab mir ein Demo."

Das Album wurde im Großen und Ganzen von den Kritikern wohlwollend aufgenommen, obwohl einige von ihnen erstaunt schienen, daß eine Stimme, die während der letzten Amerika-Tournee zeitweise versagt hatte, auf der Platte so gut klang. „Cocker bleibt der König unter den Interpreten," sagte die *Winnipeg Free Press.* „Cockers Stimme brodelt und kocht," schrieb der *Melody Maker* über „ein solides, gutes, aber nicht überwältigendes Album."

'Stingray' erschien im Mai '76 und Joe ging mit Stuff auf Tournee, um dafür zu werben. Er spielte über sechzig Konzerte in den folgenden Monaten, aber, während er auf Platte so gut klang, waren viele der Shows glanzlos und enttäuschend. Alles, was es an Gutem zu sagen gab, schien für Stuff reserviert zu sein - 'The original doctors of sound', wie die *Village Voice* sie bezeichnet hatte - während Joe für seine schlechte Stimme und Gesundheit kritisiert wurde. „Das Beste, das Cocker machen könnte, wäre ein Jahr Urlaub auf einer Gesundheitsfarm", schrieb der *Melody Maker* nach einer Show im Mai in New York.

Viele von Joe's Erinnerungen an diese Zeit sind nicht erfreulich, aber sie waren unterhaltsame Vorkommnisse auf der Tour. Er erinnert sich an die Zurückhaltung der Band beim Auftritt auf der Bühne. „Wir mußten nach Kanada und sie waren noch ganz am Anfang ihrer Bühnenerfahrung .... am liebsten hätten sie sich versteckt. Sie saßen da mit ihren Noten - was sie gar nicht nötig hatten, weil sie ihre Stücke kannten - sie brauchten nur E-Dur .... B-Moll zu schreiben .... und die Tournee-Crew sagte für gewöhnlich: 'Joe, warum stehen sie nicht auf? Warum bringen sie nicht ein bißchen Leben auf die Bühne?' Und ich sagte: 'Hey, Mann, das sind Musiker .... die machen, was sie wollen.' Und ich ging eines Abends raus .... ich war es so gewohnt, sie alle dort sitzen zu sehen .... und ich drehe mich um - was für ein Schock! Sie standen alle .... und Gordon Edwards .... er ist ungefähr neun Fuß groß .... Was war das? Und ich ging von der Bühne, und was ich bis dahin nicht wußte, war, daß die Roadies die Mittelseiten aus ein paar Porno-Magazinen gerissen und sie in ihren Notenblättern versteckt hatten! Und als sie dabei waren, 'With A Little Help From My Friends' zu spielen, öffneten sie ihre Seiten und da waren dann all diese Mösen und sie schrien alle 'HEYYY!' und sprangen auf! Der Trick hatte geklappt!"

Anfang Oktober erschien Joe in *Saturday Night Live*, einer äußerst beliebten amerikanischen TV-Serie, um von dem Komiker John Belushi bei der zweiten Strophe von 'Feelin' Alright' parodiert zu werden. Belushi, der spätere Star bei den Blues Brothers, hatte etwas Ähnliches schon in einer früheren Show vorgeführt, und zwar eine bizarre Wiedergabe von 'With A Little Help.'

Das Duo brachte die Wände zum Wackeln, aber als Joe erstmals von der Idee hörte, war er nicht so begeistert. „Ich hatte 'With A Little Help' von ihm noch nicht gesehen, deshalb wußte ich nicht, was mich erwartete", sagte er später. „Und die Band - Stuff - wollte davon gar nichts wissen. Belushi war für sie nur ein Klamaukmacher, mit dem sie nichts zu tun haben wollten. Aber ich bekam während der Proben einen entzündeten Hals und er brachte mich zu diesem Stimmenspezialisten und so lernte ich ihn ein bißchen besser kennen. Er erzählte mir, wie er die Parodie zu Hause geübt hatte. Er erschreckte seine Mutter zu Tode - er probierte es drei Monate lang und sie war wirklich besorgt, weil sie nicht wußte, wen er versuchte, zu verkörpern!" Als eine der besten *Saturday Night Live*-Shows wurde das Duett von Joe und John Belushi über Jahre hinweg wiederholt.

* * *

Mit Stuff zu arbeiten wurde für Joe ziemlich teuer. Als hochkarätige Musiker, hatte Joe ihnen gezahlt, was sie sonst in den Studios verdient hätten. Immer, wenn eine Lücke im Programm war, flogen sie weite Strecken nach New York zurück, um bei einer Aufnahme zu spielen. „Ich bin sicher, wenn wir uns jetzt treffen würden, wir würden uns prima verstehen .... aber es war eine verrückte Zeit", sagt Joe heute. Ende 1976 trennte er sich von ihnen; er war in großen finanziellen Schwierigkeiten und wieder einmal war seine Karriere auf einem Tiefpunkt. Seine Tour lief nicht gut, sein letztes Album war ein kommerzieller Reinfall und seine Partnerschaft mit Manager Reg Lock war auf dem

Nullpunkt. „Reg war ein angenehmer Bursche", sagte Joe, „aber manche Leute haben einfach nicht die Energie, die nötig ist, um mit Plattenfirmen übereinzukommen. Er gab sich große Mühe, aber in der Branche schien ihn keiner ernst zu nehmen."

Auf der Suche nach einem guten Manager mit genügend Kraft und Vertrauenswürdigkeit, um seine Pechsträhne wieder geradezubiegen, sprach Joe Albert Grossman an. Als Ex-Manager von Bob Dylan und The Band hatte Grossman im Rockbusiness den Ruf, ein scharfsinniger, dickköpfiger Unternehmer zu sein. Joe: „Ich fragte ihn, ob er mich managen würde - und er winkte ab. Er sagte, er würde nicht mit mir verhandeln. Er sagte: 'Ihr Typen - ihr macht eine Menge Geld und dann hört ihr auf, Platten zu machen.'" Eine ungewöhnliche Art, Nein zu sagen, selbst für so einen rätselhaften Charakter wie Albert 'The Bear' Grossman.

Im Dezember, nach England zurückgekehrt, besuchte Joe Alan Spenner in Ladbroke Grove. Zu dieser Zeit war Spenner, zusammen mit Neil Hubbard, Mitglied bei Kokomo. Sie hatten Gigs oben in Bristol und an der Brunel Uni und im 'Barbarella's', einem Club in Birmingham. Joe fuhr mit und improvisierte mit Kokomo bei diesen Gigs, und die folgenden Pressenotizen führten dazu, daß ihn ein Veranstalter für den Neujahrstag in der Bingley Hall in Birmingham verpflichtete.

Als Beginn des Jahres 1977 war das nicht sehr vielversprechend. Nur ein paar hundert Karten wurden im Vorverkauf abgesetzt, und das für eine Halle, die Platz hatte für einige tausend Leute, und bevor die Show begann, wurde das Honorar um die Hälfte gekürzt. Joe war nervös, aber er zeigte, daß er es immer noch bringen konnte und bekam eine gute Reaktion vom Publikum. Er bekam sogar annehmbare Kritiken in der Musikpresse für seinen ersten öffentlichen Auftritt in England seit viereinhalb Jahren. Vom *New Musical Express* befragt, warum er damit einverstanden war, diese Show zu machen, antwortete er: „Ich brauche dringend Geld."

Sieben LP's auf dem Markt - plus einer Anzahl von Hitalben - ausverkaufte Tourneen überall auf der Welt, dazu einen amerikanischen Top-Ten-Hit mit 'You Are So Beautiful' vor neun Monaten - und Joe Cocker war pleite.

Kapitel 11

1977
Luxury You Can Afford

1969 hörte Michael Lang das erste Mal Joe Cocker auf Platte. Laut eigenen Worten war er „geplättet“ und engagierte Joe sofort für das Woodstock-Festival, dessen Hauporganisator er war. Nach Woodstock entschied sich Lang für ein ruhigeres Leben und gründete eine Label/Produktionsfirma, die „Just Sunshine Inc..“ Es war eine erlesene Auswahl – Billy Joel, White Elephant, Voices of East Harlem, Mississippi Fred Mc Dowell und Stuff.

Eines Tages, im Sommer 1976, bekam Lang einen Anruf von Michael Rosenfeld, einem Musik-Anwalt, der damals auch Joe Cocker vertrat. Rosenfeld hatte gehört, daß Lang ein Jazz-Festival in Marseille in Südfrankreich organisierte und fragte, ob er nicht auch Joe engagieren würde. Obwohl es eine Jazzveranstaltung war und Joe der einzige Rockact sein würde, war Lang einverstanden.

Joe spielte die Show mit Stuff und kam gut bei dem jungen Publikum an, das dankbar für einen Rhythmuswechsel war nach vielen Stunden Jazz. Aber für Michael Lang wurde das Vergnügen, Joe wieder zu veranstalten, ziemlich getrübt durch die Verschlechterung seines Zustandes in der letzten Zeit. „Er war in wirklich schlechter Verfassung. Diese Tour mit Stuff war ziemlich anstrengend für ihn. Es ging ihm nicht gut und sie waren alle sehr angespannt, wenn sie auf Tournee waren. Große Musiker, und er liebte ihre Musik, aber Typen, mit denen nicht leicht umzugehen ist – sehr habgierig... er trank Unmengen... kotzte auf der Bühne. Ich denke, daß diese Tour den Tiefpunkt seiner Karriere darstellte.“ Das volle Ausmaß wurde Michael Lang spätestens bei der Beacon Theatre-Show in New York klar. „Es war schauderhaft. Joe war total betrunken und stellte die Band in einer beleidigenden Art vor – er meinte es nicht so – er war einfach außer sich. Und sie ließen ihn einfach auf der Bühne stehen. Es war ein wirklich trauriger Moment in seiner Karriere.“

Ein paar Tage nach dem Beacon-Theatre-Konzert bekam Lang erneut einen Anruf von Michael Rosenfeld. Diesmal fragte er, ob Lang interessiert sei, Joe's Management zu übernehmen. Lang war nicht so scharf darauf – er hatte zwar Billy Joel seit sechs Monaten unter Vertrag, war aber noch ohne Erfahrung auf dem Gebiet des Managements. Er und Joe besprachen kurz diese Möglichkeit, und darin schien sich die Verbindung zu erschöpfen.

Einige Monate später, im Frühjahr 1977, führte Joe mehrere Gespräche mit Lang, der sich über den früheren Vorschlag viele Gedanken gemacht hatte.

„Ich saß da mit Joe und ich sagte: „Hör zu… wenn du es wirklich willst, wenn du wirklich wieder hochkommen und es schaffen willst… deine Sache in den Griff kriegst – dann bin ich bereit, es mit dir zu machen.“

Das war der Durchbruch, von dem Joe schon befürchtet hatte, er würde nie mehr kommen. Nach Jahren der Managementprobleme brauchte Joe – jetzt mehr denn je – einen Manager, der ihn als Person und als Künstler achtete. Aber an diesem Punkt seiner Karriere, mit seiner schlechten stimmlichen Verfassung, seiner schlechten Gesundheit und seinem zerstörten Ruf, gab er wenig Anreiz für einen Vertrag mit ihm – wie Joe schon herausfinden mußte, als er sich an Albert Grossman gewandt hatte.

Glücklicherweise waren Michael Lang's Überlegungen nicht bestimmt von der schnellen Aussicht auf finanzielle Erträge. „Es war traurig für mich, ihn in dieser miserablen Verfassung zu sehen… Joe ist so ein netter Mensch und meine Erinnerungen an diesen waren sehr stark. Es gibt nur einen Joe Cocker – wie ein Nationalheiligtum.“

Lang war jung, dynamisch und hatte in Woodstock bewiesen, daß er durchziehen konnte, was andere für unmöglich hielten. Aber sogar die Herausforderung, das größte Ereignis in der Rockgeschichte bewältigt zu haben, schien einfach im Vergleich zu der Aufgabe, einen der Helden dieser Veranstaltung vor sich selbst zu retten. „Ich erinnere mich, wie ich öfters in sein Haus in L. A. kam… einfach so, versuchte herauszufinden, wie sein Leben aussah… es war unfaßbar! So viele Leute lebten von ihm! Er trank immer noch wirklich viel und da waren viele um ihn, die ihn genau in dieser Verfassung haben wollten. Und natürlich bekämpfst du sie – es ist ein zweischneidiges Schwert. Du versuchst, bestimmte Leute loszuwerden und Joe widersetzt sich dem, weil er da so etwas wie Verwandtschaft fühlt… und auf der anderen Seite weiß er genau, worum es geht.“

Das Haus war in Nicholas Canyon, Joe hatte es im September '76 gemietet. „Der Platz wurde langsam beängstigend“, erinnert er sich, „Es kamen mitlerweile neun oder zehn Dealer täglich vorbei, es lag so nah an Hollywood. Und diese schwarzen Typen kamen eines Tages und sagten: „Könnten wir dein Klavier ausleihen?“ Sie spielten gut, also sagte ich: „Klar!“ Dann ging ich weg und sie nahmen einfach das ganze Fenster raus und hauten mit dem Klavier ab! Ich erinnere mich, wie ich eines Tages runterkam und all diese Leute im Wohnzimmer verstreut sah und mir dachte: „Moment mal – das wird irgendwie unheimlich“… dann begannen sie, die Treppe 'rauf zu kommen… ich kam aus dem Schlafzimmer und da saßen sie schon auf dem Flur!“

* * *

Eines der ersten Dinge, die Michael Lang versuchte herauszufinden, war die Bereitschaft der Veranstalter, um die Möglichkeiten einer Tournee einzuschätzen. Er stellte schnell fest, daß es nur wenige geben würde – die Stuff-Tour, seine „abgetragene“ Erscheinung Ende 1976 in der *Saturday Night Live*-Sendung war den Veranstaltern noch recht frisch in Erinnerung. Lang entschied, daß es am besten wäre, Joe außerhalb Amerikas arbeiten zu lassen, um ihm die Chance zu geben, ohne diesen Druck wieder Boden unter die Füße zu bekommen. Aber bevor das arrangiert werden konnte, mußte erst noch die Situation mit seiner Plattenfirma, A & M, geregelt werden.

Joe hatte bei A & M 1968 unterschrieben, über Denny Cordell's Straight Ahead Productions. Die Firma besaß eine familiäre Atmosphäre, in der sich Joe wohl fühlte. „Es hat mir immer Spaß gemacht bei A & M", sagt er heute. „Denny hatte mich mit allen dort bekannt gemacht. Zu der Zeit kam man hin und Randy Newman arbeitete in einem kleinen Büro an seinem Klavier... komponierte... und man hat sich etwas unterhalten – ich kannte dort alle Mädchen und ich konnte an jedem Tag in der Woche kommen und bei Jerry Moss an die Tür klopfen, ohne einen Termin zu haben. Es war eine sehr gemütliche Sache... aber natürlich, wie alle Dinge sich im Leben ändern, hörte es auf, so zu sein."

Zur gleichen Zeit hörte auch Joe's Karriere auf, eine zu sein, und 1977, als Michael Lang sein Manager wurde, schuldete er der Plattenfirma 800.000 Dollar. Lang: " Das Verhältnis, das er zu A & M hatte, war fast so wie zu Eltern, wo etwas erwartet wird und eben auch erfüllt werden muß. Joe sagte: „Sie lassen mich niemals gehen." Es lagen damals viele Schatten auf seinem Leben... er respektierte sie mehr wie eine Mafia-Familie... weil er sich so an sie gebunden fühlte..."

„Jedenfalls ging ich hin und sprach mit Jerry Moss – er dachte, es sei vorbei mit Joe, seine Stimme sei am Ende. Ich sagte: „Hör zu, Jerry, ich sehe die Sache so... Joe ist hier sehr unglücklich. Ich glaube offengesagt nicht, daß er hier überleben wird, wenn du vorhast, ihn zu behalten. Du hast diese besondere Beziehung zu ihm und ich weiß, gefühlsmäßig bist du sehr verbunden mit ihm" – und das war er, er liebte Joe – „aber du weißt, es ist nicht mehr gesund für ihn."

Jerry Moss: „Joe wurde als Künstler sehr schwierig zu betreuen. Es kam so weit – er spielte zwei Shows im Winterland in San Francisco – die erste Nacht als die Presse da war, alle waren da, kotzte er auf die Bühne. Die zweite Nacht war ein fantastisches Konzert, aber es war zu spät. Es wurde als Firma sehr schwer, seine Platten zu verkaufen... er war nicht sehr umgänglich mit den Disc-Jockeys und der Presse. Für mich kein Problem – ich kannte ihn schon lange Zeit und ich sorgte sehr für ihn – aber wenn ich gesagt habe, Joe solle mit einem P. R.-Mann einige Radiostationen besuchen, begannen alle, zu zittern. So wurde es sehr schwer für uns als Firma, es für ihn auf die professionelle Art zu machen... das war die Situation, in der Michael Lang zu uns kam und sagte: „Hört zu – würdet ihr ihn gehen lassen?" Wir waren einverstanden. Es gab eine Art Ablösesumme, nichts Besonderes, nicht annähernd 800.000 Dollar. Ich denke, die hatten wir schon abgeschrieben."

Jetzt war der neue Manager in der Lage, für Joe ein Wiederaufbauprogramm zu planen. Zu Beginn ihrer Zusammenarbeit hatte Lang Joe klargemacht, daß er sich in bestimmten Dingen bessern mußte, hauptsächlich was das Trinken betraf. „Wir setzten uns zusammen und trafen ein Abkommen, daß er nicht betrunken auf die Bühne geht. Ich sagte: „Ich sage alle Shows ab, wenn es passiert..." und er antwortete: „Okay, ich werde es nicht tun." Zu der Zeit gab es nur wenige Momente, in denen er ganz nüchtern war. Die Sache mit Joe war so, daß er als erstes, wenn er morgens aufwachte, eine Flasche Scotch trank – und natürlich besoffen war. Aber die Dinge, die jetzt folgten... die Kommentare, die manche Leute machten... ich bemerkte, daß sie wiederkamen und ihn beobachteten, aber ich fühlte, daß es ihm ernst war. Er sah keinen Ausweg aus der Rolle, in der er steckte, aber er wollte raus."

Mit der Plattenfirma war die Situation also geklärt und Michael Lang plante eine Tour in eines der wenigen Länder, das Joe auch damals noch wollte – nach Australien. Er wußte auch schon, welche Art Band Joe brauchte – „eine junge, ausdauernde Rock 'n' Roll-Band, die begeistert ist, mit ihm zu spielen, hart arbeiten würde, ohne die bestehenden Probleme zu vergrößern." Durch einen Geschäftspartner wurde er auf eine Band aufmerksam, die dem entsprechen konnte – die American Standard Band, die in Boston von Dan Cole gemanagt wurde, dessen frühere Band, Quill, im Vorprogramm von Woodstock gespielt hatte. Michael Lang nahm Joe mit in einen Club nach Frankland, Massachusetts, um die American Standard Band zu hören. Lang: „Sie waren gut, nicht hervorragend, aber eine gute, solide Band. Zu dieser Zeit brauchte er keine Brillianz – er brauchte Leute, die mit ihm so spielen würden, wie er es wollte."

Die 5-köpfige Band spielte seit ihrer Schulzeit Mitte der Sechziger in den Clubs von New England Cover-Versionen und ihr eigenes Material. Sie hatten einen eingängigen Pop-Sound, aber Joe war trotzdem beeindruckt – sie waren gute Musiker, und sicher fähig, einen härteren, souligeren Stil zu spielen. Kevin Falvey war der Sänger und Tastenspieler von American Standard. Er erinnerte sich an das erste Zusammentreffen mit Joe: „Er kam rein, sah die Band und sagte: „Morgen haben wir eine Probe!" Morgen war ein Sonntagnachmittag... aber wenn es ihm gefiel, würden wir etwas weiter zusammen machen... und es war wie ein Wirbelsturm. Er kam, wir probten, und schon waren wir auf dem Weg nach Australien. Die Band wurde einfach mitgesogen."

* * *

Nach einer Woche Proben in Worcester, Massachusetts, übersiedelten Joe und American Standard in ein gemietetes Haus nach Provincetown am Ende von Cape Cod. Die Band – Kevin Falvey, Cliff Goodwin – Gitarre, Howie Hersh – Bass, Deric Dyer – Saxophone und John Riley – Schlagzeug – wurde durch Nicky Hopkins und Bobby Keys verstärkt – eine etwas verwunderliche Wahl in Bezug auf Joe's Versuch, trocken zu werden. Michael Lang... „Er brauchte Leute seines eigenen Schlages um sich und natürlich waren sie großartige Musiker... aber mit ihren eigenen Alkoholproblemen – besonders Nicky. Es war auch eine Art, es ihm abzugewöhnen – Joe brauchte das."

Die Proben wechselten von Cape Cod in die Frank Zappa-Studios nach Los Angeles und Mitte Juni ging es ab nach Neuseeland und Australien, auf eine Tour, die von den Veranstaltern als „The Return of the Mad Dog" angekündigt wurde.

Die australischen Medien ließen sich eine detaillierte Beschreibung der Desaster-Tour 1972 nicht entgehen und es war ganz nach ihrem Geschmack, als der Cocker-Troß in Auckland ankam – ohne Joe und Bobby Keys, die beide bei einer Zwischenlandung in Honolulu zurückgeblieben waren.

„MAD DOG COCKER AUS DEM FLUGZEUG VERWIESEN" war eine Schlagzeile, „ROCKSTAR MUSSTE AUSSTEIGEN" erklärt eine andere, während der Tourneemanager, Hobie Cook, der Menge wartender Presseleute mitteilte: „Es ist nicht ganz korrekt, zu sagen, er sei verwiesen worden. Er und Bobby fühlten sich ziemlich krank und vielleicht versteht ihr, daß man dann zu Gereiztheit neigt. Sie fühlten sich schlecht und stiegen deshalb freiwillig aus dem Flugzeug aus."

In Wirklichkeit hatten Cocker und Keys, wie in alten Zeiten, versucht, den langen Flug nach Neuseeland etwas lebendiger zu gestalten, indem sie ein Derek-and-Clive-Band auf höchster Lautstärke abspielten. Als der Steward ihnen mitteilte, daß sie damit andere First Class-Passagiere terrorisierten, zog Bobby Keys den Mann am Schnurrbart und kurze Zeit später in Honolulu, wurden er, Nicky Hopkins und Joe von der restlichen Gruppe getrennt. Joe: „Ich war sehr beeindruckt von dem Steward. Er sagte: 'Es gibt hier einige sehr schöne Geschenkeläden, Sir. Einen Besuch wert! Wollen sie sie nicht anschauen?' Und als ich aus dem Flugzeug ausstieg, schloß er die Tür und sie flogen weiter!" Das Ganze war so locker abgelaufen, daß der Rest der Band erst bemerkte, daß jemand fehlt, als das Flugzeug bereits in der Luft war!

* * *

Ihre erste Tour mit Joe Cocker war ein erstaunliches Erlebnis für die relativ unerfahrenen Mitglieder der American Standard Band. Cliff Goodwin: „Alle waren um Anfang Zwanzig… und wir waren auf sehr seltsame Weise dort hineingeraten. Ich erinnere mich gut – ich war regelrecht geschockt.." Kevin Falvey sagte: „Wir waren total geplättet von der Tatsache, daß wir diese Chance bekommen hatten, nicht zu sprechen von der Arbeit mit Joe, die spektakulär war und mit den anderen Leuten in der Band mit einem so großartigen Ruf. Wir lernten sehr viel in kurzer Zeit."

Joe, Hopkins und Keys kamen rechtzeitig zur ersten Show in Hamilton in Neuseeland an. Joe gab den Massen, was sie hören wollten, spielte all die alten Hits, plus Material aus seinen jüngsten Alben und auch neue Nummern wie 'Wasted Years', das damals noch nicht aufgenommen war. „Es muß ein sehr glücklicher Joe Cocker sein, der im überfüllten Founders Theatre eine stampfende Menge hinterließ, die ihn unbedingt zurück auf der Bühne wollte!" schrieb der *New Zealand Herald*. Vier weitere Shows in Auckland, Christchurch, Wellington und Dunedin folgten, bevor die Gruppe weiter nach Australien flog. Dazwischen machten sie eine Woche Pause in dem idyllischen Paradies von Great Kepple Island, wo einem angeblich die Opossums aus der Hand fressen und der Besucher im sanften Mondlicht vom Rauschen des Meeres, wenn es im goldenen Sand versickert, in den Schlaf gewiegt wird.

„Es war ein Geschenk der Fluggesellschaft TAA", erinnert sich Cliff Goodwin. „Mitten in der Tour gab es eine Pause von ungefähr einer Woche, und sie brachten uns auf diese fabelhafte kleine Insel. Wir wurden vom Piper Club hingeflogen – es gab keine Straßen oder ähnliches, nur eine Landebahn, ein Haupthaus und einen Haufen kleiner Hütten. Alles, was wir tun mußten, war am Ende der Woche eine Show für die Leute zu spielen, die vom Festland herüberkamen. Es ist mir immer noch sehr gut in Erinnerung, weil ich bis heute nie mehr in einem ähnlichen Paradies war – kein Telefon – kein Fernsehen… total abgeschieden, ein tolles Erlebnis. Es war fabelhaft, wir verbrachten alle die Zeit mit trinken und sonnen... hingen am Strand herum, um die vorbeifahrenden Yachten zu begutachten. Joe nahm sein übliches Quantum, unterstützt von Nicky und Bobby.

„Am Tag des Gigs war es am Strand wie bei einer Invasion – alles lief hin und her. Sie konnten die Anlage nicht einfliegen, also mußten sie sie in einem kleinen Boot den Strand entlangtreiben lassen. Es gab nur uns, keine andere Band. Es war ein zwangloser Abend. Ich habe eine Aufnahme, wo Joe, mittendrin, sagt: „Nicky wird euch jetzt unterhalten" und Nicky begann, den Albatross-Sketch zu erzählen.

Joe: „Nicky war ein seltsamer Typ. Was für ein Genie – gleich nach Chris... Er kam gewöhnlich mit diesem Sketch von Monty Python – Albatross – auf die Bühne... zuerst nimmt man einen Strauß Blumen – er zitierte immer Monty Python – jeder liebte ihn, den rasenden Maniac... er hatte sein ganzes Leben fürchterliche Magenbeschwerden... der Arzt gab ihm für gewöhnlich Valium. Er nahm Unmengen Valium vor einer Show und trank dann Triple White Russians – diesen Wodka mit der Sahne drin. Er war dann absolut bewegungsunfähig – wir mußten ihm auf die Bühne helfen, aber kaum saß er hinter seinen Keyboards, Mann, da war es wie Magie! Selbst wenn er völlig weggetreten war. Er wußte keinen einzigen Titel der Stücke. „Was ist das? 'I Can Stand A Little Rain?' „Oh, du meinst G-Dur? Oder was immer es auch gerade war. Er war schon erstaunlich."

Bei manchen Gelegenheiten trank Nicky Hopkins Triple White Russians bis zum Umfallen. Heute immer noch ein sehr gefragter Session-Pianist, gehört sein Alkoholproblem der Vergangenheit an, und er blickt auf die Zeit mit Joe zurück: „Es war ein bißchen so, als ob der Blinde einen Blinden führt... darum kann ich mich auch nicht an viel von der Tour erinnern. Aber es war eine großartige Zeit... Jesus, konnte der singen!"

Joe widerstand der Versuchung, sich den Exzessen seines Pianisten anzuschließen und hielt die Abmachung, die er mit Michael Lang getroffen hatte, ein: „Es kostete ihn eine gewaltige Kraftanstrengung... und du kannst dir vorstellen, wie schwer es für jemanden ist, der so am Alkohol hängt, sich selbst davon runterzubringen. Er machte das selbst... er nahm ein paar Drinks vor der Show, aber er war niemals betrunken und wenn es Nicky tat – Nicky neigte dazu –, versetzte er sich in Nicky's Lage ... du mußt dann Stellung beziehen... und er fühlte sich komisch, auf der anderen Seite zu stehen... aber er verstand, was es für sein Leben bedeutete... er arbeitete an sich."

Vom *Sydney Morning Herald* interviewt, gewährte Joe einen kleinen Einblick in die Spirale, in die er durch den Alkohol so oft geraten war. „Ich muß mit dem Trinken vor Auftritten aufpassen", sagte er, „ich weiß, wann ich eine schlechte Show abgeliefert habe und es tut mir weh – also trinke ich dann noch ein paar Liter Bier, um es zu vergessen."

Aber in Australien passierte nichts dergleichen. Joe's vierzehn Shows, einschließlich der fünf in Melbourne, waren ein Riesenerfolg. Der einzig dunkle Moment geschah in Perth, als er mit dem Flugzeug landete und auf die Rollbahn kotzte. Bei der anschließenden Pressekonferenz gab es einen heftigen Wortwechsel mit einigen Journalisten, aber die Abend-Show im Entertainment Centre vor einer Menge von Sechstausend war ein überzeugender Erfolg.

Als Joe Australien Ende Juli verließ, erklärte er den Reportern, er sei sehr zufrieden mit der Tour, obwohl er lieber mehr neue Stücke gespielt hätte. „Wir machen jetzt eine kurze Tour durch Südamerika", erzählte er, „und dann geht's zurück in die Staaten, um ein Album aufzunehmen."

* * *

„Südamerika war wie der Wilde Westen", erzählt Michael Lang. „Es war unglaublich. Seit Jahren war niemand mehr dort gewesen, und es war einer der wenigen Orte der Welt, wo ich mit Joe hingehen konnte, wo er seine Vertrauenswürdigkeit noch nicht vollständig verloren hatte. Es war eine Art von Schutz für ihn, aber ich sah zu, daß er seinen Status behielt, wo er Joe Cocker sein konnte, ohne sich entschuldigen zu müssen – weil ich nicht glaube, daß jemand mit seinem Talent sich je entschuldigen muß."

Er war damals zwar noch nicht am Höhepunkt seiner Karriere, aber in Brasilien, wo sie in Rio, Santos und San Paulo spielten, wurden Joe und seine Band auf jeden Fall vorzüglich bewacht. Die Brasilianer waren besorgt, daß ihre Besucher gekidnappt werden könnten und jedes Bandmitglied bekam seinen eigenen Leibwächter, der, bewaffnet mit einem Maschinengewehr, draußen vor dem Hotelzimmer Nacht für Nacht schlief. Verließ man sein Zimmer, folgte einem der Leibwächter überall hin.

Es war eine seltsame Situation für eine Rock 'n' Roll-Band, aber sie ließen sich nicht stören. Kevin Falvey: „Die Band wurde durch Nicky immer zügelloser. Einer hatte so eine Castro-Mütze auf, und wir liefen durch die Straßen, folgten diesem Typen, der auch eine Castro-Zigarre rauchte, während wir einen Tape-Recorder mit Applaus und jubelnden Massen dröhnen ließen… jeder griff sich an den Kopf … im Flugzeug versuchten wir ständig, uns zu amüsieren – wenn es nicht gerade eine Essensschlacht war, dann war es der Roboter. Wir kauften einen Roboter, so ein Ding, das man aufzieht, und wir schnitten ein Foto von Joe's Gesicht aus der Zeitung und klebten es auf den Roboter. Wir ließen ihn den Gang im Flugzeug entlanglaufen… die Leute brachen fast ab, wenn er vorbeikam. Das verrückteste Ding, das du in deinem Leben je gesehen hast – ein Roboter-Joe!"

In Buenos Aires, Argentinien, wo Santana vier Jahre zuvor die letzte Rockband gewesen war, gingen die Südamerikaner sehr locker mit den Terminen um. Cliff Goodwin wunderte sich: „Das war ein wirklich eigenartiger Gig. Er sollte am, sagen wir Montag, Dienstag und Mittwoch stattfinden – drei Konzerte am gleichen Platz, genannt Lunar Park, einer gigantischen Arena. Aber die Shows waren dann am Donnerstag, Freitag und Samstag und niemand schien überrascht zu sein. Es war fast, als sei es eingeplant gewesen… die Leute stellten sich plötzlich an – drei Tage zu spät."

Währenddessen machten Joe von Buenos Aires aus einen Überraschungsanruf bei Denny Cordell, der in dieser Stadt aufgewachsen war. „Das Telefon klingelte um 4 Uhr früh. Ich nahm ab, sagte: 'Hallo!' Er sagte: 'Bist du wach, Liebling?' Ich antwortete: 'Ja.' Er sagte: 'Gut, ich wollte dir nur sagen, daß ich in deiner Stadt bin und sie ist das Arschloch der Welt!' Ich fragte: 'Okay, wo ist das?' Er sagte: 'Na dort, wo du geboren wurdest… Boooeyniz Airiz. Es ist das verdammte Arschloch der Welt und ich mußte dich einfach anrufen und dir das sagen.'

Die Tournee ging weiter hinauf nach Mexiko und es folgte eine Serie chaotisch organisierter Shows, von der Stierkampf-Arena bis zu einem Schulsaal. In Juarez kam die Gruppe sehr spät an, weil Nicky Hopkins nach einem heftigen Wortwechsel mit einem Veranstalter den planmäßigen Flug versäumt hatte. Sie hatten nur eineinhalb Stunden Zeit, um vom Flughafen zum Gig und wieder zurück zum nächsten Flug zu kommen, und die Stimmung war etwas gespannt. Als sie mit dem Mini-Bus am Auftrittsort – einem Basketballhalle – eintrafen, fanden sie eine feindselige Menge und bedeutend weniger Equipment vor, als ihnen vom Veranstalter vertraglich zugesichert worden war. Kevin Falvey: „Nicky spielte Klavier und ich Orgel und Synthesizer. Wir hatten all das angefordert und als wir dann ankamen, stand da eine Orgel! Das war's – eine für uns beide! Und sie funktionierte nicht! Vier kleine mexikanische Kids versuchten während der ganzen Show, sie zum spielen zu bringen – während die Menge mit Knallfröschen nach uns warf. Wir spielten etwa eine halbe Stunde und rannten zurück zum Bus. Bobby Keyes' Mutter war dabei... Warum? Wer weiß – aber es machte das Ganze noch verrückter. Sie hielt ihren Schirm über Joe's Kopf... es war heiß und wir rannten zum Bus. Sie war schwer verliebt in Joe – es war ein Affenzirkus!"

Nach Mexico war Joe's nächstes Ziel Caracas, Venezuela. Aufgrund der armseligen Organisation der mexikanischen Shows hatte Michael Lang Krach mit den Veranstaltern gehabt. Alle waren reisefertig, als der Tourmanager Hobie Cook losging, um die Flugtickets zu arrangieren. Michael Lang: 'Er kam zurück und ich fragte: „Alles klar mit dem Abflug?' Hobie antwortete: 'Klar, der Veranstalter hat die Tickets.' Ich sagte: 'Was meinst du damit – der Veranstalter hat die Tickets?' Hobie ließ manche Dinge etwas schleifen – ich hatte gerade einen ziemlichen Kampf ums Geld mit diesen Typen hinter mir – und hatte sie am Schluß so weit, uns zu bezahlen – und nun gab Hobie ihnen die Tickets! Ich wußte, jetzt waren wir in Schwierigkeiten! Hobie sagte: 'Nein, nein, nein... es ist alles in Ordnung – sie werden am Flughafen sein.' Wir kamen am Flughafen an, fertig zum Abflug – aber da waren keine Tickets! Der einzige Flug nach Caracas wurde aufgerufen – und flog ohne uns!"

Die einzige Möglichkeit, Caracas rechtzeitig zur Show zu erreichen, war via Amerika zu fliegen. Aber Joe, immer noch britischer Staatsbürger, hatte kein Einreisevisum. Es wurden Vereinbarungen getroffen, um für ihn eines bei der Botschaft in Caracas zu bekommen. Nachdem ihr Gepäck schon vom mexikanischen Zoll durchsucht worden war – bis hin zum Ausquetschen von Zahnpastatuben – kam die Gruppe in San Antonio, Texas, an, wo Joe die Einreise verweigert wurde. Keine Überredungskunst konnte den Einreisebeamten erweichen, Joe die Durchreise nach Caracas zu gestatten, und, um es noch schlimmer zu machen, wurde Joe verhaftet. Am nächsten Tag wurde er in ein Flugzeug zurück nach Mexiko gesetzt, wo er ein Rückreisevisum in die Staaten beantragte und nach Hause flog. Wieder einmal war eine abenteuerliche Tour zu Ende.

* * *

Die Australien- und Südamerikatourneen waren, wenn auch grotesk, Meilensteine in Joe's Entwicklung. Immer nervös vor jeder Show – er ist es selbst jetzt nach dreißig

Jahren noch – widerstand er trotzdem der Versuchung, sich mit Alkohol zu beruhigen, womit er früher eine Menge Shows zunichte gemacht hatte. Seine Stimme war jetzt in besserer Verfassung und Michael Lang hatte einen neuen Plattenvertrag zugesichert bekommen, der Gutes für die Zukunft erahnen ließ.

Als die Australientour noch in Gang war, hatten die Verhandlungen darüber bereits begonnen. Mit Aufnahmen von einigen Konzerten bewaffnet, flog Lang zurück nach Amerika, um sich mit Elektra/Asylum in Hollywood zu treffen. „Ich werde das nie vergessen, weil ich für drei Tage von Australien nach L. A. flog und sofort wieder zur Tournee zurückkehrte. Ich hatte die Aufnahmen mit und setzte mich mit Joe Smith und Steve Wax zusammen... spielte ihnen die Stücke vor und machte einen Deal... einen wirklich guten Deal. Dann flog ich zurück und beendete die Tour und als wir nach Hause kamen, begannen wir, das Album zusammenzustellen... das „Luxury You Can Afford"-Album.

* * *

Etwas vorher, kurz nachdem Michael Lang Joe's Management übernommen hatte, gab es einen Versuch, ihn wieder mit Denny Cordell in ein Studio in Los Angeles zu schicken. Innerhalb von zehn Minuten lag Joe auf dem Fußboden, verweigerte, sich von der Stelle zu bewegen und schlief ein, während die Musiker mit Cordell argumentierten. Diesmal wurde beschlossen, sich an Allen Toussaint, den berühmten Produzenten aus New Orleans, zu wenden. Toussaint war einverstanden und sagte später: „Mir gefiel immer die Art, wie Joe sich anhörte. Ich war schon sehr früh ein Fan von schwarzem Blues", aber als „Luxury You Can Afford" in den Criteria Studios aufgenommen wurde, schien Toussaint irgendwie widerwillig. „Es war eine seltsame Zeit in Allen's Leben" erinnert sich Michael Lang. „Er war sehr schwermütig während der ganzen Zeit und wollte nicht richtig loslegen. Wir hatten eine großartige Band – Richard Tee, Steve Gadd... Chuck Rainey... es kostete einen Haufen Geld, das alles zu machen."

Nach wochenlanger Arbeit mit diesen Musikern, Joe hatte eine Erkältung bekommen und für einige Zeit Schwierigkeiten mit seiner Stimme gehabt, wurde der Kern der American Standard Band nach Miami geholt. Sie nahmen 'Fun Time' auf, ein Allen Toussaint-Stück, 'Boogie Baby' – eine von den drei Nummern, die Phil Driscoll für das Album schrieb, und 'I Just Want To Rock And Roll Tonight', das nie erschien. „Wir machten das alles an einem einzigen Tag" erzählt Cliff Goodwin. „Die Stuff-Typen waren seit zwei Monaten da und sie hatten Allen Toussaint in Wirklichkeit benutzt, sie hatten ihn eingewickelt. Er wollte eine feurige Platte von Joe und diese Typen spielten ein bißchen Reggae und ein bißchen Blues... bei 'Fun Time' sagte Allen Toussaint zu uns, 'Ich hab' da ein Lied, das ich proben möchte ... ich habe eine Version auf Band, aber ich will sie euch nicht vorspielen'... alles, was er tat, war, es uns vorzusingen... 'Ungefähr so könnte es gehen'... er sang uns eine Strophe und verließ das Studio. Wie spielten uns für ein paar Stunden damit... wir probierten es aus... dann kam er zurück und sagte: 'Das ist es!'

Das Album war zu zwei Drittel fertig, als beschlossen wurde, daß noch etwas fehlte, und man ging in die Muscle Shoals-Studios nach Alabama. Sie arbeiteten viel und die restlichen Stücke waren schnell gemacht, mit Barry Beckett als Produzenten.

'Luxury You Can Afford' hat eine Menge All-Stars Gast-Musiker neben der Basisband. Mitglieder der berühmten Muscle Shoals-Rhythmus- und Hornsection sind zu hören, neben früheren Größen der Ray Charles-Band – Hank Crawford, David 'Fathead' Newman, Leroy Cooper, Marcus Belgrave und Philip Guilbeau.

Dr. John kam für zwei Stücke, dem atmosphärischen 'Southern Lady' und dem schnelleren 'What You Did To Me Last Night'; Donny Hathaway spielte bei dem biographischen 'Wasted Years' Klavier und auch bei 'Lady Put Out The Light', einer kraft- und schmerzvollen Ballade. Billy Preston spielte die Orgel auf 'A Whiter Shade Of Pale' – Komponist Gary Brooker erzählte Joe später, daß ihm die Version gefalle – und auch auf 'I Heard It Through The Grapevine', wo Rick Danko von The Band den Baß spielt. Beide Nummern, zusammen mit 'I Know (You Don't Want Me No More)' waren später dazugekommen, auf Bitten der Plattenfirma, die sehr auf die kommerzielle Seite achtete. Allen Toussaint schien dem scheinbar kein Gewicht zu geben, aber Joe weigerte sich, 'In The Midnight Hour' aufzunehmen, und erklärte dem Präsidenten von Elektra/Asylum, Steve Wax: „Ich muß euch erinnern, schließlich gehöre ich zur Elite-Schule des Soul!"

Mit 'Luxury You Can Afford' in der Tasche machte Joe eine kurze Pause, bevor es zur Promotion für das Album wieder losging. Vor etwas über einem Jahr hatte es so ausgesehen, als sei Joe's Karriere beendet gewesen. Die Hochs und Tiefs, die er immer wieder seit seiner Glanzzeit in den englischen Charts 1968 mit „With A Little Help From My Friends" überstehen mußte, schienen endlich vorbei zu sein.

Seine Plattenfirma hatte ihn aufgegeben; er hatte keinen Manager, keine Band und keine Erwartungen mehr gehabt. Mit einem großen Maß an Hilfe hatte er den Kurs gewechselt und die Zukunft begann, wieder freundlicher auszusehen. Aber der Kampf war noch nicht vorüber. Er war wieder auf der Leiter, aber es war noch immer ein langer, langer Weg.

Kapitel 12

1978 - 1981
So Glad I'm Standing Here Today

Musikalisch gesehen war Joe wieder voll auf der Höhe, aber in seinem Privatleben herrschte nach wie vor ein ziemliches Durcheinander. Irgenwelche Schmarotzer gaben sich bei ihm immer die Türklinke in die Hand, ließen ihn nicht zur Ruhe kommen und standen allen Bemühungen, sein Leben wieder in den Griff zu kriegen, nachhaltig im Weg. „Es hat ihn ständig wieder 'runtergezogen", sagt Michael Lang. „Das waren schreckliche Leute. Ich bin immer wieder hingegangen und war so lange unangenehm, bis sie von selbst abzogen . . . da waren einige echte Wracks darunter . . . sie waren ein Problem."

Anders als in alten Tagen hatte Joe aber kein Geld mehr zu verteilen. Jetzt war er derjenige, der unterstützt wurde - von seinem Rechtsanwalt, Michael Rosenfeld. „Er bezahlte meine Miete. Er sagte: 'Joe, ich weiß genau, daß du eines Tages wieder Geld verdienen wirst.'" Um aus dem Haus wegzukommen, zog Joe ins friedlichere Woodland Hills. „Ich wollte wieder versuchen, zu schreiben. Bobby Keys und Nicky Hopkins teilten sich mit ihren Frauen ein Haus - ziemlich nobel, mit Swimming Pool. Und ich war mit Eileen - und mit Daniel, aus der ersten Ehe - wir waren wieder zusammen - in diesem Drecksloch! Ich glaube, wir lebten dort insgesamt acht Monate, und ich setzte mich nicht ein einziges Mal ans Klavier. Das war ja die ursprüngliche Idee gewesen, aber die Umstände waren denkbar schlecht. Sie hatten sich das schönste Haus ausgesucht und mir gaben sie diese Hütte - so konnte es nicht laufen."

Aber auch die Versöhnung mit Eileen dauerte nicht lange. über die Jahre hinweg hatten sie unzählige Male miteinander gebrochen und waren dann doch wieder zusammengekommen. Es war eine sprunghafte, unstete Beziehung, zum Scheitern verurteilt. Eileen verschwand einfach und kam erst nach Monaten, manchmal auch erst nach Jahren wieder. Joe wurde dann immer weich und ließ sie 'rein. Ärger und Auseinandersetzungen folgten bald und Joe griff schließlich zur Flasche, um seine unvermeidlichen Depressionen zu überwinden. Aber nach einer weiteren Auseinandersetzung war es auf einmal nicht Eileen, die ging, sondern Joe. „Meistens bin ich ja ein verrückter Kerl, aber es gab einen Augenblick, in dem mir einiges dämmerte - schrecklich . . . Ich wohnte gerade mit Eileen in irgendeinem Haus in Hollywood und wir hatten großen Krach. Ich gab ihr mein Geld und haute ab . . . zog zwei Nächte lang durch Hollywood. Ich schlief unter einer Parkbank und plötzlich sah ich klar - und ich dachte: 'Um Gottes Willen! Das muß endlich aufhören!' Und da saß ich nun . . . und betrachtete mich selbst . . .

„Es regnet eigentlich nie in L. A. , aber ausgerechnet in diesem Augenblick fing es an zu pissen und ich verkroch mich in ein Bus-Wartehäuschen. Ich lag da, zusammengerollt, als dieser Typ kam und fragte: 'Hey! willst 'nen Kaffee?' Er dachte, ich sei einer dieser Wermutbrüder, ein Obdachloser. Aber ich wartete nur darauf, daß die Kanzlei meines Rechtsanwalts - es war am Montagmorgen - öffnete. Ich wollte hingehen und mir Geld holen . . . Und hier war ich nun und sah aus wie der schlimmste Penner . . . Ich sagte: 'Ich bin am nächsten Samstag im Fernsehen - das solltest du nicht verpassen!' Er zwinkerte seinen Freunden zu und sagte: 'So, so, da haben wir ja den Richtigen!' Und ich erwiderte: 'Nein . . . wirklich . . . Saturday Night Live . . . nächste Woche bin ich drin!' 'Ja, sehr gut . . . sicher! Trink doch noch 'nen Kaffee!' Und plötzlich klickte es!"

Bald danach fand das ewige Hin und Her mit Eileen sein endgültiges Ende. „Wir waren noch immer zusammen und auf einmal sagte sie, sie könne die Staaten nicht mehr ertragen, also ging sie nach Hause zurück. Sie bat mich, ihr dieses Haus in Sheffield zu kaufen, was ich auch tat. Dann kam ich dort mit meinem Koffer an und als ich hinging, sagte sie: 'Übrigens, das ist mein Freund!' Ich sagte: 'Tut mir leid, Liebes, aber damit kann ich nicht umgehen. ' - und das war's. Sie schrieb mir dann einen Brief . . . ungefähr '80 oder '81 . . . ohne Absender: 'Ich hoffe, wir hatten genausoviel gute wie schlechte Zeiten miteinander, und es ist alles verziehen. ' Und das ist es auch."

* * *

Im Sommer 1978 beschloß Joe, daß es Zeit sei, Los Angeles zu verlassen. Er fand ein Haus weiter oben an der kalifornischen Küste, auf einer Ranch oberhalb von Santa Barbara. Ruhig, abgelegen und den Pazifik überblickend, war es ein idealer Rückzug vor dem verrückten Leben, das er so lange Zeit gelebt hatte.

Laurel Springs Ranch gehörte der Filmschauspielerin Jane Fonda und war Veranstaltungsort von Sommer-Camps, für Kinder aller Gesellschaftsschichten, die dort Schauspiel und Malerei studierten. Der Letzte, der vor ihm in dem Haus gelebt hatte, war der Sänger Cat Stevens gewesen, er war vor einigen Monaten ausgezogen. Aber obwohl das Haus leerstand, lehnte Jane Fonda geradewegs ab, als sie von ihrem Makler erfuhr, daß Joe Cocker interessiert sei, es zu mieten.

Zu dieser Zeit verklagte ihn gerade sein früherer Vermieter des Hauses in Hollywood auf Schadensersatz für den an seinem Eigentum entstandenen Schaden - unter anderem auch das Fenster, das die Leute, die das Klavier mitgehen ließen, einfach herausgerissen hatten. Alle Zeitungen berichteten ausführlich darüber und Mrs. Fonda war der Meinung, ein Rockstar mit einem bereits angeschlagenen Ruf sei wohl nicht gerade der ideale Mieter.

Glücklicherweise war die Leiterin der Sommer-Camps, Pam Baker, ein Fan von ihm. Sie sprach sowohl mit dem Makler als auch mit Jane Fonda und schließlich vereinbarte man, daß Joe das Haus für 1. 500 Dollar pro Monat mieten könnte. Außerdem wurde eine Versicherungsklausel in den Vertrag aufgenommen, um die schlimmsten Ängste der Eigentümerin zu beruhigen.

Durch den Umzug nach Santa Barbara lösten sich viele Probleme in Joe's Leben. Pam Baker, die ihm bald, nachdem er angekommen war begegnete, erinnert sich: „Ich glaube, Joe fühlte sich richtig wohl dort; niemand nervte ihn und alle ließen ihn in Ruhe. Und man sorgte sogar dafür, daß niemand anders ihn störte. Um zu Joe's Haus zu gelangen, mußte man zuerst durch die Privatzufahrt der Ranch und an allen Hütten und Häusern vorbeifahren - so wußten wir immer sofort, wer kam und konnten Joe anrufen und fragen, ob er die Besucher sehen wollte. Das hielt eine Menge Leute fern, die einfach nur 'vorbeischauen' wollten und sie gaben es dann schließlich auf ..."

„Ich glaube, es war das erste Mal, daß er einen Platz ganz für sich alleine - und selbst die Kontrolle hatte. Er wußte, daß alles abgeschlossen war und von niemandem berührt werden konnte, wenn er nicht zu Hause war. Es war ein Platz, an den er 'nach Hause' kommen konnte - und er wußte, daß da Leute waren, auf die er sich verlassen konnte. Ich glaube, das hatte einen wirklich guten Einfluß auf ihn."

Anfang Oktober 1978 zog Joe in Santa Barbara ein, aber ein paar Tage später war er schon wieder unterwegs, um 'Luxury You Can Afford' zu verkaufen. Es war die erste Tour durch Amerika seit jenen dunklen Tagen mit Stuff vor zwei Jahren. Mit der American Standard Band und Bobby Keys, aber mit Mitch Chakour anstatt Nicky Hopkins am Klavier, startete die Tour in Washington. In einem Interview mit der *Washington Post*, gab Joe zu, ein bißchen nervös zu sein, ob sich die Leute an ihn erinnern würden - und wenn ja, wie. Er sprach von früheren Zeiten, die er eigentlich vergessen wollte, besonders von jener Zeit, als die Roadies ihm die Aufnahme eines Konzerts vorspielten und er nicht glauben wollte, daß er es war, der da sang. Er sprach auch von der Gegenwart: „Wir gehen nicht wegen des Geldes auf diese Tournee. Wir wollen den Leuten zeigen, daß wir wieder da sind und auch bereit, richtig loszulegen."

Die Tour führte von der Ostküste bis zur Westküste und zurück, durch Colleges und Clubs - achtundzwanzig Konzerte insgesamt. In der Royce Hall in L. A., Ende Oktober, musste Joe fünf Zugaben geben, ein paar Abende später erntete er ähnlichen Beifall im Old Waldorf in San Francisco. Am 3. November feierte er ein noch nicht dagewesenes Comeback vor den Rockfans von New York City.

Er eröffnete mit 'Delta Lady' und spielte dazwischen 'With A Little Help', aber die meisten Lieder stammten vom neuen Album. Eine Aufnahme des Carnegie Hall-Konzertes zeigt Joe mit starker Stimme - er singt ohne Anzeichen von Überanstrengung und mit einer Menge des alten Souls. Die Hörner dröhnen satt, während Clydie King, Ann Lang und Mona Lisa Young, die auch den Hintergrundgesang auf dem Album besorgten, in geradezu sprühender Form sind.

Die Band wurde durch Jimmy Karstein verstärkt, den Joe als 'speziellen Freund von mir' vorstellte und der Percussion spielte. Mit dabei an der Trompete Phil Driscoll, Songschreiber und später Evangelist. Am Ende wollte die Menge Joe nicht mehr von der Bühne lassen, er mußte vier Zugaben geben, bevor die Show für ihn vorüber war.

* * *

Die Promotion-Tour - „Sie versuchen, mich als den 'Vater des Punk' zu verkaufen" schrieb Joe auf einer Postkarte nach Hause - lief gut, aber trotzdem erreichte das Album nicht den Erfolg, den sich Elektra/Asylum erhofft hatte. Es verkaufte etwa 300.000 Stück und erreichte gerade Platz 76 der US-Charts, sogar noch eine niedrigere Plazierung als 'Stingray.' Die Kritiken waren unterschiedlich: Ben Fong-Torres bezeichnete das Album im *Rolling Stone* als Joe's „stärkstes Album seit Jahren", Nat Hentoff bezeichnete es als sein „so weit am meisten ausgereiftes Werk", während in England, wo das Album fast spurlos vorüberging, der *Musical Express* erklärte: „Cockers Stärke ist das Romantische und nicht das Schwülstige. Hier wird aber mit einer Menge von dem letzteren versucht, Format zu beweisen." Es war der Musikkritiker des *L.A. Herald Examiner*, der das Album als „unausgeglichen und hoffnungslos langweilig" abtat und die meisten negativen Gefühle zu Cocker's Platz im Rock der späten Siebziger ausdrückte: „Es ist zuviel passiert sei 'Delta Lady.' Für damalige Zeiten mag alles richtig geklungen haben, aber unsere Zeit ist heute eine andere. Joe Cocker mag heute in der Tat recht lebendig und gut sein, aber der Großteil der Musik, die man mit ihm verbindet, ist tot und vergangen."

'Luxury You Can Afford' sollte das einzige Album bei Elektra/Asylum bleiben. Nachdem klar war, daß es kein kommerzieller Erfolg werden würde, begannen die Probleme. Die Firma hatte ihm einen Vorschuß gegeben und hatte noch mehr Geld investiert, damit in den Muscle Shoals Studios aufgenommen werden konnte. Steve Wax, der damalige Direktor, hatte diese Vereinbarung mit ihm getroffen und im Anschluß an dessen Abschied von Elektra/Asylum wurde Joe auf 145.000 Dollar verklagt. Ohne einen schriftlichen Beweis dafür, daß Joe eigentlich nicht verpflichtet gewesen wäre, das Geld zurückzuzahlen, war er haftbar. Michael Lang: „Sie erwirkten ein Urteil gegen Joe, von dem wir während der Konzerte in L. A. erfuhren. Wir waren im Recht, doch hatten wir keine Möglichkeit, es zu beweisen." Und wieder einmal war Joe ohne Plattenvertrag.

Und ohne Barvermögen, wie die Britische Steuerkasse 1978 ermittelte. Seit seinem ersten Durchbruch in der Rockszene zehn Jahre zuvor hatte Joe keine Steuern bezahlt. Von 1972 weg, als Bernard Pendry die Buchhaltung übernahm, hatte dieser die Finanzkasse abgewehrt: „Wir schoben die Steuer jahrelang vor uns her. Wir machten einfach weiter und zahlten von Zeit zu Zeit einen kleineren Betrag und hofften, daß Joe irgendwann genug Geld bekommen würde um den ganzen Rest zu begleichen. Aber, wie so oft bei Steuerangelegenheiten, kommt einmal der Tag, an dem es nicht mehr weiter geht - wenn sie einen festnageln. Dann mußt man Farbe bekennen."

Obwohl nun in Amerika sesshaft, mußte Joe sich mit den Steuerbehörden einigen, damit er auch in Zukunft den Boden seines Heimatlandes betreten konnte, ohne sofort verhaftet oder mit gerichtlichen Verfügungen konfrontiert zu werden. Er erinnert sich an diese heikle Situation: „Ich schuldete ihnen ungefähr 90.000 Pfund und Bernard wandte sich an die Finanzbehörde und sagte: 'Unmöglich, Joe hat das Geld nicht, aber er kommt gerade wieder auf die Füße . . . er macht wieder Plattenaufnahmen . . . wenn er es vielleicht in Raten von 10.000 Pfund zahlen könnte . . . ' Die Antwort lautete: 'Mit der Regierung Ihrer Majestät macht man keine Geschäfte!' und er sagte: 'Nun gut, dann wird er morgen früh den Konkurs erklären und ihr werdet keinen Penny kriegen.' Also stimmten sie schließlich dem Vorschlag zu - und ich zahlte die Schulden ab . . . ich war froh . . . ich weiß nicht, ob es an meiner Erziehung liegt, jedenfalls war es für mich immer wie eine schreckliche Sünde, Bankrott zu gehen.“

Bernard Pendry erinnert sich noch genau an die vereinbarte Summe von 75.000 Pfund, die in halbjährlichen Raten von je 5.000 Pfund zurückgezahlt werden mußte - aber die Einzelheiten seiner Geschäftsangelegenheiten haben Joe nie besonders interessiert. Der Buchhalter erinnert sich auch an eine amüsantere Auseinandersetzung mit der Finanzbehörde über einen Absetzposten für Bühnenkleidung. „Sie riefen mich an und der Beamte sagte: ‘Hören Sie doch auf! Ich habe Joe Cocker gesehen und das Einzige, was er trägt sind schäbige, alte T-Shirts.’“

* * *

Nach der beständigen, wenn auch unauffälligen Genesung und Wiederherstellung in der Zeit zwischen 1977 und 1978, brachte das folgende Jahr nur wenig neue Entwicklungen. Im Mai sollte Joe zu einer Tour nach Australien - unter dem ominösen Titel „The Calm Before The Storm“ - aufbrechen. Der Ticketvorverkauf lief bereits auf Hochtouren, als die Tournee eine Woche vor Beginn abgesagt wurde, weil die American Standard Band ausgefallen war.

Seit ‘Luxury You Can Afford’ hatten die ehemaligen Begleitmusiker selbst einen Plattenvertrag bei Island Records. Ihr erstes Album sollte ungefähr zum Zeitpunkt der Australien-Tour erscheinen und ihr Manager, Dan Cole, entschied, daß sie zu Hause bleiben sollten, um Werbung für die Platte zu machen. So kündigte er die Vereinbarung mit Joe Cocker, dem nun keine Zeit mehr blieb, eine andere Band zusammenzustellen und deswegen die Australien-Tour absagen mußte. „Michael raste vor Wut“, erinnert sich Kevin Falvey. „Er wurde von den Veranstaltern in Australien verklagt und wir taten schließlich nichts mehr, als ein paar Plattenläden zu eröffnen. Dan stellte nichts anderes auf.“ Das Album von American Standard bekam ganz gute Kritiken in den Musikzeitschriften, wurde aber kein nennenswerter Verkaufserfolg. Die Band ging kurz danach wegen Problemen zwischen ihrem Manager und Island-Boss Chris Blackwell auseinander. Im Spätsommer 1979 organisierte Michael Lang ein Tourpaket durch Europa, anläßlich des zehnten Jahrestages des Woodstock-Festivals. ‘Woodstock in Europe’ bestand aus Joe Cocker, Arlo Guthrie, Richie Havens und Country Joe und dem englischen Blues-Pionier Alexis Korner, der auch die Ansagen machte. Joe spielte diese Tour, übrigens seine ersten Auftritte in Europa seit 1972, mit einer Band, die Mitch Chakour mit Musikern aus New England, die zu dieser Zeit in L. A. wohnten, zusammengestellt hatte. Michael Thompson spielte Gitarre, Trey Thompson Bass, Jimmy Lang Keyboards und am Schlagzeug saß B. J. Wilson, der frühere Procul Harum-Mann, der schon bei „With A Little Help From My Friends“ mitgespielt hatte.

Die europäischen Zuhörer bereiteten Joe ein freudiges Wiedersehen. In Deutschland gab es vier Open-Air Konzerte, auf denen, wie die Presse sagte, „Joe jeden unter den Tisch gesungen hat.“ Abgesehen von einem Auftritt - dort erlebte die Menge ein Desaster bei dem Joe heute noch zusammenzuckt, wenn er sich daran erinnert: „Es war irgendein Amphitheater, wo Hitler immer seine Phrasen gedroschen hatte. Wir saßen in diesem

kleinen Wohnwagen und der Veranstalter sagte: 'Joe, ich habe hier diesen Stoff . . . ich lasse ihn dich probieren, wenn du mir versprichst, es deinem Manager nicht zu verraten.' . . es gab damals verschiedene Sorten von LSD. . . PCP. . . Ich nahm alles in diesen Tagen. . . . Er sagte 'Er würde mich umbringen, wenn er erfährt, daß ich dir diesen Stoff gegeben habe.' . . . und ich sagte 'OK.' . . er gab mir ein Gramm, während er sagte: 'Soviel wie ein Stecknadelkopf ist alles, was du davon brauchst, um abzuheben.' . . er gab mir den Stoff und ich sehe Michael, wie er sich dem Wohnwagen nähert. . . und ich nahm das ganze Gramm und zog es mir in die Nase! Eine halbe Stunde später kam er zurück und sagte 'Joe, Zeit für den Auftritt.' . . und ich konnte nichts mehr sehen - es war wie in einem Schneesturm. . . ich hatte eine schreckliche Überdosis. . . Michael drehte durch. . . 'Wer hat dir dieses Zeug gegeben ?' Ich sagte ihm die Wahrheit und der Veranstalter hat mich danach dafür gehaßt. . . ich war weggetreten. . . Michael erzählte mir später, daß ich auf die Bühne rausging, vier Lieder sang und dann 'Gute Nacht' sagte. Er meinte, es sei das schlechteste gewesen, das ich jemals in meinem Leben gemacht habe. . . da waren noch ein paar bedauerliche Zwischenfälle. . . aber ich bin froh, daß diese Tage vorüber sind. . ."
'Woodstock in Europe' war für Joe eine Art Lückenfüller, den er nicht wirklich genießen konnte. Noch immer mangelte es ihm an Selbstvertrauen und er war für die diversen Versuchungen der Rockwelt sehr anfällig, was Monate oder sogar Jahre mühevoller Aufbauarbeit mit einem Schlag zunichte machen konnte. Ein anderer Grund war, daß er als 'Star von Gestern' verkauft wurde, sozusagen als ein Relikt der Sechziger. Joe Cocker hat seine schwachen Seiten, wie er gerne zugibt, sich auf früheren Lorbeeren auszuruhen, aber hier war es nicht so.

* * *

Kaum hatten die achtziger Jahre begonnen, machte Joe eine ganze Reihe von Tourneen, die von einer neuen Generation von Rockfans in aller Welt mit Jubel aufgenommen wurden. Obwohl er Amerika nicht mit dem gleichen Schwung wie zehn Jahre davor erobern konnte, würde seine neue Fangemeinde in Europa, Israel, Japan und Australien für ausverkaufte Konzerte und hitverdächtige Plattenumsätze garantieren.

1980, als Tom Sullivan der neue Tourneemanager von Joe Cocker wurde, sah nicht alles so rosig aus: „Wir spielten in allen möglichen Clubs und Bars und das schien mir nicht angemessen für Joe. Es gab eine Menge Streit ums Geld bei diesen Gigs, und wenig Respekt."

Die Amerika-Tournee begann im Royal Oak Theatre in Detroit und führte von dort in einen winzigen Club nach Toronto, Canada, wo auch gleich die ersten Geldprobleme auftauchten. Wenigstens der Kritiker der Lokalzeitung *Globe & Mail* schätzte die Situation richtig ein: „Es ist schwer in Worte zu fassen, wenn man eine dramatische Show wie die von Joe Cocker beschreiben will, an einem Ort, an dem die Fans die Qual in seinem Gesicht aus nächster Nähe erleben, wenn er seine prägnanten Verse von irgendwo unterhalb seiner Kniekehle heraufzuholen scheint." Tom Sullivan hatte seinen Job von Hobie Cook übernommen. „Ich erschien zum ersten Mal bei einer Probe, Hobie war da, klopfte mir auf die Schulter und sagte: 'Viel Glück, du wirst es brauchen!' und er verschwand. Ich wußte nicht genau, wovon er eigentlich sprach, obwohl ich schon so einiges von Joe gehört hatte."

Er sollte es bald herausfinden. Tom, Sohn des bekannten Country-Songwriters Gene Sullivan, war in Oklahoma City aufgewachsen und im Studio seines Vaters hatten J. J. Cale und Leon Russell Demo-Bänder aufgenommen. Tom kannte das Rockleben, er hatte bereits für Kiss und Blood Sweat & Tears als Roadie gearbeitet. Trotzdem, auch er war erstaunt über die Anzahl von Parasiten und Problem-Typen aus Joe's Vergangenheit, die ständig an allen Ecken auftauchten. „Eine Menge Leute waren immer um ihn herum und ich wußte nicht, wer sie waren. . . aber ich sollte sie bald kennenlernen. Die meisten kamen mit leeren Taschen, hofften, eine gute Zeit mit Joe zu haben und mit gefüllten wieder abzuziehen. Joe hatte einfach Mitleid und ließ sich leicht einwickeln, wenn man ihm sein Schicksal klagte. Ich habe damit viel schlechte Erfahrungen gemacht."

„Nicht alle Leute aus Joe's Vergangenheit waren so, es gab auch eine ganze Menge sehr netter Leute. . . aber mit einigen der anderen Sorte hatte ich öfters Streit. . . manchmal habe ich auch ziemlich rumgebrüllt, um die Wette geschrien. . Da gab es ein Mädchen aus San Francisco, ich wußte nicht, wer sie war, aber sie machte den Eindruck, als wäre sie nicht ganz dicht im Kopf. Sie wollte unter allen Umständen zu Joe in die Garderobe, aber Joe wollte nichts von ihr wissen und sie lief die ganze Zeit schreiend durch die Halle, rüttelte an allen Türen... wollte mich umbringen, wenn sie Joe nicht findet... wir mußten schließlich die Polizei rufen, um sie wegbringen zu lassen. Ich wußte nicht, wozu sie im Stande war, ein Mädchen aus der Vergangenheit - und das war alles, was ich von ihr wußte. . . . !"

Die Tournee führte weiter durch Kanada und die Westküste, hauptsächlich in Clubs und nur ab und zu einmal in ein Theater oder eine richtige Konzerthalle. Cliff Goodwin und Howie Hersh waren wieder in der Band, nachdem American Standard sich getrennt hatte, und B. J. Wilson war von der 'Woodstock in Europe' - Tournee geblieben.

Im Juli gab es eine weitere Club-Tournee, dieses Mal an der amerikanischen Ostküste, mit dem Keyboarder Bob Leinbach und Ann Lang, Beth Anderson und Maxime Green als Back-Up-Sängerinnen. Der Höhepunkt war ein Konzert im New Yorker Central Park am 12. Juli, vor 20.000 Zuhörern. Das war die größte Show, die Joe seit Jahren in den Staaten gemacht hatte und wurde für ein Live- Album mitgeschnitten, das nur in Japan und Australien erschienen ist. „Live in New York" leidet zwar unter der relativ schlechten Aufnahmequalität, gibt aber ein sehr klares Bild von Joe's wiedergewonnener Stimmstärke. Es beinhaltet zwei Songs, die nie zuvor auf Studio-Platte erschienen sind - Bob Leinbach's 'So Blue' und Daniel Moores 'Sweet Forgiveness', neben einer höchst eindringlich gespielten Version von 'Guilty.'

Kaum von den Sommerkonzerten erholt, machte Joe sich auch schon wieder auf, um im Herbst noch in ein paar Clubs in Amerika zu spielen und anschließend zurück nach Europa zu fliegen. Das erste Konzert war in Dublin, wo er von den irischen Fans im National Stadium begeistert empfangen wurde. Danach stand ein Auftritt in Belfast auf dem Kalender, wo sich der Sound-Mixer Rod Libbey versehentlich auf der falschen Seite der Sicherheitssperren fand, als er Fotos am Weg zur Show knipste. „Sie stoppten das Auto und zogen einfach den Film aus meiner Kamera. . . irgendjemand war am Nachmittag ohne Kopf gefunden worden, ganz in der Nähe, wo wir spielten. Es war richtig beängstigend... Ich weiß nicht einmal, ob es Polizisten oder Soldaten waren, aber ich hatte eine Riesenangst!"

Weiter ging's nach Italien, Frankreich Holland und Deutschland, wo Joe schon im Jahr davor eine Kostprobe seines Comebacks gegeben hatte. Damals hatte ihn Peter Rüchel, Programmdirektor der deutschen Fernsehshow *Rockpalast*, bei seinem Auftritt in Düsseldorf verfolgt und war beeindruckt genug gewesen, um ihn 1980 in seiner Sendung zu engagieren, die im Metropol in Berlin aufgezeichnet wurde. *Rockpalast 80* war ein Riesenerfolg. Von der Eröffnungsnummer 'Feelin' Alright' an ließ Joe keinen Zweifel an seinem wiedergewonnenen Format. Er rockte durch acht seiner bekanntesten Songs und erzählte in jeder Pause in einem Interview Bruchstückhaftes aus den letzten Jahren. Die Sendung war eine perfekte Gelegenheit, sich seinen europäischen Fans wieder ins Bewußtsein zu bringen, und Joe nützte sie, optisch wie musikalisch - die Show wurde bereits mehrmals im deutschen Fernsehen wiederholt.

Die Tournee brachte auch einen personellen Wechsel in der Band mit sich. Larry Marshall ersetzte Bob Leinbach an den Keyboards und fand die Proben anfangs schrecklich nervend. „Joe starrte mich immer so an, als wollte er sagen 'Wer ist dieser Typ eigentlich?...' ich fragte Mitch 'Jedesmal, wenn ich ihn anschaue, dann sieht er so verdammt ernst aus. Was soll ich bloß tun?' Woraufhin Mitch meinte: 'Schau einfach nicht mehr hin!'"

Larry Marshall gewöhnte sich bald ein und blieb sieben Jahre in der Band. Aber während dieser ersten Europa-Tournee begann er sich zu fragen, ob er denn wohl auch die richtige Entscheidung getroffen hätte. „Ich konnte einfach nicht glauben, was sich auf der Tournee alles so abspielte, ein Tag war verrückter als der andere. 'Was habe ich bloß mit meiner Karriere getan?' fragte ich mich damals immer wieder."

Larry erinnert sich an eines der seltsameren Erlebnisse in Italien, wo er es geschafft hatte, mit Michael Lang, dem Manager, in eine Bar zu fliehen, um ein wenig Ruhe zu finden. „Wir saßen da so in der Bar, hatten ein paar Drinks, ein angenehmes Gespräch und auf einmal kamen Joe und B.J. mit der Roadcrew herein. . . . 'Oh nein.' Sie setzten sich und einige Mädchen kamen an unseren Tisch, wobei eine sich mit einem zerbrochenen Champagnerglas plötzlich beginnt, das Handgelenk aufzuschneiden, unmittelbar vor unseren Augen! Der Barkeeper kam herüber, brachte ihr ein neues Glas Champagner und ein Pflaster für ihr zerschnittenes Handgelenk - und sie nimmt das Glas, hält es sich an ihren Hals und droht damit, sich die Kehle durchzuschneiden. Joe und B. J. sagten zu ihr 'Schätzchen, was ist los mit dir? Warum möchtest du dir so etwas antun? Du bist ein so nettes Mädchen und hast noch dein ganzes Leben vor dir.' Aber sie wollte es nicht lassen, also packte ich sie schließlich an den Schultern und schrie sie gehörig an: 'Wie kannst du es wagen, unseren ganzen Tisch hier mit Blut zu bespritzen. Mach das gefälligst woanders. Laß' das Glas fallen oder ich hau dir eins in die Fresse!' Sie ließ es erschrocken fallen... und Joe starrte mich an und sagte: 'Rohling!'"

„Das ist der Unterschied zwischen Engländern und Amerikanern!" lacht Joe. „Michael hatte sich einen Mercedes gemietet und wir waren am Weg zurück ins Hotel, es war eigentlich nur ein paar hundert Meter entfernt, aber wir fuhren und fuhren und alles wird immer düsterer... Michael und Larry sitzen vorne und B.J. und ich hinten... zusammen waren wir einfach unverbesserliche Trinker... und er liegt flach, schnarchend... schließlich fallen mir auch die Augen zu, ich höre nur noch: 'Michael, wir haben uns verfahren. Total verfahren...', dann bin ich weg. Ich wache auf von einem Stoß in die Rippen und höre B.J.: 'Joe - ganz ruhig....' und ich 'Was, was ist los?...' 'Ganz ruhig bleiben' und im nächsten Moment höre ich ein fürchterliches Palaver auf italienisch und Michael sagt, 'Joe, fang' ja nichts an!...' dann seh' ich diese Typen mit automatischen Gewehren und die waren alle auf uns gerichtet, diese häßlichen Repetiergewehre, die 23 Schuß pro Sekunde abfeuern können.

„Michael sagt 'Joe, sie wollen, daß wir aussteigen...' ich bin in einer launischen Verfassung, gerade aufgewacht und sage 'Guten Abend, die Herren' und die Kerle bequatschen uns auf italienisch. 'Hände hoch!' 'Was?...' und Michael zu mir 'Joe, mach' einfach, was sie sagen... MACH ES!' Also stellen wir uns alle mit erhobenen Händen ans Auto und ich drehe mich um und frage 'Wißt ihr überhaupt, wer ich bin?...' Michael unterbricht mich 'Nicht jetzt, Joe... BITTE nicht jetzt!' und ich weiter 'Nun, habt ihr irgendeine Ahnung, wen ihr vor euch habt?...' und der eine Typ, er muß ein wenig Englisch verstanden haben, deutet mit seiner Pistole auf mich... und ich sage 'Ich bin der - wahrscheinlich - beste weiße Bluessänger... in Italien... na ja, in Mailand... heute abend!'"

Worauf Joe, wie sich Larry Marshall, der ebenso wie Michael Lang eine Berretta in seinem Nabel verspürte, erinnert, „zu Boden sank und wieder einschlief. Die Italiener starrten ihn an und beginnen plötzlich: 'Joe Cockair! Joe Cockair!' zu rufen, rüttelten ihn wach und verlangten Autogramme!... Junge, Junge, ich fühlte die Kugel schon im Bauch!"

* * *

Anfang November endete die Europatournee mit zwei Konzerten im Venue in London, wo es am ersten Abend wegen einem Streit um Joe's Bezahlung eine ziemliche Verspätung seines Auftritts gab. Die Vereinbarung, die Gage im voraus zu kassieren, kann im Rock'n Roll-Geschäft zu solchen Verzögerungen führen, denn es kann mitunter auch passieren, daß ein Veranstalter mit dem Geld über alle Berge ist, bevor das Konzert zu Ende ist. In Philadelphia spielte die Band bereits das Intro und Joe ging gerade auf sein Mikrophon zu, als Tom Sullivan herausschoß und ihn zurückzerrte, weil die Veranstalter sich weigerten, zu bezahlen. Die Band improvisierte zehn Minuten lang und hatte keine Ahnung, was los war, bis die Gage beglichen war und Joe wieder herauskam.

Das Venue war total ausverkauft und die Zuschauer waren bereits unruhig geworden und hatten angefangen zu buhen. Das änderte sich aber schlagartig, als Joe, mit seiner Gage sicher in der Tasche, auf die Bühne kam und einen, wie der Londoner *Evening Standard* es beschrieb „blendenden Auftritt mit einer makellos gut zusammenspielenden Band" ablieferte, während der Reporter von *Sounds* unbeeindruckt befand, daß ein kugelbäuchiger Joe Cocker in den Achtzigern auf der Bühne nichts mehr verloren hätte. „Das hat mich schon etwas getroffen." gab Joe später zu. Nach dem Konzert schienen sich die Reporter in erster Linie für die vorangegangenen Unstimmigkeiten zu interessieren. Dazu erklärte Joe: „Ich kümmere mich nicht um Geld, und genau das ist es, was mein Leben immer wieder durcheinanderbringt. Ich bin erleichtert, jetzt einen guten Manager zu haben, der mich davor bewahrt, mit Kleinigkeiten wie Geldeinsammeln beschäftigt zu sein."

* * *

1980 hatte Joe größtenteils auf Tourneen verbracht, und 1981 sollte nicht viel anders werden. Elektra/Asylum hatte nach dem Mißerfolg von 'Luxury You Can Afford' den Plattenvertrag nicht mehr verlängert und es war auch kein weiterer in Aussicht. Es blieb also nicht viel anderes übrig, als durch unzählige Konzerte den verlorenen Ruf Stück für Stück zurückzugewinnen.

Michael Lang: „Ich glaube, wir waren damals insgesamt zweieinhalb Jahre ohne Vertrag... wir sind die meiste Zeit unterwegs gewesen... viel Provinzstädte... und Joe kam langsam wieder in Form... sein Wille kehrte zurück, sein Leben endlich in den Griff zu kriegen. Ich glaube, wir haben diese Zeit gut genützt... und sein Comeback in Australien und Europa langsam aufgebaut - als Grundstock für alles weitere."

* * *

Im Mai 1981 brach Joe zu einer weiteren Tournee rund um den Erdball auf. Vorher kam es noch zu einem unangenehmen Wiedersehen im Dick-Clark-Theater in Terrytown, New York mit Leon Russell, dessen eigene Karriere eng mit Joe und den Mad Dogs & Englishmen verknüpft war.

Die Cocker-Truppe hatte gespannt auf diesen Termin gewartet, seit bekannt geworden war, daß Joe und Leon für dieselbe Veranstaltung gebucht waren. Rod Libbey: „Wir fürchteten den Tag ... aber er kam immer näher und plötzlich war es soweit ... Keine Chance, wir müssen spielen!... Und eine Stunde vor dem Auftritt erklärt Joe: 'Unmöglich, ich eröffne nicht für ihn'... das Konzert war ausverkauft ... jedenfalls ist Leon dann als erster 'raus ... mit so einer komischen Country-Band, mit Mandolinen und so, aber es war eine gute Show und das Publikum war begeistert ... bis Joe seinen Auftritt hatte und mit einem Glitzern in den Augen LOSRÖHRTE, daß die Halle vom ersten Moment an tobte! Und alle warteten, ob Leon für einen Song mit Joe rauskommen würde – aber er kam nicht."

Wenn sie auch nicht miteinander spielten, so kam es doch zu einer Begegnung. Joe: „Er war wie immer – absolut cool. Er sagte nur 'Genießt du dein Leben? Das ist das Einzige, wofür wir hier sind ... genießt du, was du machst, Joe?' Und ich antwortete 'Ja, es geht so.' Das war das letzte Mal, daß ich etwas von ihm gehört oder gesehen habe."

Weiter ging's quer durch Europa und anschließend nach Australien, wo Joe in die Fernsehshow von Michael Parkinson, einem Engländer ebenfalls aus Yorkshire, eingeladen wurde. Als letzter Stop der Tournee stand Japan auf dem Kalender, Joe's erster Besuch in einem Land, in dem er hauptsächlich durch seinen Auftritt in dem Woodstock-Film bekannt geworden war. Drei Konzerte waren geplant, in Ngoya, Osaka und in Tokio, wo selbst ein Taifun Joe nicht daran hindern konnte, die Bühne in Yoyogi Park zu betreten.

Cliff Goodwin: „Ich konnte nicht glauben, daß wir in einem derartigen Unwetter auftreten sollten – in der Nacht davor hatte es Sturmwarnungen wegen eines Taifunes gegeben ... 'Bleiben Sie im Hotel'und so weiter...„ Aber sie spielten trotzdem vor einer begeisterten Zuschauermenge, unter der sich auch Glyn Senior befand, ein alter Fan aus den ersten Sheffield-Tagen, der seit der Mitte der Siebziger in Japan lebte. Er erinnert sich... „Im Falle von Joe war seine Unbekümmertheit sein Segen – jeder andere hätte sich wahrscheinlich geweigert, unter solch lebensgefährlichen Bedingungen aufzutreten.“

Larry Marshall spielte die ganze Show mit hochgerollten Hosenbeinen und war bemüht, keine Metallteile zu berühren. „Sie mußten bereits Eimer unter das Zeltdach hängen und alle paar Minuten wischte ein Typ das Wasser von der Bühne ... das japanische Fernsehen filmte die Szenerie von einem Hubschrauber aus und ich hatte diesen Helikopter-Sound in meinem Sythesizer programmiert ... genau als Joe die Bühne betrat, drücke ich den Helikopter-Knopf und Rod drehte am Mischpult die Lautstärke voll auf ... Joe sprang zurück, wollte sich schon flach auf den Boden werfen ... dachte wohl, der Hubschrauber kommt ins Zelt oder der Taifun ... und das Publikum tobte wie verrückt!“

Mit dem Ende der Tournee kehrte Joe nach Sheffield zurück, um Weihnachten mit seinen Eltern zu verbringen. Mit alten Freunden wie Ray Stuart und Kenny Slade zog er durch alle Stammkneipen und gab sogar ein spontanes Konzert im Pheasant Inn, zusammen mit Frank White, einem seiner Mitmusiker früherer Tage.

Joe hatte Grund genug, das abgelaufene Jahr zu feiern. Neben seiner verbesserten körperlichen Verfassung und erfolgreichen Auftritten auf allen Kontinenten war ihm auch ein vielbeachteter Wiedereinstieg ins Plattengeschäft gelungen – als Gastsänger auf dem Crusaders-Album ,'Standing Tall'. Es hatte damit begonnen, daß Joe Sample, der Keyboarder der Crusaders, ihm einen Song, 'L. A. Lights', etwa ein Jahr zuvor angeboten hatte. „Es war ein komplizierter Song und nach einer Weile bekam ich einen Anruf und wir trafen uns in Los Angeles ... Joe sagte: ,Wir haben hier noch zwei Songs für dich... 'This Old World's Too Funky For Me' war der eine, 'I'm So Glad I'm Standing Here Today' der andere. Joe Sample und Will Jennings, Texter, hatten bereits beim Komponieren an mich als Interpreten gedacht. Sie sagten: ,'Mann, wir haben diese Songs nicht für irgendwen geschrieben, wir haben sie für dich geschrieben!'“

Der Text von Will Jennings zu 'I'm So Glad I'm Standing Here Today' entsprach in vielem wirklich Joe's Leben zum damaligen Zeitpunkt und das Angebot der Crusaders, den Song mit ihnen aufzunehmen, zeugte von einem großen Vertrauen in einen Sänger, dem kein Label mehr einen Vertrag geben wollte. Joe erfüllte diese Erwartungen komplett, obwohl ihn die Aufnahmen damals „...ziemlich bewegten“, wie er später sagte.

Im Februar war Joe auf den Bahamas, als er erfuhr, daß die Single 'I'm So Glad' für einen Grammy in der Kategorie Gospel nominiert worden war. Er wurde eingeladen, gemeinsam mit den Crusaders bei der Grammy-Verleihung aufzutreten und er flog zusammen mit Michael Lang nach Los Angeles. Alle Befürchtungen, er könnte den Anforderungen eines derartigen Auftrittes nicht entsprechen, waren unbegründet.

Michael Lang: „Es war ein absolut historischer Augenblick. Er kam heraus, sang und alle waren wie gebannt. Es war das Bewegendste, das ich je bei einer Grammy-

Verleihung erlebt habe … es war bewegender, als Tina Turner's großes Jahr, bewegender als alles andere … so völlig unerwartet, daß niemand darauf vorbereitet war. Er kam einfach heraus und hat sie weggeblasen!"

'I'm So Glad I'm Standing Here Today' hat keinen Grammy gewonnen, aber eine Menge Aufmerksamkeit durch die Fernsehübertragung in den Vereinigten Staaten erregt. Über den Auftritt im Shrine Auditorium in L.A. sagt Joe: „Es war ein großartiger Triumph – besonders, als alle am Ende des Songs stehend applaudierten!"

Kapitel 13

1982 - 1984
Up Where We Belong

Joe war gerade dabei, sein 'Sheffield Steel'-Album in den Compass Point Studios von Island aufzunehmen, als er die Einladung zur Grammy Verleihung erhielt. Seit zweieinhalb Jahren ohne Plattenvertrag, war er von Chris Blackwell wieder aus dem Abseits geführt worden, der sich schon 1968 nach 'Marjorine' zum ersten Mal um seine Karriere gekümmert hatte. In den Nachwirkungen von Mad Dogs & Englishmen hatte sich Blackwell zurückgezogen, aber nun, schon lange ein Bewunderer seines Talentes, bot er ihm die goldene Chance, seine stillgelegte Aufnahmekarriere wiederzubeleben.

Auslöser war ursprünglich die Freundschaft zwischen Joe's Gitarristen Cliff Goodwin und dem Island Techniker Alex Sadkin. Sie trafen sich zum ersten Mal bei den Sessions zu 'Luxury You Can Afford' in Miami, und Sadkin, der wenig später zu Island Records wechselte, sorgte dafür, daß die American Standard Band ihren Plattenvertrag behielt. Cliff Goodwin: „Ich flog in den Urlaub auf die Bahamas. Ich wollte Alex Sadkin treffen, der gerade ein Grace Jones-Album in den Compass Point Studios produzierte, und ich wollte auch Robert Palmer besuchen, auf dessen Album 'Secrets' ich mitgespielt hatte... es war nur ein Besuch bei Freunden. Und Chris Blackwell sagte: 'Wie geht es Dir? Bist Du immer noch mit Joe zusammen?', und ich: 'Ja'... 'Was macht er?'... 'Nun, es geht ihm gut.' und er: 'Trinkt er immer noch?'... 'Sicher trinkt er und er wird wohl nie aufhören zu trinken. So ist er nun einmal!' Ich denke, er war über meine Ehrlichkeit erstaunt, ich versuchte nicht, zu beschönigen.... ich sagte nicht: 'Er ist der Größte!'... Und bevor ich mich versah, war Joe dabei, Songs für 'Sheffield Steel' aufzunehmen."

'Sheffield Steel' wurde von Chris Blackwell und Alex Sadkin produziert, unter der bemerkenswerten Mitarbeit der Reggaestars Sly Dunbar und Robbie Shakespeare. Cliff Goodwin und Larry Marshall kamen nach Nassau und spielten auf ein paar Nummern – 'Don't Talk To Me' und 'Lay Down, Lay Down', aber, wie Cliff sagt, gefiel Chris Blackwell nicht, was er hörte und er schnitt sie wieder 'raus. Nur ausgewählte Instrumentaltalente der Island Haus-Band, die Compass Point All – Stars, sind auf 'Sheffield Steel' zu hören.

Chris Blackwell's ursprüngliche Idee schockierte Joe. „Er wollte, daß ich Country und Western Songs mit einem Reggae-Feeling singe." Aber als Joe sich auf den Weg machte, den Island-Boss zu treffen, nahm er einige Demobänder mit, z. B. 'Shocked' und 'Look, What You've Done', und als die Band die Songs dann ausprobierte, wurde klar, daß Joe seine Songs selbst am besten auswählte. Die Produktion war eine andere Sache. In einem Interview mit Fred Schuers vom *Musician* sagte Alex Sadkin: „Alles, was wir versuchen, ist, Joe's Stimme zu unterstützen, damit jeder sie mit all ihren Ecken, Narben und Weichheiten hören kann. Sicher, mit interessanten Instrumentaltracks, aber ohne weibliche Hintergrundstimmen. Es wäre einfach gewesen, sie auf jeder Nummer singen zu lassen, es hört sich einfach gut an. Aber Chris Blackwell wollte etwas Neues, Frisches. Es ist gefährlich, aber Joe schafft es."

'Sheffield Steel' klang jedenfalls anders als alles, was Joe bisher gemacht hatte. Einfache Arrangements und ein starkes Reggae-Feeling, Sly's Snare Drum und Robbie's Baß sind vom ersten Takt des ersten Songs 'Look What You've Done' treibend zu hören. Mit Ausnahme von zwei Nummern – nämlich 'Sweet Little Woman' von Ex-Free-Bassisten Andy Fraser und 'So Good, So Right', einer Cover-Version von Brenda Russell – ist nur Joe's Stimme zu hören. Barry Reynolds verzerrte Gitarre klingt gut und niemals zu sehr im Vordergrund auf Steve Winwood's 'Talking Back To The Night' und „Shocked", während die zwei Balladen – Randy Newman's 'Marie' und Jimmy Webb's 'Like Always' – sich eine Reminiszenz an das 1974 erschienene „I Can Stand A Little Rain" Album anhören.

Joe holte mit 'Seven Days' einen weiteren obskuren Bob Dylan-Song aus der Versenkung, während seine Version von 'Ruby Lee' einen großen Freiraum für den Perkussionisten Sticky Thompson ließ. Aber der Höhepunkt von 'Sheffield Steel' ist 'Many Rivers To Cross', auf dem die Wind-Effekte von Wally Badavous' Synthesizer direkt in ein Orgel-Intro für Joe münden, dessen Interpretation des Jimmy Cliff-Klassikers klingt, als wäre der Song speziell für ihn geschrieben.

Dem Großteil der Kritiker gefiel 'Sheffield Steel'. „Eine triumphale Wiederkehr des unangefochtenen Königs des Croup-Rock" meinte die *New York Post.* „Die beste Arbeit seit Jahren" – *Vancouver Sun.* „Ein schönes Cocker-Album" – *Los Angeles Times.* „Die Auswahl entspricht so ziemlich allem, was Joe Cocker in der Vergangenheit gemacht hat." – *Los Angeles Herald-Examiner.* Zu Hause in Sheffield meinte der *Morning Telegraph*, Sly und Robbie's „einfache und gute Begleitung ermöglicht die beste Entfaltung für Joe Cockers Stimmvolumen seit Jahren." Es war lediglich der Britischen Musik-Presse überlassen, ein paar Schläge auszuteilen, wie sie es in der Vergangenheit auch schon öfters gemacht hatte. „Eine eingerostete und uninspirierte Konstruktion" schrieb Charles Shaar Murray, der den *New Musical Express*-Lesern aber die einleuchtende Erklärung präsentierte: „Die Person des Autors war nie besonders begeistert von Mr. Cockers Angebot."

Mit 'Sheffield Steel' im Kasten, machte Joe ein paar Promotionkonzerte in Amerika. Mitch Chakour war nicht mehr in der Band, er wurde zeitweise von Tom Nicholson ersetzt. Howie Hersh sollte bald vom Baß zum Piano wechseln, während dieser für eine Weile von Artie Funaro bedient wurde. Im Mai hatte Joe im Perkins Palace in L. A. einen guten Einstieg und in den folgenden Wochen spielte er an der Ostküste und in Canada, in Vancouver und bei der Red River Exhibition in Winnipeg, wo zehntausend Leute zum ersten Konzert kamen. Als er damals von Dennis Hunt von der *Los Angeles Times* interviewt wurde, sagte er: „Ich möchte dieses Mal alles richtig machen. Das ist mein erstes Album seit einer langen Zeit und da will ich mir nichts verderben!"

Das neue Album erschien im Juni und verkaufte sich besonders gut in Europa, wo Joe dann im September auftrat. Sein erster Stop war das Lyceum in Sheffield, wo er zwei Abende spielte – das erste Konzert in seiner Heimatstadt seit dreizehn Jahren! Der Ansager war sein alter Freund Ray Stuart, zu dieser Zeit DJ von Radio Hallam, der sich an Joe's starke Nervosität vor seinem Auftritt erinnert: „Wir gingen am Nachmittag zum Sound-Check. Die Band spielte gut – es war nur ein Konzert an einem anderen Ort für sie. Sie wußten, daß sie und Joe es schaffen würden – nur Joe zweifelte daran. Er kam erst eine halbe Stunde vor seinem Auftritt, er war die ganze Zeit vorher in seinem Hotel in Rotherham und rief dauernd an, wollte wissen: 'Seid Ihr sicher, daß sie wirklich mich hören wollen?' Wir sagten dauernd: 'Klar Mann, sie kommen nur wegen dir', aber er war sich einfach nicht sicher. Er war bis zu dem Zeitpunkt, als er auf der Bühne stand, ängstlich. Zehn Minuten vor Auftritt kam dann plötzlich seine Mutter an, sie hatte eine Riesen-Tüte Lakritze dabei. Joe liebt Lakritze. All diese Spannung... und als er dann hinausging, tobte die Menge. Als er die Bühne des Lyceums betrat, war es wie eine Heimkehr und er sang 'Look What You've Done'. Während seine Mutter in der Ehrenloge saß, brachte er alle seine alten Hits, die Lieder vom neuen Album und ein paar noch nicht aufgenommene Songs. 'Don't Talk To Me', Jimmy Reed's 'You've Got Me Running' und Marvin Gaye's 'Inner City Blues', welcher vier Jahre später auf der Platte 'Cocker' erschien. Jeder Song löste tumultartige Beifallskundgebungen aus, viele hatten nämlich Joe seit den Pub-Tagen im 'Black Swan' oder Barry Hill nicht mehr live gehört. Danach gab es eine Party, auf der Joe Freunde wie Phil Crookes, Dave Memmott und Dave Green zum ersten Mal seit Jahren wieder traf. „Ich fühlte mich sehr wohl", erzählte er später in einem Radio Hallam-Interview mit Ray Stuart, „... ich kannte fast jeden im Saal seit wir sechzehn waren." Von den zwei Shows – jeden Abend mußte er unzählige Zugaben geben – sagte er: „Ich genoß jede Sekunde – ich erinnerte mich daran, einmal eine Pantomime im Lyceum gesehen zu haben, und jetzt schritt ich über die Bühne, es war schon ein bißchen euphorisch!"

Joe und seine Crew fuhren von Sheffield nach Athen und dann weiter nach Deutschland wo er zwei Fernsehshows – den erfolgreichen *Rockpalast 1980* im Metropol in Berlin und in der überfüllten Alabama-Halle in München für den BR – aufnahm. Trotz einer schweren Erkältung spielte er auch die geplanten Konzerte in Frankfurt und Hamburg.

Die Tour führte ihn durch ganz Europa – Schweiz, Frankreich, Holland, Jugoslawien und Italien. In Rom mußte die Polizei Tränengas und Warnschüsse einsetzen um amoklaufende Fans auseinanderzutreiben, die befürchteten, keine Karten mehr zu bekommen. Als Joe dann die Bühne betrat, kühlten sich die Gemüter zwar ab, heizten sich aber gleich nach dem Konzert wieder auf. Sound Mixer Rod Libbey: „Sie stürmten das Stadion und bewarfen unseren Bus mit Steinen... sie zerstörten meine ganze Ausrüstung, gleich nach dem Ende des Konzertes. Es war ein einziges, riesiges Chaos."

Ende Oktober reiste Joe nach Australien und Neuseeland, um eine weitere Tour zu machen. Gerade erst angekommen, erfuhr er nach ein paar Konzerten, daß 'Up Where We Belong', ein Duett mit Jennifer Warnes für einen Filmsoundtrack, Nummer Eins der Billboard Top 100 war. Aufgenommen in L. A. für den Film *An Officer And A Gentleman*, führte es die nächsten drei Wochen die U. S. Charts an. Es war Joe's erster Nummer-Eins-Hit – und eigentlich hatte er sich vom Produzenten Stewart Levine dazu überreden lassen. Joe: „Ich wollte es zuerst nicht aufnehmen – das Demo war furchtbar. Es bestand aus drei

Mad Dogs & Englishmen-Tour, 1970, mit Leon Russell. (MGM)

Promo-Aufnahme, 1970. (unbekannt)

Das Album zur Tour, 1971.
(Sheffield Newspapers Ltd.)

Chris Stainton's All Stars (von links vorne): Glen Campell, Neil Hubbard, Joe. (links hinten): Conrad Isadore, Chris, Alan Spenner. (unbekannt)

„Return of The Mad Dogs"-Tour, Australien 1977. Joe entspannt sich mit Bobby Keys und Nicky Hopkins. (unbekannt)

Joe zählt den Takt ein für Cliff Goodwin, Australien 1977. (unbekannt)

Carnegie Hall, New York, am 3. November 1978 (Ebet Roberts)

„So Glad I'm Standing Here Today", Joe mit den Crusaders 1981. (MCA Records)

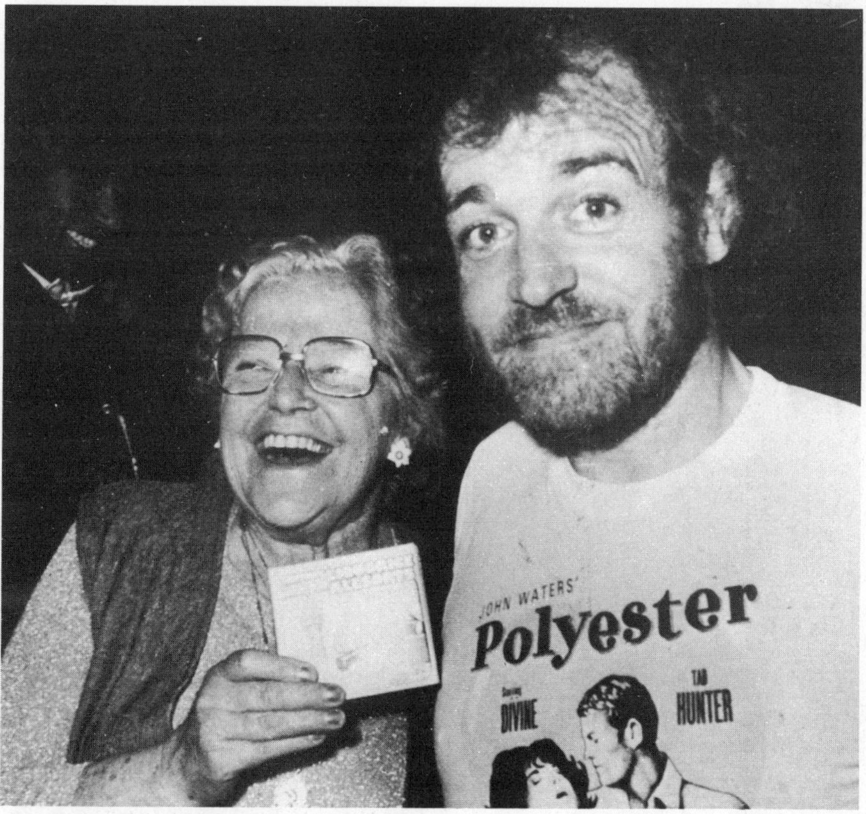

Mutter Madge und ihre Lakritzen, Lyceum Sheffield, 1982. (Sheffield Newspapers Ltd.)

Rechts: Eindhoven, Holland, 1983. (Heide Woicke)

Duett mit dem Genie: Ray Charles und Joe in Hannover, 1985. (Heide Wiocke)

West-Berlin, 1985. (Heide Wiocke)

Joe mit Michael Lang, 1989. (J. P. Bean)

Chris Stainton nimmt Platinum in Empfang für die LP „One Night Of Sin", 1989. (J. P. Bean)

Joe mit seiner Frau Pam, 1987. (Rex Features)

verschiedenen Liedern von drei verschiedenen Autoren ... Buffy St. Marie... sie schrieb den kleinen Teil 'Time Goes By...', das war eigentlich ein ganz anderer Song... und sie war verheiratet mit Jack Nitzsche, mit dem sie das weiter ausbaute, ... dann kam Will Jennings dazu und schrieb die Brücke... das Motiv, das hatte ich begriffen, hatte Hit-Potential, dieses 'Love Lift Us Up...', es war ungewöhnlich. Aber der Rest davon... das Demo! Und Stewart fragte andauernd: 'Nun, willst Du's machen?'

„Sie erwähnten Jennifer Warnes und ich sagte: 'Um Gottes Willen... sie ist doch eine Country und Western Sängerin!' aber er sagte: 'Nein, Nein... das wird klappen!' Und es klappte – als wir hinkamen, hatten sie schon die Instrumental-Spuren vorbereitet... erraten, in welcher Tonart ich singen würde – in D – und dann nahmen wir es direkt auf. Ich hatte am Nachmittag den Text gelernt, aber ich konnte mich nicht mehr erinnern – also schrieben wir ihn auf große Holztafeln... wie James Brown. Aber es war Stewart's Verdienst – er hat den Song gemacht."

Island Records Boss Chris Blackwell war nicht sonderlich beeindruckt. „Er haßte es... er wollte es zuerst gar nicht veröffentlichen. Es war kein Rhythm and Blues, und nach 'Sheffield Steel' schien es ihm in die falsche Richtung zu gehen. Ich kann mich noch erinnern, als ich ins New Yorker Büro kam und fragte: 'Wie geht die Single?' Und dieser Junge, Mike Abrahams, zeigte auf einem Berg Retouren und sagte: 'So geht es...! Joe, ich bin total überzeugt, daß das ein Smash-Hit werden könnte, deswegen schreibe ich allen DJ's im Land eine Notiz dazu.' Ich schulde ihm eine Menge für das, was er damals getan hat."

'Up Where We Belong' war Joe's erster Amerika-Hit seit 'You Are So Beautiful' 1975. In Großbritannien erreichte die Nummer Platz Sieben und Joe hatte mit Jennifer Warnes in Top of The Pops seinen ersten Liveauftritt im BBC seit 1968. Dieser weltweite Hit rückte Joe's Namen wieder ins öffentliche Interesse. Zur Überraschung vieler, die seit langem dachten, daß Joe Cocker irgendwo in der Rock and Roll-Versenkung verschwunden wäre.

Joe fühlte gleich, nachdem er den Song aufgenommen hatte, daß es ein Hit werden könnte. Es war dasselbe Gefühl, das er hatte, als er 'With A Little Help...' eingespielt hatte. „Ich wußte, es war ein Nummer-Eins-Hit... andere sagten 'Na ja, vielleicht', aber ich konnte es richtig fühlen. Der Song wurde in ein paar Stunden eingespielt. Für 'Sheffield Steel' habe ich ein ganzes Jahr gebraucht – und diese Single haben wir praktisch über Nacht aufgenommen."

Im Februar 1983, zum 25. Jubiläum des Grammy Award, gewannen Joe und Jennifer Warnes mit 'Up Where We Belong' den Preis für das beste Pop Vokal-Duo. Im folgenden Monat reisten sie zum Tokyo Song Festival, wo sie sich mit Lionel Richie den Sieg teilten. Während sie in Japan auch in der Fernsehshow *Music Fair* auftraten, erschien eine japanische Coverversion von 'Up Where We Belong.' Joe und seine Band gaben vier Konzerte – in der Kaikai Hall in Tokyo, in Yokohama, Osaka und Ngoya.

Zurück in Los Angeles stand ein Auftritt bei den Academy Awards bevor, wo der Titelsong zu *An Officer And A Gentleman* nominiert war. Nach einer Einleitung von Dudley Moore – aus der Show *Derek and Clive* – sangen Joe und Jennifer Warnes von einem Balkon aus, während unter ihnen Tänzer, als Offiziere und ihre Frauen gekleidet, paradierten und tanzten. War sein Anzug auch eine Konzession an die Kleidervorschriften des Showgeschäftes, so ließ seine Frisur doch alles offen – auf jeden Fall gewann das Lied einen Oscar für die Autoren, zusätzlich zu all den anderen Auszeichnungen, die Joe und Jennifer bereits gewonnen hatten.

Es war ein großer Augenblick für Madge Cocker, ihren Sohn bei der Academy Awards-Verleihung im Fernsehen zu sehen. „Ich freue mit sehr für Joe!" sagte sie dem *Sheffield Star*. „Es ist einfach wunderbar – er hat im letzten Jahr so hart gearbeitet und hat es wirklich verdient." Im Juli kam Joe für einen Besuch nach Hause, brachte den weißen Anzug von der Verleihung zum Waschen mit. Er nahm in Ruhe mit Ray Stuart einen Drink im Ball Inn, eine Ecke weiter von der Tasker Road, und wurde eingeladen, mit der Hausband einen Song zu spielen. Er erfreute das Publikum mit 'Georgia On My Mind.' Dann bat er Ray Stuart, mit einzusteigen und sie spielten bis Mitternacht das ganze, alte Rock and Roll-Programm durch. Ray Stuart: „Wir hörten mit 'What'd I Say' auf, als ein älterer Stammgast zum Wirt ging und sagte: „Ich würde sie engagieren, die sind O. K.!'"

Bald nach diesem Ausflug in alte Zeiten, Joe war immer noch in Sheffield, wurde er zurück in die Staaten gerufen, zu einem Gig, der sogar seine kühnsten Träume übertreffen sollte. Im Ambassador Hotel in Los Angeles fand ein Starkonzert unter anderem mit Glen Campbell, Johnny Cash, Quincy Jones, Smokey Robinson und Stevie Wonder statt. 'A Man And His Soul' wurde fürs Fernsehen aufgezeichnet und war eine Hommage an Ray Charles.

Joe hatte nie versucht, seine Bewunderung für Ray Charles zu verbergen. Denny Cordell erinnert sich, als Joe ihn begleitete, um den legendären Künstler in New York kennenzulernen: „Wir gingen hinter die Bühne. Ray saß da und irgendeiner sagte: 'Hey, Ray, Joe Cocker kommt! Er will Dich sehen!' Und er: 'Ja wirklich? Joe! Ich mag die Art, wie du singst!' Und Joe setzte sich zu den Füßen von Ray nieder, legte seinen Kopf auf seinen Schoß und fing an zu weinen. Die Tränen rannen aus seinen Augen! Und er sagte: 'Ray – ich liebe Dich so sehr... so wundervoll.'"

Seinerseits hatte Ray Charles schon lange erkannt, daß Joe einer seiner Schüler war. In der 1978 erschienenen Biographie 'Brother Ray' schrieb er: „Mann, ich glaube, der Typ schläft mit meinen Platten. Soll er, ich fühle mich geschmeichelt." Und Mitte der Siebziger machte er Joe im Fernsehen ein Riesenkompliment, zu einer Zeit, in der Joe von den meisten ignoriert wurde.

Danny Cordell: „Ich lebte damals in Malibu und Joe wohnte nur zwei bis drei Meilen oberhalb von mir. Er kam eines Abends zu mir 'rüber und sagte: "Ich möchte gerne die Sammy Davis-Show anschauen – Ray ist nämlich mit dabei! Ray sang also zwei oder drei Songs – Joe jubelte ihm zu, Sammy Davis kam auf die Bühne und fragte: 'Nun Ray, du bist der Pate des Souls... du bist das Genie... du bist sowohl dies als auch das, Du bist nun schon so lange im Geschäft, Wer sind heute denn die besten Soul Sänger?' Und Ray antwortete: 'Da gibt es Mahalia Jackson, da gibt es Aretha Franklin, und da ist auch ein Marvin Gaye ... und dann gibt es noch Joe Cocker!' Und Joe: 'Da habt ihr es, da habt ihr es! Ihr alle habt es gehört, er hat es gesagt und ihr habt es gehört.' Es baute ihn total auf... es war einfach perfekt."

Jetzt, 1983, war Joe nicht der Einzige, der zu der Fernsehshow zu Ehren seines Idols eingeladen worden war, aber er sollte ein Duett mit Ray singen. Alles ging so schnell – der Anruf in Sheffield, der Flug zurück in die Staaten und sofort ins Studio – so daß Joe nicht einmal mehr genug Zeit hatte, richtig nervös zu werden. Beim Konzert stellte er den Song vor, indem er erzählte, wie er zum ersten Mal Ray in Sheffield im Transistorradio gehört hatte, und es niemals zu träumen gewagt hätte, eines Tages mit ihm auf einer Bühne zu stehen mit 'The Genius'... Ray Charles... Bruder Ray Charles." Und dann sangen sie 'You're So Beautiful', und Joe stand neben Ray am Piano.

Zwei Jahre später sang Joe noch einmal mit Ray in einem Open Air-Konzert im Sportpark von Hannover. Es war mit 'The Voices' angekündigt und sie sangen 'Baby Please Don't Go' und 'What'd I Say'. Die Zuschauer waren beeindruckt, aber Joe war enttäuscht. „Ich war schrecklich... ich sagte zu ihm, daß ich versagt hätte. Aber man hat eben gute und schlechte Tage, wenn ich in Form gewesen wäre, hätte ich mich darum gerissen, noch ein Konzert mit ihm zu geben... Zu Hause hängt in meinem Badezimmer ein Bild von uns beiden, er umarmt mich, mit Smokingfliege und allem Drum und Dran. Jeden Morgen, wenn ich aufwache, erinnert es mich an sein Genie!"

* * *

Im Sommer 1983 spielte Joe ein paar große Open Air-Konzerte in Deutschland, wovon der bedeutendste Auftritt der am 20. August in St. Goarshausen, Loreley im *Rockpalast '83* war. Die jährlich stattfindende Fernsehshow des WDR, die drei Jahre zuvor der wirklich erste, große Markstein im Comeback von Joe war, erreichte eine ungeheuer große Fernsehzuhörerschaft, quer durch Europa bis nach Rußland. Sechzig Millionen Zuschauer sahen unter anderen die Straycats, U2, Dave Edmunds und die Steve Miller Band – und Joe Cocker bewies, daß er sich mit den anderen jederzeit messen konnte.

Rockpalast '83 wurde ein Erfolg im Angesicht einer möglichen Katastrophe. An dem Morgen des Tages, an dem das Konzert stattfinden sollte, wachte Joe in Eindhoven auf, wo er am Abend davor gesungen hatte und stellte fest, daß seine Stimme versagte – vollkommen. Tom Sullivan: „Er war sehr besorgt, er war schon sehr in Erwartung der Show, aber er hatte sich am Abend vorher überanstrengt." Er wurde zu einem Spezialisten für Opernsänger nach Köln geflogen und erhielt eine Kortison-Injektion. Unterdessen fuhr die Band schon voraus zum Festival und wartete dort auf Neuigkeiten. Fünf Minuten vor seinem Auftritt kam Joe hinter der Bühne an. Bernard Pendry war dabei: „Niemand wußte genau, wie es weitergehen sollte – und dann erschien er mit einem alten Schal um den Hals... er flüsterte: 'Nicht reden...' – es war schrecklich! Dann ging er auf die Bühne und er war wie verwandelt! Ich konnte es kaum glauben!"

Wenn die ungeheuren Zuhörermassen von den Schwierigkeiten vor dem Konzert gewußt hätten, sie hätten Joe nicht besser empfangen können, als sie es an diesem Sommerabend an der Loreley taten. In der Abenddämmerung begann er einen langen, fetzigen Set, der schließlich in eine wahnsinnige Version von 'With A Little Help' gipfelte, der die Menge noch mehr schreien ließ. Wieder auf der Bühne, sang er zwei weitere Nummern, und beendete die letzte Zugabe mit 'The Moon Is A Harsh Mistress' und 'I

Heard It Through The Grapevine.' Noch viel später, als er die Bühne schon lange verlassen hatte, forderte die Menge immer noch.

Die meisten Sänger an Joe's Stelle hätten an diesem Morgen das Konzert abgesagt. Keiner von ihnen hätte, nachdem sie nur durch die Gabe von Kortison überhaupt erst in die Lage versetzt worden wären, einen so langen Set ohne Erschöpfungserscheinungen singen können, um dann nochmal vier weitere Songs als Zugabe zu geben. Joe hat später den Augenblick, in dem er den Mund öffnete und die ersten Noten zu 'A Girl Like You' sang und seine Stimme tatsächlich hörte, als 'Magie' beschrieben. *Rockpalast '83* war ein Konzert, das er bestimmt nie vergessen wird.

* * *

Um diesem denkwürdigen Jahr noch die Krone aufzusetzen, wurde Joe im November 1983 eingeladen, bei Ronnie Lane's Benefiztournee für die 'Multiple Sklerose-Forschung' quer durch Amerika mitzumachen. Im September hatte der frühere Faces-Star, ,der selbst fünf Jahre an dieser schweren Krankheit litt, ein paar seiner Freunde aus der Rockwelt für ein Benefizkonzert in der Royal Albert Hall in London versammelt. Mit der Hilfe von Eric Clapton und dem Produzenten Glyn Johns wurde es zur größten Ansammlung englischer Rockstars auf einer einzigen Bühne. Es waren mit dabei: Eric Clapton, Jeff Beck, Jimmy Page, Steve Winwood, Bill Wyman, Charlie Watts, Kenny Jones, Andy Fairweather-Lowe und Chris Stainton.

Die Albert Hall Show war ein Riesen-Erfolg und so wurden sofort Pläne geschmiedet, das gleiche in Amerika zu veranstalten mit neun Konzerten in vier Städten. Als Steve Winwood aufgrund vorher abgeschlossener Verträge ausstieg, wurde Joe von Glyn Johns engagiert. „Das war ein erhebendes Erlebnis... die ganze Tour – aber sie dauerte mir nicht lange genug. Ich erinnere mich noch gut, als ich zu den Proben kam und Eric sagte 'Jetzt hat er es also doch geschafft!' Und da waren Bill Wyman und die anderen Typen – ich war schon sehr gespannt. Wir spielten alle Nummern durch, die ich singen sollte... und ich war gut bei Stimme. Am Ende stolperte ich auf einmal nach hinten – über Eric's und Jimmy Page's Gitarren... und ich dachte 'Um Gottes Willen, ich habe sie zerbrochen!' Bill Wyman stand nur da, schüttelte sich vor Lachen und sagte: 'Ich habe so etwas Komisches noch nie gesehen. Schade, daß ich keine Kamera dabei hatte. Du bist wie in Zeitlupe umgefallen.'"

Die ARMS-Tour führte durch Dallas, San Francisco und Los Angeles in den Madison Square Garden nach New York. Joe's innerer Haltung gab die ganze Tour Auftrieb und garantierte außerdem eine fröhliche Wiedervereinigung mit seinem alten Partner Chris Stainton, der die letzten vier Jahre der Pianist von Eric Clapton gewesen war. Joe hatte einen festen Platz in der Show und wurde von Eric Clapton, Chris Stainton und Bill Wyman begleitet. Ein Bootleg-Mitschnitt von einem der drei Konzerte im Cow Palace in San Francisco offenbart Joe bei bester Stimme in 'You're So Beautiful', 'Seven Days' und 'Feelin' Alright.' Gegen Ende von jeder Show stieg er bei Claptons 'Layla' ein, bevor er die Band in eine begnadet schöne Version von 'With A Little Help From My Friends' überleitete, mit Eric Clapton, Jimmy Page und Jeff Beck an den Gitarren sowie vier Drummern.

Tom Sullivan begleitete Joe auf der ARMS Tour: „Es gab eine Menge Wiedersehen mit einer Menge von Leuten – Jimmy Page hatte Joe seit Jahren nicht gesehen. Ich befürchtete Egoismus und Chaos – bei der Anzahl von Superstars dachte ich, das könnte nicht gut gehen. Aber es gab keine Probleme. Es ging alles seidenweich… eine unglaubliche Erfahrung."

Der *Rolling Stone* berichtete vom dritten ARMS Konzert in San Francisco und bezeichnete es als „Das Konzert des Jahres." Kurt Loder und Michael Goldberg schrieben von Joe's '„With A Little Help': „Joe Cocker trat mit einer seiner stärksten Stimmleistungen auf, in jeder Weise vergleichbar mit seiner Version in Woodstock vor vierzehn Jahren."

* * *

Nach den Erfolgen des vorangegangenen Jahres konzentrierte sich Joe 1984 auf das unterwegssein. 'Civilized Man' war fertig und sollte im Sommer veröffentlicht werden, Europa lechzte nach seiner Rückkehr, da es von seinem hervorragenden Rockpalast-Konzert 1983 immer noch beeindruckt war. Aber als er Ende März in Deutschland eine Tour mit zweiundzwanzig Konzerten antrat, fehlte ein bekanntes Gesicht in seiner Band – B. J. Wilson, sein Drummer, Freund und Trinkkumpan der letzten viereinhalb Jahre.

B. J., von einem amerikanischen Kritiker einmal als „guter, englischer, klassischer Drummer" bezeichnet, blieb in Joe Cocker's Kreisen noch lange nach seinem Abschied vom Schlagzeug-Hocker so etwas wie eine Legende. Anekdoten von seiner exzentrischen Art gibt es in großer Zahl, wie die kalte November-Nacht in Berlin, als die Band in das Hotel zurückkam und B. J. draußen saß und die Rosenbüsche mit seinem Nagelzwicker schnitt… oder die Geschichte, als er bei einem Flug einschlief und dabei seine Haare mit seiner Zigarette anzündete, dann von dem Gestank angebrannter Haare aufwachte und murmelte: „Ich muß wohl meine Socken wechseln." Joe: „Wir waren unzertrennliche Trinkkumpanen… wir waren damals in dem berühmten, alten Hotel in Holland am Strand… unterhalb von Rotterdam… wir saßen in der Bar und ich sagte zu B. J.: „Ich leg' mich mal ein bißchen auf's Ohr, damit ich heute abend fit bin." Und er: 'O. K. dann gehe ich etwas essen.' Das nächste, an das ich mich erinnern kann, war ein wildes Klopfen an meiner Tür… 'Meester Cockair'… 'Bitte'… „Sie müssen mit mir kommen. Ihr Freund – ist in schrecklichen Schwierigkeiten.' 'Wer?' fragte ich, 'Der Drummer?'… 'Ja, bitte kommen Sie schnell.'

„Er war über seiner Suppe eingeschlafen und lag mit dem Gesicht im Teller. Es war eine Art Alphabet-Suppe, und da saß er nun, B. J., mit dem Gesicht mittendrin! Er kann froh sein, daß er damals nicht ertrunken ist, denn wenn er ausatmete, blubberten überall Blasen in der Suppe. Wir zogen ihn hoch, er hatte im ganzen Gesicht diese Buchstaben – B… K… von A bis Z… überall in seinem Gesicht und in den Haaren… und die anderen waren so panisch, daß sie nicht wußten, was sie tun sollten. Und ich sagte: 'Oh, macht euch bloß keine Sorgen, das macht der jedesmal'… während vier von uns ihn zum Lift schleiften, mit all diesen Buchstaben über sein Gesicht verstreut."

1981 in Japan hielt B. J. den Band-Rekord im Saki-Flaschen trinken – vierunddreißig, erinnert sich Joe. Aber als er 1983 begann, durch sein Trinken beim Spielen Fehler zu machen, erschien die Sache in einem anderen Licht. Joe: „Die Band erkannte es schon lange vor mir. Wenn wir uns für halb-acht in der Lobby verabredet hatten, war er schon um halb-sieben da und trank schnell noch vier Doppelte. Wenn er konzentriert war, spielte er großartig – bei Balladen kommt niemand an ihn ran. Aber er fing leider an, ständig zu trinken… immer heimlich, hinter geschlossenen Türen. Auf der Bühne wurde er einfach langsamer und es kam soweit, daß die Band sagte: 'Hey Joe, einer muß gehen. Entweder wir oder er!' Damit waren gleich fünf Stimmen gegen eine. Ich versuchte so zu tun, als sei nichts geschehen."

B. J. Wilson wurde durch Eric Parker ersetzt, der früher bei Steve Winwood und Bryan Adams spielte. Er studierte in zwei Tagen achtundzwanzig Songs ein, dann machten sie sich auf den Weg nach Europa, unter anderem auch mit einem neuen Bassisten, Vito Sanfillipo, der Artie Funaro ablöste.

Die deutsche Tour hatte kaum richtig angefangen, da erhielt Joe die schreckliche Nachricht von Marvin Gaye's Tod, nach Ray Charles ein weiteres seiner großen Idole – er wurde von seinem eigenen Vater in einem Familienstreit erschossen. Joe hatte Gaye erst ein Jahr vorher bei der Grammy Awards-Verleihung getroffen – „Marvin… er muß mich mindestens zehn Minuten lang umarmt haben… erschreckend! Er hielt mich fest und begann, mich umherzuwirbeln, ich konnte jeden im Raum sehen. Aber ich fühlte mich geschmeichelt, daß Marvin Gaye mich überhaupt umarmte."

Joe, tief betrübt über Gaye's Tod, bedachte ihn mit einer besonderen Widmung, bevor er an diesem Abend in Köln den 'Inner City Blues' sang. In einem Interview mit dem deutschen Magazin *Fachblatt* sagte er über den Motown-Star: „Er war einer der größten für mich. Ein schwieriger Charakter, aber O. K. Er erhielt leider nie die nötige Anerkennung für seine Musik, sein 'What's Going On'-Album bedeutet mir sehr viel. Er war ein Meilenstein der schwarzen Musik, obwohl er im Musikgeschäft ein schwarzes Schaf war. Vielleicht verstehen die Leute jetzt endlich, welch ein Talent für immer verloren gegangen ist."

Es überrascht mich nicht, daß Joe sich Marvin Gaye stark verbunden fühlte, dessen Songs er ja schon mit der ersten Grease Band 1966 in Sheffield gesungen hatte. Beide Sänger erlebten in ihrem Leben große Wechsel, auch in ihrer Karriere, obwohl Gaye's Probleme in seiner Erziehung lagen. Beide hatten eine tiefe Seelenbeziehung zur Musik, die keine Kompromisse zuließ und nicht immer von allen verstanden wurde. Und Marvin Gaye hatte, wie Joe Cocker, seine Karriere beinahe schon wegen seiner persönlichen Probleme zerstört – bis er mit 'Sexual Healing' wieder die *Billboard* Black-Charts stürmte, in der gleichen Woche, in der Joe und Jennifer Warnes an der Spitze der Top 100 standen.

Anfang Mai, weniger als drei Wochen vor seinem vierzigsten Geburtstag, hätte man Joe glauben können, daß die Tage des Chaos und der Verrücktheit hinter ihm liegen. Nun war sein Hauptziel, eine gute Show zu liefern, wie er häufig den Reportern erklärte, die immer noch nach Geschichten über Saufgelage und Drogenexzessen suchten. Aber während man einen guten Ruf sehr schnell verlieren kann, hat man es schwer, einen schlechten wieder zu verlieren. Und als dann ein skrupelloser österreichischer

Veranstalter versuchte, seine eigene Unfähigkeit zu vertuschen, indem er behauptete, Joe Cocker wäre zu betrunken gewesen, ein Konzert zu spielen, hatte er keine Schwierigkeiten, Leute zu finden, die ihm das glaubten.

Das Konzert, ein Anhang an die erfolgreiche Deutschlandtour, war für den 1. Mai in Wien angesetzt. Obwohl er wußte, daß und warum Joe nicht auftreten würde, hatte der Veranstalter Johann Hausner das Konzert nicht abgesagt. Statt dessen wartete er, bis die 3000 Zuschauer sich erwartungsvoll in der Halle eingefunden hatten, um zu erklären, Joe sei in seinem Hotel, zu betrunken, um aufzutreten.

Die Zuhörer waren nicht besonders erfreut und Joe natürlich auch nicht. Er war in der Tat ins Hotel zurückgefahren, aber nicht weil er betrunken war – kurz nach Hausners Erklärung ließ er sich von einem Doktor untersuchen, der im bestätigte, daß er unter keinerlei Drogen- oder Alkoholeinfluß stünde. Was das Publikum nicht erfahren hatte war, daß der Veranstalter es verabsäumt hatte, die vereinbarte Anlage in der Halle zur Verfügung zu stellen. Joe: „Ich wachte gegen 12 Uhr mittags in meinem Zimmer auf, weil Tom gegen die Tür donnerte. 'Joe, das Klavier ist verstimmt... die Orgel geht nicht... wir haben nur einen Dreißig-Watt Vox-Verstärker, obwohl wir einen Hundert-Watt Marshall-Verstärker haben wollten... es muß ja kein Marshall sein, jeder Hundert-Watt Verstärker tut es!' Und ich saß auf der Bettkante – und wartete. An diesem Nachmittag kam also ständig jemand von der Band... wir brauchen unser spezielles Equipment, wie im Vertrag vereinbart. Kurz vor Konzertbeginn stellten wir fest, daß die Anlage nicht ausreichend war – also gingen wir auch nicht auf die Bühne."

Da er durch das ärztliche Attest von Hausners Anschuldigungen entlastet war, war Joe am nächsten Morgen um elf Uhr sehr überrascht, als er von der Wiener Polizei aus dem Bett geholt und verhaftet wurde. Die Anklage lautete, trotz des Empfanges von 16.000 Dollar Gage kein Konzert gegeben zu haben. Der Tourmanager aus Deutschland, Martin Biallis, der das Geld schon kassiert hatte, wurde ebenfalls verhaftet, und inmitten von wartenden Photographen und Reportern wurden beide aus dem Hotel abgeführt.

Wieder einmal ging der Name Joe Cocker durch die Weltpresse – allerdings im falschen Zusammenhang. Zu Hause erfuhr seine Mutter Madge aus dem Radio von seiner Verhaftung. Sie wartete schon auf Joe's Rückkehr von der Tour. „Es hört sich nicht wahr an", erklärte sie einem Reporter vom *Sheffield Star*. „Joe liebt es, zu singen und man müßte schon eine Menge machen, um ihn davon abzuhalten. Da muß irgend etwas ganz faul gewesen sein!"

Joe saß in einer österreichischen Polizeistation und hatte keine Ahnung, was da vor sich ging. Joe begann, sich Sorgen zu machen. Man hatte ihm gesagt, daß er in etwa zwanzig Minuten wieder auf freien Fuß gesetzt werden würde, statt dessen wurden die zwei ohne weitere Erklärungen in ein Hochsicherheitsgefängnis verfrachtet. „Es war schrecklich, ich war zu diesem Zeitpunkt bereits ein nervöses Wrack. Sie warfen mich in eine Zelle, die so klein war, daß nur ein Klo und ein rostiges Bett darin Platz fanden. Und ich dachte, das wäre es nun – nun wäre alles vorbei. Aber dann brachten sie mich in eine andere Zelle mit noch zwei Typen, der eine sprach ein bißchen Englisch... sie hatten so kleine Ohrhörer, die sie in die Wand steckten, um Radio zu hören... und sie sagten die ganze Zeit: 'Mein Lieber, das ist aber ganz schlecht, du wirst hier wahrscheinlich ein paar Monate verbringen'... und dann: 'Die Leute beschweren sich, daß du sitzt!'

Joe erreichten über das Gericht unzählige Unterstützungstelegramme von bekannten Größen der europäischen Rockszene wie Udo Lindenberg, BAP, Konstantin Wecker, Lazy Poker und Wolfgang Ambros, aber auch Grüße von Rockfans aus aller Welt. Nach sechsunddreißig Stunden wurden Martin Biallis und Joe endlich aus dem Polizeigewahrsam entlassen und alle Anschuldigungen gegen sie zurückgezogen. Der Staatsanwalt gab später bekannt, daß ihre Beschwerden über die Bühnenanlage des Veranstalters Johann Hausner gerechtfertigt waren, es deshalb für Joe unmöglich gewesen sei, aufzutreten – und die Gage zu Recht kassiert worden war, um die Bandkosten zu decken. Joe's amerikanische Rechtsanwälte hatten schon eine Sechs-Millionen-Dollar Schadensersatzklage vorbereitet, aber Joe entschied später, diese nicht weiter zu verfolgen, weil er keine Lust hatte, nach Österreich zur Zeugenaussage zurückzufahren.

* * *

Es war eine bittere und verwirrende Erfahrung für Joe. Bevor er aus Wien abreiste, telefonierte er mit Tom Sullivan, der kurz vor der Verhaftung mit einigen Musikern bereits nach Amerika zurückgeflogen war. „Ich glaube, er hat mich mindestens eine Stunde lang bequatscht. Ich mußte ihn bitten, den Hörer endlich aufzulegen. Er war total paranoid. Er sagte, er hätte gedacht, ich wäre derjenige gewesen, der an diesem Morgen an seine Tür klopfte. Er war sehr niedergeschlagen und diese Sache nahm ihn ziemlich mit – er fühlte sich mißbraucht."

Von Österreich flog Joe direkt nach London, um das Promotion-Video für 'Civilized Man' im Crazy Larry's Club in Chelsea aufzunehmen. Das Album erschien kurz danach, Joe's erste Veröffentlichung für Capitol Records. Es war ursprünglich von Stewart Levine für Island Records unter dem Titel 'One More Time' aufgenommen worden, fand aber bei Chris Blackwell keinen Gefallen. Joe: „Blackwell haßte es, wir trennten uns aber einvernehmlich, annullierten den Vertrag mit Island und ich ging zu Capitol."

Aber Capitol war auch nicht gerade glücklich mit dem Album, das damals viele langsame Balladen enthielt. Ein anderer Produzent, Gary Katz, bekannt durch seine Arbeit für Steely Dan, wurde mit dem Album beauftragt und ließ die Seite Eins von 'Civilized Man' im Village Recorder in L. A. und im Soundworks inNew York City neu aufnehmen. Er engagierte dazu Toto's Jeff Pocaro an den Drums, Steve Lukatner an der Gitarre und David Paitch an den Keyboards, neben dem Bassisten Nathan East und dem Pianisten Greg Phillinganes, die später die Band von Eric Clapton beleben sollten.

Der Einfluß der Toto-Musiker wird besonders bei dem Titelsong deutlich, einer schnellen Nummer mit einem Background-Chor rund um Cissy Houston. 'There Goes My Baby' ist Joe's Version von dem alten Drifters-Song, mit einem vierstimmigen Back-Up seiner Stimme. 'Come On In' wurde vom Synthesizer-Mann Bob Telson komponiert, es folgt 'Tempted' aus dem Squeeze-Songbuch, während bei dem traurigen Song 'Long Drag Of A Cigarette' von Larry John McNally der Autor selbst die Akustik-Gitarre und ex Mad Dog Jim Keltner das Schlagzeug bedienen.

Stewart Levine's Produktion der zweiten Seite, in Nashville aufgenommen, präsentiert so stramme Music City-Veteranen wie David Briggs, der früher bei Area Code 615 Keyboards gespielt hat, Reggie Young, Gitarrist in der Bill Black Combo und das Powerschlagzeug von Larrie Londin, einem langjährigen Mitglied der Everly Brothers Band. Die Seite beginnt mit einem satten Drive von Londin, dann wird das Tempo langsamer für 'Crazy In Love' mit den Sid Sharp Strings. 'A Girl Like You', das Joe in den vergangenen Jahren immer nur live gesungen hatte, ist eine dynamische Nummer mit Jim Horn am Alt-Saxophon. Der 'Up Where We Belong'-Texter Will Jennings schrieb auch bei „A Girl Like You" mit, genauso wie bei 'Hold On (I Feel Our Love Is Changing)' mit der Musik von Joe Sample, einem der Crusaders. Die letzte Nummer auf dem Album 'Even A Fool Would Let Go', wird im Intro vom Piano David Briggs' aufgebaut, bis die Sid Sharp Strings die spezielle Stimmung eines zarten, langsamen Liebesliedes verströmen, das Joe wohl am besten singt.

'Civilized Man' markierte eine neue Cocker-Ära. Der gefälligere Sound von 'Sheffield Steel' wurde eingetauscht gegen eine viel vollere Produktion mit einem harten Schlagzeug-Beat und Synthesizern auf fast jedem Track. Die alten Rhythm' and Blues-Fans waren vielleicht nicht allzusehr begeistert, aber Joe war in eine neue Phase eingetreten, nämlich die Vorteile der Technik und Experimentierfreude zu einer Musik der 80er zu verbinden.

Stimmlich war er in ausgezeichneter Form, seine Phrasierung war scharf und sein Stil wurde von einer guten Auswahl von Tempi und Stimmung verstärkt. 'Civilized Man' wurde schließlich ein größerer Erfolg als sein Vorgänger, verkaufte sich gut in Europa und kletterte sogar in den britischen Album-Charts auf Platz 100, obgleich nur für eine Woche. Bei seiner vierten Plattenfirma, Capitol Records, war Joe's Zukunft im Aufnahmestudio vorerst gesichert. Er bereitete nun einen Angriff auf die europäischen Album- und Single-Charts vor.

* * *

Joe's sechste Australien-Tour hieß 'A Civilized Man Down Under.' Wieder einmal spielte er vor ausverkauften Häusern und erntete wahre Begeisterungsstürme auf einem Kontinent, flog für ein Konzert nach Auckland, Neuseeland, wo die Lokalpresse betonte, daß er sein „denkwürdiges Konzert vor eineinhalb Jahren mit einer brillanten Darbietung vor einem überwiegend jungem Publikum sogar übertroffen hatte." An seinem vierzigsten Geburtstag, zwei Tage vorher, sagte er in Sidney auf einer Pressekonferenz, daß er jetzt nicht mehr so viel trinke, daß er sich gut fühle, und daß er sogar mit Fitness-Übungen begonnen habe. „Ich trinke niemals vor einer Show, abgesehen von ein paar Bieren, ich lerne jetzt mit meiner Energie besser umzugehen."

Nach der Australien-Tour fanden Festival- und Fernsehauftritte und eine Reihe von Herbstkonzerten quer durch Deutschland zusammen mit U2 statt. Ein Jahr später sollten U2 den großen Durchbruch haben und die Rollen tauschen. Rod Libbey erinnert sich: „Joe spielte seinen Set und er gab ungefähr acht Zugaben. Dann kam er mit U2 auf die Bühne… sie liebten Joe, sie saßen jeden Abend auf der Seite der Bühne."

Die 'Civilized Man'-Tour führte auch nach Israel, das Joe erst ein Jahr vorher zum ersten Mal in seinem Leben besucht hatte. Larry Marshall: „Wir spielten in Tel Aviv, in Jerusalem, in Haifa und in Caesarea – in einem richtig antiken Amphitheater, wo früher die Löwen Christen fressen durften. Das Publikum in Israel ist richtig gut... Du gehst auf die Bühne, egal bei welchem Konzert, und es ist, als ob du schon wieder runtergehst, sie drehen durch – sie sind wahnsinnig glücklich, daß Du da bist! Die Zuhörer kannten den Text zu jedem Song. Da war eine bestimmte Form von Energie – wie Elektrizität in der Luft."

* * *

Im Oktober machte Joe einen kurzen Besuch in Sheffield. Begleitet wurde er von Pam Baker, der Chefin von Jane Fonda's Ranch, die er kurz nachdem er 1978 dorthin gezogen war, kennengelernt hatte. In den darauffolgenden Jahren kamen sie sich immer näher und nun lernte Pam die Eltern von Joe kennen.

Während er zu Hause war, nahm Joe eine Sendung für Radio Hallam's 'My Kind Of Music' auf. Er legte hauptsächlich Platten aus seiner Vergangenheit auf und plauderte darüber mit Ray Stuart. Da war das ausdrucksstarke 'What'd I Say' und 'Georgia On My Mind', 'Who Lotta Shakin' Goin' von Jerry Lee Lewis und Aretha Franklin's 'Respect', das er zum erstenmal gehört hatte, als er noch im Zeitungslager gearbeitet hatte. Während er George Harrison's 'Isn't It A Pity' spielte, sagte Joe: „Ich habe diesen Mann immer verehrt und hatte immer eine Vorliebe für seine Einfachheit und Wärme." Er sprach auch von dem einzigen Mal, als er Elvis in Las Vegas sah, und wurde von Ray daran erinnert, daß sie in ihrer Jugend keinen Elvis-Film ausgelassen hatten. Über die schlechten Zeiten in seinem Leben wollte er nur widerwillig sprechen, aber er erzählte von der erst kürzlich gemachten Erfahrung in Wien, bevor er Lionel Richie's 'Hello – Is It You I'm Looking For?', daß er unzählige Male in der Zelle im Ohrhörer gehört hatte. Die letzte Aufnahme wählte Ray Stuart aus – 'Edge Of A Dream', ein Film-Titelsong, den Joe erst vor kurzem für den Film *Teachers* aufgenommen hatte.

* * *

Zwei Monate nach seinem Besuch starb plötzlich seine Mutter Madge. Sie war vorher nie krank gewesen, so war ihr Tod ein großer Schock für Familie und Freunde. Joe war gerade in Memphis dabei, ein paar Titel für das nächste Album 'Cocker' aufzunehmen, als er die Nachricht erhielt. Er flog sofort nach Sheffield, um mit seinem Vater Harold und mit seinem Bruder Vic der Beerdigung beizuwohnen.

Marjorie Cocker, bekannt auch als Madge, wurde oft als Joe's größter Fan beschrieben. Eine kleine, fröhliche Frau, deren Unterstützung für Joe durch all die guten und schlechten Zeiten selbstverständlich war. Joe wußte immer, egal was passieren würde, daß er wieder mit offenen Armen zu Hause empfangen werden würde.

Und Madge konnte sich nie sicher sein, ob Joe auch wirklich kommen würde, er schrieb nie – nicht lange, bevor seine Mutter starb, kaufte er eine Ansichtskarte in

Jerusalem, vergaß aber bis Paris, sie abzuschicken – die übliche Warnung war ein kurzer Telefonanruf aus heiterem Himmel, bei dem er ankündigte, daß er auf dem Weg sei. Und wenn er auftauchte, meistens zu Weihnachten, machte sich Madge nie Gedanken, ob sie wohl viel von ihrem Sohn sehen würde. „Da sind immer eine ganze Menge Leute gekommen, die ihn irgendwohin mitnehmen wollten" erinnert sich Harold Cocker. „Jeden Weihnachts-Tag – aber sie war nie enttäuscht darüber."

Wenn er zu Hause weilte, war es praktisch selbstverständlich, daß das Wohnzimmer in der Tasker Road voll mit seinen Freunden war, genauso wie es immer war, lange bevor er berühmt wurde. Madge kümmerte das nie. Umgänglich und gastfreundlich wie sie war, hatte sie einen Draht zu allen und pflegte mit vielen von Joe's Fans, die alle mal plötzlich bei ihr in der Tasker Road vorbeigeschaut hatten, einen regen Briefkontakt, bis sie starb. Wenn die Schlagzeilen schlecht waren, war Madge mit ihrem philosophischen Rat zur Seite und verteidigte ihren jüngeren Sohn bis aufs Messer gegen jeden, der es wagte, Meinung und Urteil der Sensationspresse zu vertreten. Als Zuhörerin bei vielen von Joe's England-Konzerten war ihr glücklichster Moment im Sheffield Lyceum, als Joe, nachdem er das ganze Haus niedergesungen hatte, zurück auf die Bühne kam, um ihr Lieblingslied 'You're So Beautiful' anzustimmen.

Seit ihrer Kindheit hatte Madge ihre beiden Söhne immer ermuntert, das zu machen, was sie wirklich wollten. Joe wählte die Musik und, obwohl sie sich manchmal fragte, ob er nicht besser ein Gas-Installateur geblieben wäre, hatte sie große Freude an seinem Erfolg. Es war höchst passend, daß das Album, welches Joe zu der Zeit aufnahm, als seine Mutter starb – 'Cocker' – ihr gewidmet wurde, als es genau ein Jahr später erschien.

Kapitel 14

1985 – 1987
Massive Crowds And Great Receptions

Während der gesamten achtziger Jahre verbrachte Joe immer wieder viel Zeit auf den Straßen Europas. Mehrere Monate pro Jahr spielte er für seine Fans von Norwegen bis Italien, von Frankreich bis Griechenland. Es blieb ihm auf dem hartem Weg zum Erfolg nichts erspart: die lange, ermüdenden Reisen im Bandbus, Morgen-Flüge nach einer anstregenden Konzertnacht, ein endloser Wechsel von Hotelzimmern, Schnellgerichte und all die Unannehmlichkeiten, die das Tour-Leben mit sich bringt.

Obwohl auch die Medien, vor allem die Fernsehauftritte, einen hilfreichen Beitrag leisteten, ein breiteres Publikum zu erreichen, ist sich Michael Lang sicher, daß der Grundstein für Joe's Comeback die damaligen unzähligen Live-Konzerte waren. „Die *Rockpalast*- Shows, '80 und '83, waren ein wichtiger Anfang, aber noch wichtiger war es, da draußen zu spielen, in all diesen Städten. Wir haben es von ganz unten aufgebaut, und die Leute haben es geschätzt. Wir spielten anfangs nur in kleinen Hallen, dreitausend Plätze, und langsam bauten wir ein Publikum auf und die Konzerte wurden größer."

Ab 1985 gehörten die kleinen Hallen bereits zur Vergangenheit. Auf den Sommer-Festivals spielte Joe vor großen Zuschauermengen in ganz Europa. „Wir spielten vor siebzig-, achtzigtausend Leuten", erzählt Eric Parker," und plötzlich waren es Hunderttausend. Es machte Spaß, immer mehr Menschen bei den Konzerten zu sehen."

Am 25. Mai bereiteten 100.000 Fans Joe einen stürmischen Empfang auf dem überfüllten Nürburg-Ring. Am Tag darauf schnitt der *Südfunk* das Konzert im Neckarstadion in Stuttgart mit. Danach folgten 'Rock in Münster', ein weiteres Open Air mit U2, Chris De Burgh und Mink De Ville, in Bad Segeberg war Joe Hauptattraktion bei 'Rock Over Germany', und weitere Stadionkonzerte brachten Joe von München durch Italien, Frankreich und Luxemburg zum 'Music Festival' nach Barcelona.

Im Juni war Joe der Top-Act des dritten Tages am 'Glastonbury C. N. D. Festival', einem der raren Open Air-Auftritte in seiner englischen Heimat. Es hatte zwei Tage durchgeregnet und die Crew hatte Schwierigkeiten, die Ausrüstung überhaupt bis zur Bühne zu bringen. „Wir hatten in Brest gespielt, ein Festival in strömendem Regen," erinnert sich Jim Foster, einer von Joe's Roadies. „Man sollte unter solchen Bedingungen nicht auftreten. Wir flogen nach Exeter und das Sauwetter war auch dort – und dazu noch jede Menge Bullen. Als wir endlich am Gelände angekommen waren, versanken wir im Schlamm – bis zu den Knien! Wir mußten unseren Bus mit Holzplanken wieder flottmachen. Aber, so weit ich mich erinnere, das Konzert war gut – obwohl alles dagegen gesprochen hätte!“

* * *

Lange Tourneen können hart und zermürbend sein, aber der Zusammenhalt in der Band in den Achtzigern bot Joe viel Unterstützung. Von kleineren Veränderungen abgesehen war der Kern der Band mit Cliff Goodwin, Larry Marshall, Howie Hersh und Maxine Green seit 1980 gleichgeblieben und Eric Parker, der 1984 eingestiegen war, fügte sich zusammen mit dem 1986 hinzugekommenen Bassisten John Troy nahtlos in diesen Nucleus ein. Auch in den anderen Bereichen wußte Joe, daß er sich auf die Beteiligten – Tom Sullivan, Rod Libbey und Jim Foster – verlassen konnte. Für lange Zeit der einzige Engländer unter lauter Amerikanern, hatte Jim Foster erstmals im September '82 im Sheffield Lyceum mitgeholfen und war seither bei jeder Europa-Tournee dabei: „Joe ist ein netter Mensch und sehr einfühlsam. Das scheint sich auf seine Umgebung zu übertragen und ich genieße es, mit ihnen allen zusammen zu sein.“

Auf seiner letzten gemeinsamen Tour mit Joe im Juni 1987 sann Cliff Goodwin über diesen freundschaftlichen und engen Zusammenhalt der Band nach: „Die meisten von uns haben schon einige Jahre gemeinsam verbracht – es ist eine Haß-Liebe, ähnlich wie eine Familiensituation – und das Leben hat seine Hochs und Tiefs und wenn man sich davon zu sehr vereinnahmen läßt, kann einen ein kleiner Sturm schon aus dem Gleichgewicht bringen. Joe beteiligt sich an allem – wir sind eine Band im alten Stil und die Roadies und Techniker gehören dazu. Kein Rockstar-Scheiß. Wir machen, was wir machen, allen Widrigkeiten zum Trotz – und das hält uns beweglich.“

Ein beliebter Zeitvertreib für unterwegs war in diesen Jahren eine grotesker ‚Gerichtshof‘, der im Bandbus abgehalten wurde und dessen Vorsitz 'Richter Skip' Blauner, ein New Yorker Mitarbeiter von Michael Lang mit beißendem Humor, meist auf der Rückfahrt nach einem Konzert übernahm. Unter viel Gelächter und Geschrei würde der 'Gerichtsdiener Rusty', alias John Troy, den Bus zu Ruhe und Ordnung rufen: „Drop your linen and stop your grinnin' cos it's COURT TIME“ war ein typischer Befehl. gefolgt von einem Vers, den er täglich neu reimte:

Somewhere the sun is shining
Somewhere hearts are light
Somewhere there is no timing
And no worries in sight.
But we care not for leisure
So dig deep in your pocket
Justice is the court's pleasure
So pray you're not on the docket.

(Irgendwo scheint die Sonne, irgendwo sind die Herzen leicht, irgendwo gibt's keine Bestrafung, und keine Sorgen in Sicht. Aber hier geht's nicht um Zeitvertreib, also greift tief in die Taschen, unser Vergnügen ist die Gerechtigkeit – also betet, daß nicht ihr es seid.)

Danach rief 'Richter Skip' jemanden auf, von dem er glaubte, daß er gegen etwas verstoßen hätte. Ein Bandmitglied würde wegen eines Ausrutschers auf der Bühne zu fünf Dollar – oder dem Gegenwert der jeweiligen europäischen Währung – Buße verurteilt werden, ein anderer für's Zuspätkommen zum Bus. Einmal wurde ein T-Shirt-Verkäufer, der gerade mitfuhr, wegen des Tragens von Sonnenbrillen bei Nacht verurteilt – „Du sollst nicht versuchen, der Eitelste weit und breit zu sein!". Niemand war vor Skip sicher – Joe, die Band, die Crew, Freunde, Verwandte – jeder kam dran.

Der Schuldspruch wurde von den Geschworenen, der 'Well-Hung Jury', den jeweils in der hintersten Reihen Sitzenden, gefällt. Einspruch gegen ihre Entscheidung konnte man mit Hilfe des Rechtsbeistandes von ‚Doowe, Cheatem and Howe' – Cliff Goodwin und Larry Marshall – erheben, die jedem Angeklagten gegen fünf Dollar ihre einfallsreichen und leidenschaftlichen Plädoyers anboten. Der 'Gerichtshof' brachte kurzweil auf so mancher endlosen Fahrt und mit dem auf der Deutschland-Tournee 1986 gesammelten Strafgeld ließ Skip Blauner eine 'Goldene Schallplatte' anfertigen, die er dem Band-Busfahrer Herbie auf einer belebten Straße in Deutschland überreichte und darauf bestand, daß die Zeremonie im dichtesten Verkehrsgewühl abgehalten wurde.

* * *

Joe's zweites Album für Capitol – ganz einfach 'Cocker' betitelt – erschien im April 1986. War 'Civilised Man' noch mit zwei Produzenten ausgekommen, so hatte das neue fünf – Capitol versuchte eine Taktik, die bereits Tina Turner zum Durchbruch verholfen hatte.

Seit 'Stingray', war auch Joe's Band erstmals wieder mit im Studio, die auf den fünf von Terry Manning produzierten Tracks spielten. Während der Aufnahmen mit Manning in Memphis nahm Joe die Gelegenheit wahr, um eines seiner alten Idole, Jerry Lee Lewis, zu besuchen. Es war eine enttäuschende Begegnung – der umstrittene Rocker, der bereits Anstoß und Ärger erregt hatte, bevor Joe seine Cavaliers gegründet hat, erwartete ihn vor seinem Haus, als Joe mit Tom Sullivan dort ankam. Joe… „Da war er also … in seiner ganzen Ungeheuerlichkeit … ich hatte ihn bereits einmal in Sheffield gesehen … und er … stand einfach da … zum fünfzehnten Mal verheiratet … und wir erschienen in dieser schwarzen Limousine … ich sagte: 'Jerry, äh … was soll ich sagen? … Ich liebe deine Musik!'

'Weiß ich!'

'Ja, was soll ich noch sagen?' … und Tom ist total beeindruckt …

'Alles in Ordnung?'

'Yeah, alles WUNDERBAR!'

Wir stehen vor seinem Haus und keine Aussicht, von ihm hineingelassen zu werden! Also sage ich: 'Übrigens … ich bin Joe Co …'

'ICH WEISS VERDAMMT NOCH MAL, WER DU BIST!!'

'Aha, ja ... gut ...' Ende der Geschichte ... wir sind wieder in den Wagen gestiegen und weggefahren!"

* * *

'Shelter Me', der Auftakt des 'Cocker'-Albums, zeichnet sich durch die solide Gitarrenarbeit von Cliff Goodwin und einem aufpeitschendem Saxophon-Finale von Mel Collins, ehemals King Crimson und Kokomo, aus und wurde vor Erscheinen der LP als Single ausgekoppelt.

Andere Terry Manning-Produktionen, der ZZ Top zu seinen Erfolgen zählen kann, sind 'A To Z', 'Love Is On A Fade', seine Eigenkomposition 'Heaven', und 'Inner City Blues'. Diesem Song von Marvin Gaye, den Joe schon lange sang, bevor sein Autor ermordet wurde, wird das Arrangement auf dieser Aufnahme voll gerecht: Synthesizer und melodische Bass-Riffs bilden den Untergrund für ein jazziges Piano-Solo von Howie Hersh, während Joe die Wehklage der Motownlegende über den Untergang des Großstadtlebens verkündet.

Drei Produzenten hatten auf 'Cocker' jeweils eine Nummer zur Verfügung: Bernard Edwards – Don't Drink The Water', Albert Hammond (mit Co-Produzentin Diane Warren) – 'Don't You Love Me Anymore' – eine schmerzvolle Ballade mit sich steigerndem, mehrspurigen Gesang, und Richie Zito – 'You Can Leave Your Hat On' – einer pulsierenden Version der Randy Newman-Komposition.

Trotz solch unterschiedlicher Einflüsse findet 'Cocker'zu einer eigenen Identität, keiner der einzelnen Songs widerspricht dem Grundgefühl des Albums. Lediglich mit der Aufnahmetechnik von Ron Nevison, der 'Heart Of The Matter' und 'Living Without Your Love', produzierte, hatte Joe seine Probleme. „Er mag gut sein für Gruppen wie Heart," sagte Joe später, „aber er ließ mich nicht einmal Zeile für Zeile, sondern Wort für Wort seine Songs aufnehmen, um dann alles aneinanderzufügen. Am Schluß bemerkte ich, daß ich den Song gar nicht kannte!" Es hatte sich einiges geändert seit den Zeiten, als Denny Cordell einen Singlehit inklusive Rückseite in einer dreistündigen Session aufnahm.

'Cocker' schlug blitzartig in den europäischen Album-Charts ein und erreichte Platz Drei in Deutschland, wo die Zeitschrift *Fachblatt* das Werk als „einen Beweis für Hingabe und Erfüllung ... eine Liebeserklärung an seine Kunst" bezeichnete. 'You Can Leave Your Hat On', auch bekannt durch den Film *9 1/2 Wochen*, kam als Single an die Spitze der italienischen Charts. Joe hat für das 'Cocker'-Album mittlerweile Gold und Platin-Auszeichnungen erhalten, mit eineinhalb Millionen verkaufter LP's weltweit.

* * *

Kurz nach dem Erscheinen des neuen Albums Ende April 1986 verließ Joe die Vereinigten Staaten für eine Tournee, die, mit kurzen Unterbrechungen, bis Mitte November dauern sollte. Nach Proben in den Bearsville Studios in Woodstock flog er nach London und eröffnete die Tour im Hammersmith Odeon.

Die ausverkaufte Show – die einzige in England in diesem Jahr – wurde von BBC Radio One mitgeschnitten und später ausgestrahlt. In der Band gab es drei neue Mitglieder: John Troy war anstelle von Vito Sanfilippo gekommen, Carla Vaughn ersetzte Elisecia Wright als Back-Up-Sängerin und erstmals seit Bobby Keys Abgang 1978 war mit Rick Cunningham wieder ein Saxophonist dabei. Joe brachte acht Songs vom 'Cocker'-Album und die ganzen Hits in einer eindreiviertelstündigen Show. Der Balkon im Odeon wackelte, als die Zuschauer aufsprangen und begeistert mitrockten. Joe mußte für zwei Zugaben zurück auf die Bühne und selbst fünfzehn Minuten nach dem endgültigen Schluß des Konzertes verlangte eine tobende Fangemeinde nach mehr.

Ein guter Auftritt und ein begeistertes Publikum schien trotz allem die englische Presse nicht zu beeindrucken. *The Guardian* fertigte die Show als „eine Nacht für Unentwegte" ab, während *The Times* die Songauswahl als „gefälliges Designergemisch aus Soul und Rock" bezeichnete. Der Kritiker vom *Daily Telegraph* erklärte, daß „...ein rauhes Knurren zuwenig war", räumte jedoch ein, daß die „...gläubigen Anhänger, die jedem Song begeistert applaudierten und nach zwei Zugaben immer noch klatschten" vielleicht nicht seine Meinung teilten. Die merkwürdigste aller Kritiken aber kam vom *New Musical Express*, der bereits zwei Wochen vorher das 'Cocker'-Album als „Steuerabschreibungsposten von EMI" zum sofortigen Vergessen verdammt hatte. Der Verfasser bezeichnete das Publikum als „im Halbschlaf" und beschrieb sein Verhalten als „ehrfürchtige Regungslosigkeit, die besser zur Staats-Oper als zu dieser heiseren, energiegeladenen Darbietung gepaßt hätte." Kein Wunder, wenn Vic Cocker sagt: „Ich habe vier verschiedene Zeitungen gelesen und hatte das Gefühl, nicht im gleichen Konzert gewesen zu sein."

In Deutschland, wo Joe während dieses Frühjahrs und Sommers wieder einen dichten Konzertkalender zu erfüllen hatte, waren die Kritikerstimmen weitaus positiver. „Rocksänger Joe Cocker bestätigt seinen legendären Ruf" schrieb die *BZ* in Berlin und die *Esslinger Zeitung* berichtete über eine Show in Fürth, bei der Joe zu einem Bluesjam sogar die Mundharmonika hervorgeholt hatte: „Joe scheint besser in Form als je zuvor – ein denkwürdiger Abend!" Es erschienen Titelgeschichten im *Stern*, in *Music Scene* – „Gott sei Dank versteht er, zivilisiert wie er ist, daß wir ihn brauchen", in *Audio* – „Blues ist sein Leben, seine Stimme ist sein Testament", *Stereo* – „Er ist ein musikalischer Diamant geblieben" –, sowie zahlreiche Interviews, unter anderem ein bissiges in *Pop Rocky*, in dem sich Joe über die Ignoranz der englischen Presse beklagt.

Den Mai verbrachte Joe in deutschen Sporthallen und Stadien und den herannahenden Sommer im Juni in Italien, wo bei einigen Auftritten eine Strip-Tänzerin die Szene aus ‚*9 1/2 Wochen*' mit Kim Basinger nachstellte, indem sie auf der Bühne zu ‚'You Can Leave Your Hat On' die Hüllen fallen ließ. Viele der italienischen Konzerte fanden in riesigen Fußballstadien statt, in denen die Bühne am Spielfeld aufgebaut war und das Publikum durch hohe Maschenzäune und patroullierende Soldaten mit Maschinenpistolen von der Arena getrennt, die Show von den Rängen aus verfolgte. „Sie waren unübersehbar," sagt Eric Parker. „Zweihundert Kerle mit Uzis beim Soundcheck! Du gehst zu einem Rock-Konzert und wirst umgeballert!"

Joe durchkämmte einen weiteren Sommer lang Europa und die großen Open Air-Festivals in Belgien, Frankreich, Schweiz, Holland und sogar Sardinien, um dann wieder nach Deutschland zurückzukehren, wo inzwischen 'Don't You Love Me Anymore' zu einem zweiten Single-Hit aus dem 'Cocker'-Album geworden war. Neben Freiluftkonzerten wie auf der Waldbühne in Berlin trat Joe auch in der ZDF-Fernsehshow *Rock Sommer '86* auf.

Mitte Oktober traf er zu einer einmonatigen Tournee in Australien ein, seinem bisher längsten Aufenthalt auf der anderen Hälfte der Erdkugel. Nach dem Eröffnungskonzert in Brisbane folgte eine Show in Sidney, wo die optische Begleitung von 'You Can Leave Your Hat On' die Aufmerksamkeit der wachsamen australischen Presse erregte. Die Geschichte vom „Rock-Veteranen, der von einer Blondine mit großer Oberweite überrascht wurde, die sich vor den 7.000 tobenden Fans auszog" verbreitete sich wie ein Lauffeuer in den Medien des Landes, die über einen Besuch von Joe Cocker nur allzu gerne mit einem Skandal berichteten.

Joe: „Ich war bei einer Radio-Talk-Show und der Moderator war sichtlich enttäuscht. ‚Gibt es also keine Hoffnung, den alten Mad Dog jemals wiederzuerleben?' Es war, als ob ich ein Berserker gewesen wäre! Ich antwortete: 'Es tut mir leid, euch zu enttäuschen, aber heutzutage ist mir ein gutes Konzert wichtiger.' ... 'Ach, nein!' ... aber im Ganzen gesehen waren die Kritiken der Tour ziemlich gut. Pam war mit dabei und sie fotografierten uns zusammen ... 'DER NEUE COCKER ... zur Ruhe gekommen!'"

* * *

Seit mehreren Jahren hatte es keine Amerika-Tournee mehr gegeben. Sein Hauptgeschäft waren die Clubs gewesen, aber darauf verspürte er wenig Lust. „Zu viele Schwierigkeiten, zu viele Streitigkeiten in der Club-Szene," sagt Michael Lang. „Das wollten wir uns ersparen." Vereinzelte Fernsehauftritte aber hatte es in den USA für Joe immer gegeben – in Shows wie *Saturday Night Live* oder *Don Kirshner's Rock Concert* und neuerdings *Solid Gold* und *David Letterman.*

1986 war Joe zu Gast in zwei großen Rockshows – der Apollo Anniversary Show und einer Show über die sechziger Jahre mit dem ehemaligen Fillmore-Konzertmacher Bill Graham. Weiters trat er während einer Pause seiner Europatournee in einer Sendung der National Association of Broadcasters in Chicago auf.

Die Show aus dem Apollo war eine Marathon-Veranstaltung mit einem schier endlosen Aufgebot an Stars: Mary Wells, Four Tops, Commodores, Stevie Wonder, Smokey Robinson, Temptations, James Brown, Rod Stewart, George Michael, Sammy Davis Jr., Lou Rawls, Diana Ross und vielen anderen. Joe's Beitrag, ein Duett mit Patti La Belle, 'You Are So Beautiful', begleitet von Billy Preston am Klavier, hinterließ beim Publikum einen derart magnetischen Eindruck, daß sie nach stehenden Ovationen vom Präsentator Bill Cosby für eine Zugabe auf die Bühne zurückgebeten wurden – bei einer Programmdichte, bei der die meisten anderen Künstler ihren Song kürzen hatten müssen.

Das Sixties Special von HPL-TV wurde im September '86, ebenfalls während einer kurzen Europa-Tourpause, im alten Fillmore West in San Francisco aufgenommen. Viele von Joe's Kollegen aus früheren Zeiten waren mit dabei – John Sebastian, Donovan, Lovin' Spoonful, Santana, Sly Stone – und Joan Baez, die mit Joe gemeinsam 'Up Where

We Belong' sang. Nach einer herzlichen Begrüßung durch Bill Graham eröffnete Joe die Show mit 'The Letter' und kam für ein gemeinsames Finale mit 'With A Little Help' wieder zurück auf die Bühne. Kevin Falvey, der ehemalige American Standard-Keyboarder, war einer der Begleitmusiker von Joe bei diesem Auftritt: „Es gab eine Menge Interessantes zu hören an diesem Abend, aber Joe war mit Abstand der Beste."

* * *

Nach dem Ende der Australien-Tournee kehrte Joe für ein paar Tage nach Santa Barbara zurück, bevor er Ende November wieder nach Deutschland flog. Dort war eben eine neue Single erschienen, 'Now That You're Gone', ein Song, den er mit dem deutschen Musiker Klaus Lage für den Film *Zabou*, mit Götz George in der Hauptrolle, komponiert hatte. Aber den Höhepunkt der Reise bildete in Berlin die Überreichung einer Goldenen für das 'Cocker'-Album, die live vom Fernsehen ausgestrahlt wurde. „Ganz einfach der beste Rocksänger der Welt mit seinem bisher besten Album, " hieß es, und weiter: „Joe ist wie alter Whisky. Er wird immer besser."

* * *

Die ersten fünf Monate des Jahres 1987 verbrachte Joe in Amerika, anfangs in seinem neuen Zuhause. Er war von Jane Fonda's Ranch in ein eigenes Haus gezogen, das er ganz nach seinen Bedürfnissen – mit einem eigenen Musikzimmer – in den Bergen über Santa Barbara bauen hatte lassen. Es war nun zum ersten Mal in seinem Leben der Ort, der ihm in idealer Weise Zuflucht und Erholung von den Strapazen des Konzertlebens gewährte und ihn die Früchte seines hartverdienten Erfolges genießen ließ.

Im Februar fuhr er nach Detroit, um im Club Taboo ein Cinemax TV Special mit James Brown aufzunehmen. Immer schon beliebt bei den Fans in Detroit – Liebhaber echter Soul-Musik – brachte Joe den alten Percy Sledge Hit 'When A Man Loves A Woman' und sang mit James Brown gemeinsam 'I'll Go Crazy', einen Song, den er schon als Vance Arnold in den Pubs von Sheffield gespielt hatte. Das Duett erschien später auf dem Album 'James Brown and Friends'.

Mit seinen Fans und seiner Plattenfirma Capitol schon ungeduldig auf ein neues Album wartend, verbrachte Joe die nächsten beiden Monate mit Aufnahmen im House of Music-Studio in West Orange, New Jersey. Obwohl das Konzept von ‚Cocker' sich als erfolgreich erwiesen hatte, kehrte man doch wieder zu einem einzigen Produzenten-Team zurück – Dan Hartman und Charlie Midnight.

Dan Hartman, Sänger und Multi-Instrumentalist, hatte sich erstmals in den frühen Siebzigern als Mitglied der Edgar Winter Group einen Namen gemacht, bevor er sein erstes Solo-Album, 'Images', veröffentlichte und eine Karriere als Produzent begann. Charlie Midnight war ursprünglich ebenfalls Sänger in seiner eigenen Band, bevor er Hartman begegnete und die beiden sich zu einem Songschreiber-Team zusammentaten. Gemeinsam komponierten sie alle Songs für James Brown's 'Gravity'-Album – ein Werk, das Brown's angeschlagener Karriere wieder zum Erfolg verhalf.

Joe empfand die Arbeit mit dem neuen Team als bereichernde Erfahrung. Charlie Midnight produzierte die Tracks von 'Unchain My Heart', mit Dan Hartman als Co-Produzenten in den Credits. Joe: "Charlie war immer schon selbst ein Sänger und es war das erste Mal, daß ich mit einem Vokalisten als Produzenten arbeitete ... der den Gesang tief in sich selbst spürt und versteht, was man alles im Studio durchmacht. Wenn ich nicht in der richtigen Tonlage war, konnte er es mir sofort sagen – was nicht viele können. Ihm gefiel besonders, daß ich auch vier Takes hintereinander ziemlich identisch phrasieren kann; anders als die meisten heute, die es zwanzigmal oder öfter probieren oder einen Song Zeile für Zeile aufnehmen. Es ist mein Gesangsstil, ich kann den Ausdruck in meiner Stimme genau fühlen und ihn wiederholen."

* * *

Das Album fertig zum Abmischen, machte sich Joe einmal mehr auf zu seiner jährlichen Deutschland- und Europa-Tournee. Es gab einige Wechsel in der Band – Janice Singleton war jetzt an der Seite von Maxine Green, während der altgediente Howie Hersh sich auf neuen Weiden umsah. Sein Ersatz, Charlie Giordano, war ein erfahrener Blues-Pianist aus der New Yorker Club-Szene, der sowohl mit schwarzen Größen wie Lowell Fulson und Chuck Berry als auch mit Rockbands wie Pat Benetar bereits gespielt hatte.

Die Tour begann am 12. Juni in Walldorf, es folgte eine Open Air-Show in Heppenheim am nächsten Abend. Dann flog Joe nach Schweden, zurück nach Frankfurt, hinauf nach Norwegen und wieder zurück nach Karlsruhe und Südwest-Deutschland – alles in einer Woche. Es war eine anstrengende, aber nicht ungewöhnliche Abfolge, von einem Roadie als „Wurfpfeil-Tour" beschrieben. Es folgten weitere Auftritte in Stadien und großen Hallen innerhalb Deutschlands und der Schweiz, wo Joe das Publikum in Montreux mit den Worten begrüßte: „Es ist schön, hier zu sein, aber ihr solltet etwas gegen den Hundedreck auf den Gehsteigen unternehmen!" In der selben Show, im weltberühmten Casino, kam der Blues-Musiker James Cotton für ein paar Nummern auf die Bühne.

Athen am Gipfel einer Hitzewelle brachte einige Probleme mit sich. Rod Libbey: „Das war schon fast eine Katastrophe. Bob Geldof war drei Tage vor uns dagewesen und sie haben das Klavier einfach im Freien stehen gelassen – drei Tage und drei Nächte lang! Es hatte fünfundvierzig Grad und jeden Tag gab es ein paar Hitzetote. ... und sie fragten uns, ob wir einen Klavierstimmer brauchen würden! ... und der Typ tauchte auf ... sah aus wie Chopin ... und begann zu toben und zu schimpfen, als er versuchte, das Klavier zu stimmen.

„Sie hatten uns für die ganze Show ein P. A. mit einer Reichweite für vielleicht fünfhundert Leute aufgebaut – aber die Bühne war an einem Ende des Stadions und überall waren Leute – sie hatten die zehnfache Menge als Eintrittskarten verkauft – und niemand konnte etwas hören. Die Fans außerhalb des Stadions drehten durch, warfen Autos um ... es waren sogar Leute auf den Rängen hinter uns ... aber alle waren begeistert und haben Joe geliebt ... sie rissen die Sicherheitssperren nieder und stürmten die Bühne ... kletterten auf das Lichtgerüst und die Boxen!"

Vorher hatte Joe einen Abstecher nach London zur 'Island Party' gemacht, einer feierlichen Zeremonie anläßlich des fünfundzwanzig-jährigen Bestehens von Island Records, die vom englischen Fernsehen am 4. Juli live übertragen wurde. Joe mußte aufgrund seiner Verpflichtungen seinen Beitrag bereits vorher im Studio aufnehmen. Er gratulierte Chris Blackwell zu seinem Erfolg und sang, begleitet von Sly, Robbie, Wally Badarou und Barry Reynolds, 'Sweet Little Woman' vom 'Sheffield Steel'-Album, bevor er wieder nach Essen zurückflog, wo er am selben Abend auftrat.

Kurz nach der 'Island Party' erreichte Joe ein Anruf, daß Alex Sadkin, der Produzent von 'Sheffield Steel', nach einem Autounfall auf den Bahamas im Koma lag. Sie waren sich erstmals bei den Aufnahmen zu 'Luxury You Can Afford' in Miami begegnet und waren in den folgenden Jahren gute Freunde geworden. Joe: „Ich sprach ein Gebet für ihn … aber dann erfuhr ich in einem zweiten Anruf, daß er gestorben ist. Er lebte für die Musik – ununterbrochen. Ich kann zu Hause tagelang fernsehen – aber Alex lebte die Musik." Joe widmete sein bereits aufgenommenes Album, 'Unchain My Heart', Alex Sadkin – „ein Mensch, der für die Musik lebte und ein guter Freund."

Die Tournee rollte weiter durch Holland, Belgien und Dänemark, zurück auf den Nürburgring und schließlich nach Italien. Bei einem Freiluftkonzert in Salo Ende Juli war eine italienische Hochzeitsgesellschaft unter dem Publikum und die Show endete mit Braut und Bräutigam, komplett mit Schleier und Frack, auf der Bühne mit Joe und der Band. Weitere Auftritte in Reggio und Mailand folgten, bevor sich Joe beim letzten Konzert der Tournee in Neapel einen Finger brach und ausrenkte.

* * *

Die Tournee war ausgesprochen erfolgreich gewesen, riesige Menschenmengen und große Empfänge. Erschöpft und schmerzgeplagt kehrte Joe nach Santa Barbara zurück, wo er seinen Finger einer Operation unterzog. Kaum geschehen, war er schon wieder auf dem Rückweg nach Deutschland, um für das 'Cocker'-Album eine Platin-Scheibe und die Auszeichnung zum 'Besten Sänger des Jahres' live im deutschen Fernsehen entgegenzunehmen. Es war eines der seltenen Male, daß Joe zu solch einem Anlaß mit Frack und Fliege erschien und er sang 'Unchain My Heart' live, während alle anderen Stars der Show ihren Beitrag nur mimten.

Von Berlin aus flog Joe weiter nach England, um nach ein paar Tagen in London und einem Besuch bei seinem Vater in Sheffield auf einer EMI-Konferenz in Brighton wieder mit seiner Band zusammenzutreffen. Er spielte ein umjubeltes Set für die Schallplatten-Industrie-Vertreter und erstmals Material von dem neuen Album 'Unchain My Heart' live mit der Band. Nach einigen Zugaben beendete er den Auftritt mit – passend für den Anlaß – 'Up Where We Belong', wobei Maxine Green und Janice Singleton sich den Gesangspart von Jennifer Warns teilten. Joe und die Band waren in großartiger Form, was sich nicht zuletzt durch das Gewimmel von EMI-Bossen in seiner Garderobe nach dem Auftritt zeigte, die ihm gratulierten.

* * *

Am 11. Oktober, neun Jahre nach ihrer ersten Begegnung, heirateten Pam und Joe. Pam hatte in Joe's Leben eine große Rolle gespielt seit den dunklen Tagen von Drogen und Alkohol und ohne ihr Zutun hätte Jane Fonda wahrscheinlich nie das Haus auf ihrer Ranch an Joe vermietet. So aber hatte sie ihm einen Ausweg und eine Zuflucht von den Verrücktheiten der Gesellschaft in Los Angeles ermöglicht. Es war die Bewunderung für Joe's Musik, die Pam damals zu seinem Fürsprecher machte – persönlich lernten sie sich erst eine Weile später kennen. Kurz nachdem er eingezogen war, ging er schon wieder auf Tournee und auch Pam war in den folgenden beiden Jahren viel auf Achse, um mit Jane Fonda und deren Mann, Tom Hayden, gemeinsame politische Ziele zu verwirklichen. Ihre Freundschaft begann erst zu sprießen, als sie 1981 die Leitung der Kindercamps auf der Ranch übernahm. Fünf Jahre später, als Joe in sein eigenes Haus zog, ging sie mit ihm. Nun, nachdem Joe auf der letzten Tour in Athen erstmals davon gesprochen hatte, wurden sie von ihrem Klempner, dem Teilzeit-Pfarrer ihres Ortes, getraut.

Joe's Trauzeuge war Mark Aglietti – Chef-Roadie auf der 1972-Tour und einer der ersten echten Freunde in Amerika. Bekannte Namen und vertraute Gesichter waren unter den Hochzeitsgästen – Jim Keltner, Jimmy Karstein und Ian Mc Laughlan von den Faces, Produzent Charlie Midnight und die Musiker der Band mit ihren Frauen.

Vater Harold schaffte es nicht zur Hochzeit und erklärte zu Hause in Sheffield dem *Star*, daß er „...England noch nie verlassen habe und sich mit Achtzig etwas zu alt fühle, um noch mit dem Reisen zu beginnen." Harold zeigte sich aber sehr erfreut über die Hochzeit seines jüngeren Sohnes und einverstanden mit seiner neuen Schwiegertochter, die er im Vormonat bei einem Kurzbesuch von den beiden in Sheffield erst zum zweiten Mal gesehen hatte. „Ich bin sehr glücklich mit ihr," sagte er, „Die Ehe wird ihn zur Vernunft bringen ... und auf den rechten Weg... "

* * *

Die Flitterwochen verbrachten die Frischvermählten in Europa, um das neue Album 'Unchain My Heart' zu präsentieren. Es war härter und direkter als die Vorgänger für Capitol und es spielten einige der heißesten New Yorker Studio-Musiker als Kern jeder Aufnahme.

David Beal, mit Zwanzig bereits ein alter Studio-Hase, spielte Drums. Er hatte bereits einmal mit Joe Cocker aufgenommen, nämlich bei der Session zu 'Love Lives On' – einem Song für den Film *Harry And The Hendersons* – in Dan Hartmans's Heimstudio. T. M. Stevens, der Bassist, hat seine Wurzeln im Funk und Jazz. In seiner abwechslungsreichen Karriere hat er kurze Zeit mit dem Mahavishnu Orchestra gespielt, auf einem unveröffentlichten Miles Davis-Album mitgewirkt, mit den Pretenders aufgenommen und alle Bassparts auf dem James Brown – 'Gravity'-Album gezupft.

Phil Grande war für die Gitarrenarbeit verantwortlich. Als ehemaliges Mitglied der Charlie Midnight Band hatte er mit Joe schon bei einigen Konzerten 1981 in den Südstaaten gespielt und war inzwischen ein ständiger Sessionmusiker bei Midnight geworden. Jeff Levine, Keyboards, war über eine Anhörprobe zur Band gestoßen und sein musikalischer Hintergrund war Rythm 'n' Blues und Gospel. Mit Neunzehn war er bereits mit den Chambers Brothers unterwegs gewesen und hatte später mit Größen wie Sam und Dave, Bo Diddley und Wilson Pickett gespielt. Von seinem ersten Zusammentreffen mit Joe erzählt Levine: „Ich spürte sofort, daß Joe eine natürliche Auffassung von Musik hat – ein Verständnis für die Musik, frei von gesellschaftlichen oder anderen Werten. Und von dort komme ich auch – Musik der guten Musik wegen!"

* * *

Das Titelstück des Albums, eine 80er-Version des 60er-Ray Charles-Songs, beginnt mit einem ausdrucksvollen Klavier-Intro von Jeff Levine. Clarence Clemmons, bekannt von Bruce Springsteen's E Street Band, steuert eines seiner unverwechselbaren Tenor-Sax-Solos bei, während die Uptown Horns Joe's Gesang unterstreichen, unterstützt von den drei Hintergrundsängerinnen des Albums – Tawatha Agee, Vaneese Thomas und Benny Diggs. Die Idee, ‚Unchain My Heart' aufzunehmen, stammte von Michael Lang – „Seit Jahren suchten wir nach einem Oldie ... irgendeinem guten alten Song. Wir waren im Flugzeug und flogen zurück ins Studio ... das Album war schon fast fertig ... und wir suchten immer noch nach etwas Besonderem ... da schoß mir dieser Song durch den Kopf ... er war alt und schien perfekt für uns ... Joe erkannte es auch sofort und sagte: ‚'OK, den machen wir.'"

Noch spontaner geriet die Aufnahme von ‚Isolation', die einem Gespräch beim Verlassen des Studios entsprang. Phil Grande: „Joe und ich sprachen über John Lennon ... tauschten Erinnerungen aus ... und er sagte: 'Es gibt ein Lied, das ich immer schon aufnehmen wollte.' Ich hakte sofort ein und wir rannten zum Klavier – während die anderen alle beim Abendessen waren ... und als er dann zu singen anfing, hob ich ab ... ich sagte: 'Wenn überhaupt jemand anders diesen Song richtig bringen kann, dann bist du es, Joe!' ... und wir drehten die Lichter aus und nahmen den Song in zwei Takes auf ... es war ein magischer Moment."

Einer der wenigen Songs auf dem Album, der nicht live im Studio eingespielt wurde, war die Dan Hartman und Charlie Midnight-Komposition 'A Woman Loves A Man'. Phil Grade erinnert sich, wie es dazu kam: „Wir hatten zuerst nur die Spur mit dem Drum-Synthesizer programmiert. Darauf bauten wird dann Stück für Stück, bis es sich langsam zu einem Ganzen zusammensetzte. Es war schon ziemlich am Ende der Session und alle waren gut aufeinander eingespielt. Eigentlich wollten wir ja 'When A Man Loves A Woman'aufnehmen, aber Percy Sledge hatte es gerade selbst wieder herausgebracht."

Hartman und Midnight komponierten auch das schnelle 'Satisfied' und Midnight hatte auch an 'Trust In Me' mitgeschrieben, das von Renee Geyer als Gastvokalistin getragen wird. Beide Produzenten steuerten ihre Händeklatschen für 'The River's Rising' bei, während die langsame Ballade 'The One'durch Phoebe Snow's ätherischem Gesang vervollständigt wird.

Es weht eindeutig ein optimistischer Wind in diesem Album, besonders in den Neu-Kompositionen. Bisher waren die Texte nur zu oft ein Spiegel seiner eigenen Lebensprobleme gewesen – „... die schmerzliche Übereinstimmung des Materials ...", wie es der *Rolling Stone* anläßlich des 'I Can Stand A Little Rain'-Albums festgestellt hatte. Jetzt aber, mit einer Reihe von speziell für ihn geschriebener Songs, entstand der Eindruck eines durch die vielen Wechsel in seinem Leben gereiften Mannes – dem ein paar flüchtige Blicke in die Vergangenheit beweisen, wie glücklich er mit der Gegenwart sein kann.

Dieses Gefühl ist nirgendwo besser ausgedrückt als in den drei Liedern des kanadischen Songwriters Eddie Schwartz: 'Two Wrongs (Don't Make A Right)', das sprunghaft heitere 'All Our Tomorrows', und 'I Stand In Wonder'. Die Fähigkeit derart treffsicher passende Texte zu schreiben, erklärt Joe ganz einfach: „Er ist ein Fan. Also versteht er mich."

Für die Musiker waren die Sessions zu ‚Unchain My Heart' und die Zusammenarbeit mit Joe Cocker eine lohnende Erfahrung. „Wir hatten alle so ein gutes Gefühl," sagt T. M. Stevens, „es waren die richtigen Leute zusammen im Studio." David Beal war erstaunt über die Leichtigkeit, mit der Joe seinen Gesang live aufnehmen konnte. „Dieses Album ging wirklich glatt. Wir gingen ins Studio, nahmen auf und das war's. Wir waren alle im selben Raum, mit Joe in der Gesangskabine. So etwas hatte ich noch nie erlebt."

Joe sieht den Hauptverdienst für den Erfolg des Albums in der Arbeitsweise des Produzenten Charlie Midnight, eine Ansicht, die auch Phil Grande teilt: „Charlie vertraut mehr den menschlichen Dingen als der ganzen Technik. Wir wollten zu den Grundlagen des Souls zurückfinden – Herz und Seele – anstatt einer Menge Overdubs. So blieben die Aufnahmen echt und unverfälscht und die Energie jedes einzelnen ist zu spüren ... eine Menge Individualität mit dem gleichen Ziel – Joe zu unterstützen. Ich glaube, das war es, warum es so gut funktionierte."

* * *

Die Promotiontour für 'Unchain My Heart' begann sechs Tage nach Joe's Hochzeit in Mailand und führte über Deutschland nach London, wo er zahlreiche Presse-Interviews geben mußte und in der ITV-Show *Live at the London Palladium* auftrat. Der Moderator Jimmy Tarbuck begrüßte Joe in der Show – es traten noch Donna Summer, Barry White und The Communards auf – mit folgenden Worten: „Mein erklärter Lieblingssänger – ein Mann, der aus der Hölle zurückgekehrt ist! Wenn es zwanzig Palladium-Shows gäbe, er wäre bei jeder dabei!"

Nach weiteren Fernsehauftritten und Interviews in Rom flogen Joe und Pam zu den Dreharbeiten für ein TV-Special anläßlich der Grammy-Verleihung an Ray Charles zurück nach New York. Die Show wurde im Dezember 1987 ausgestrahlt und Joe sang zusammen mit Cissie Houston ein Medley von Charles-Hits: 'Hallelujah I Just Love Her So', 'Yes Indeed' und 'Unchain My Heart'. „In seiner Nähe fühle ich mich immer ein wenig wie ein Kind," erzählte Joe der New Yorker Journalistin Lisa Robinson. „Ich sage nicht sehr viel."

Zwischen der Aufzeichnung und der Ausstrahlung der Ray Charles-Show ging Joe auf eine kurze Amerika-Tournee. Von San Francisco aus spielten sich er und die Band mit einer Handvoll Konzerte quer durch das Land, um zum Abschluß im Beacon Theatre und im Ritz die ersten beiden New York-Live-Auftritte seit sechs Jahren zu geben. Beide Shows waren ausverkauft und das Publikum ließ ihn nur widerwillig die Bühne verlassen.

'Unchain My Heart' kroch langsam ans Ende der amerikanischen Album-Charts – nicht aufregend, aber immerhin seit langem wieder eine Placierung. In Deutschland erreichte das Album Platz Zwei und in ganz Europa und Australien festigten LP und Single den bereits bestehenden Erfolg der Achtziger.

Eine weitere Anerkennung war die Nominierung von 'Unchain My Heart' für den jährlichen Grammy Award in der Sparte 'Bester Rocksänger'. Obwohl Bruce Springsteen die Auszeichnung gewann, hatte Joe keinen Grund zur Klage. Die Nominierung war ein Beweis für seine Überzeugung, mit 'Unchain My Heart' das beste Album seit vielen Jahren gemacht zu haben.

Kapitel 15

1988 - 1990
Full Circle - To Earth

Im Laufe der drei Jahrzehnte seiner Rock and Roll Karriere hat Joe Cocker mehr als genügend Höhen und Tiefen durchlebt. Erfolgreiche Schallplatten, Auszeichnungen und eine riesige Fangemeinde in der ganzen Welt wurden zeitweise von Schwierigkeiten mit dem Management, Kämpfen mit den Behörden sowie Problemen mit Alkohol und Drogen in einem Maße überschattet, das zur Verzweiflung führte und einen weniger starken Menschen längst umgeworfen hätte.

Der rundliche, milchgesichtige Junge, der für seinen ersten Auftritt selbst Eintritt bezahlte, wurde auf einem langen, harten Weg zu einer der eigenwilligsten Stimmen in der populären Musik. Der *International Herald Tribune* drückte es anläßlich des erfolgreichen 'Cocker'-Albums so aus: „Er war zu oft schon oben und unten, als daß man es als Comeback bezeichnen könnte. Das ganze Leben von Joe Cocker war ein einziges Comeback. Und es hat auch lange gedauert, bis er sein Ziel zum ersten Mal erreicht hat."

Ganze acht Jahre in den Sheffield Pubs hat es gedauert. Selbst in den Maßstäben der sechziger Jahre hat Joe Cocker lange gebraucht, um nach oben zu gelangen. Viele hätten an seiner Stelle aufgegeben und sich nach anderen Dingen umgesehen, aber für Joe gab es nie etwas anderes. Die Musik war immer das Einzige, das für ihn wirklich zählte.

Seine Zielstrebigkeit und Entschlossenheit haben ihm zweifellos über viele schwere Zeiten hinweggeholfen. Über die Mitte der siebziger Jahre, als der Alkohol seine Karriere und beinahe auch sein Leben zerstörte, sagt er: „Ich habe immer ein eigensinniges Leben geführt ... aber die Musik hat mich immer gerettet." In einem Interview für den *Daily Mirror* zur Zeit von 'Up Where We Belong' gibt er einen tiefen Einblick in seine Gefühle für die eigene Musik: „Mir geht es nicht darum, einen Hit zu produzieren. Mich befriedigt, daß ich die Form von Musik kreiere, die Art der Songs singe und die Gefühle vermittle, die mir gefallen und die ich empfinde."

Dieser kompromißlose Ansatz unterschied ihn von den anderen weißen Bluesgrößen seiner Generation, brachte jedoch einen zeitweiligen Rückgang seiner Plattenverkäufe mit sich, der mit 'Stingray' seinen Tiefpunkt erreicht hatte. „Es war selbstsüchtig", gab Joe später zu. „Ich sang Balladen, weil ich Balladen mag, und dachte dabei nicht an die Verkaufszahlen. Ich bin immer davon ausgegangen, daß sich etwas Gutes auch verkauft. Aber so war es leider nicht." Heute würde er „versuchen, darauf zu hören, was das Publikum hören will", aber der Wiederaufbau seiner Karriere - besonders in Europa, wo das Publikum schon immer eine Vorliebe für den Blues hatte - ist ihm trotzdem auf seine eigene Art und Weise gelungen.

Joe: „Ich glaube, daß der Grund dafür, warum ich in Ländern wie Deutschland und Italien so gut ankomme, darin liegt, daß ich mehr persönlichen Kontakt zum Publikum habe. Nun ja, die ganze Sache mit der Präsentation - wenn man sich 40.000 Leuten mitteilen will, muß man seine Präsenz irgendwie verstärken ... aber es hat eben nichts damit zu tun, daß ich ein Star sein will. In Europa stehen die Leute auf Natürlichkeit." Joe hatte schon immer eine natürliche Einstellung zu seiner Arbeit, eine angeborene Sensibilität, sich seinem Publikum mitzuteilen, ganz gleich, wie groß oder klein es ist. Phil Crookes, sein erster musikalischer Partner, hat ihn in den späten siebziger Jahren während eines Urlaubs in Amerika wiedergetroffen. „Ich sah ihn in einem kleinen Club in L.A., wo er mit dem Haustrio 'You Are So Beautiful' sang. Er besitzt eine Art von Magie - und diese Magie hat er schon immer besessen. Man kann es nicht genau beschreiben ... die Leute spüren sie."

Die gleiche Energie zeigte sich im Oktober 1987 in einem kleinen, verrauchten Club in Newcastle-upon-Tyne in England. Joe, der von einer Reihe von Presseinterviews und Fernsehauftritten zur Präsentation von 'Unchain My Heart' schon ziemlich ausgelaugt war, wurde gebeten, auf einer Party des Fernsehsenders Tyne Tees kostenlos aufzutreten. Er hatte an diesem Tag bereits eine Nummer für die Popsendung Roxy des gleichen Senders aufgenommen. Vollkommen erschöpft schleppte sich Joe auf die Bühne und zog dann in Begleitung einer mittelmäßigen örtlichen Band eine Show ab, die man nicht anders als faszinierend bezeichnen kann.

In den sieben Jahren der Zusammenarbeit mit Joe war Larry Marshall Zeuge vieler unglaublicher Auftritte. „Er verfügt über eine Anziehungskraft. In all den Jahren, in denen ich jetzt mit ihm zusammenarbeite, hat es noch keinen Abend gegeben, an dem mir nicht wenigstens einmal ein Schauer über den Rücken gelaufen wäre. Er braucht nur etwas auf eine ganz bestimmte Art zu machen, und mir stehen die Haare zu Berge. Das kann bei 'You Are So Beautiful' sein, einem Stück, das ich schon hunderte Male gespielt habe - aber es packt mich jedesmal."

Eric Parker, der Schlagzeuger, der B.J. Wilson ersetzt hat: „Joe ist sehr sensibel auf die Qualität der Songs. An manchen Abenden dachte ich, daß er diesen einen Fehler oder etwas, das aus diesem oder jenem Grund einfach nicht stimmte, vielleicht nicht gehört hat. Aber am nächsten Tag sagte er dann: 'Was ich dir noch sagen wollte ... dieser Song ... die Brücke sollte etwas anders gespielt werden.' Sein Gehör ist perfekt, er hört einfach alles ..."

„Ich kenne viele, die auf die Bühne gehen und denen es ganz egal ist, was hinter ihnen passiert, solange sie im Scheinwerferlicht stehen. Aber Joe ist da ganz anders ... Wie viele Künstler ist er ziemlich schüchtern ... er ist wirklich ein Gentleman. Ich habe mit so vielen Bands gespielt, in denen sich manche für große Künstler hielten - und die es einen auch spüren lassen. Jeden Tag. Ganz nach dem Motto: 'Ich bin der Star - vergiß das bitte nicht.' Leute, die Joe nicht das Wasser reichen könnten."

Jerry Moss, der mit seinem Partner Herb Alpert vor kurzem das 25jährige Bestehen von A & M-Records gefeiert hat, sagt: „Joe Cocker ist der größte weiße Sänger, mit dem ich je zu tun hatte ... wahrscheinlich der Größte überhaupt. Er hat mir sehr viel bedeutet, persönlich, und er war ein großer „Übergangskünstler“ für uns. In den sechziger Jahren sind wir mit Herb Alpert und Sergio Mendes sehr gut gefahren, aber dann hat sich der Markt plötzlich verändert und nach sogenanntem Rock and Roll verlangt - und Joe war derjenige, mit dem wir die Firma umgestaltet haben. Er war derjenige, auf den wir gesetzt haben, und er hat alle unsere Erwartungen erfüllt. Es war sowohl persönlich wie geschäftlich eine sehr lohnende Erfahrung. Die Zusammenarbeit war bereichernd und ich empfinde für ihn die wärmsten Gefühle.“

Joe hat sich selber nie als Star gesehen. An seiner früheren Angst, daß andere ihn nicht mögen, hat sich nicht viel geändert: „Das ist etwas, was mir mein ganzes Leben lang anhaftet. Ich habe mich einfach nie mit einem Star identifiziert. Ich habe es deshalb nicht getan, weil ich meine Grenzen kenne. Ich spiele kein Instrument und ich habe nicht den größten Stimmumfang der Welt ... ich mache einfach das Beste aus dem, was mir zur Verfügung steht.“

Seine Frau Pam: „Natürlich ist Joe ein Star, aber er verhält sich nicht wie ein Star - in keiner Situation. Ich habe viele Stars kennengelernt und sie alle haben eine bestimmte Ausstrahlung, selbst ihren besten Freunden gegenüber ... um den anderen zu verstehen zu geben, daß sie sich in der Gegenwart eines Stars befinden. Joe hat niemals diese Ausstrahlung.“

Er hat vielmehr eine bescheidene Wärme und einen Humor, der große Zuneigung auslöst. Eine Diskussion zwischen Bandmitgliedern über zur Verfügung gestellte Bühnenkleidung: „Ich möchte mal wissen...“, sagt Joe, „wie kommt es, daß ich immer überbleibe mit einem Jacket Größe 54, Schuhen, die einem Gorilla passen würden und Socken, die mir bis zum Arsch hinaufgehen, während ihr alle wie Prince herumstolziert!“

Kevin Falvey erinnert sich an einen Flug während der Tournee in Australien im Jahr 1977. „Das war eines der komischsten Dinge, die mir je passiert sind ... Wir sitzen im Flugzeug, fliegen irgendwohin und plötzlich ertönt Joe's Stimme über die Bord-Sprechanlage. 'Hier spricht Joe Bangooni. Wir möchten alle Damen an Bord auffordern, ihre gebrauchte Unterwäsche unter dem linken Tragflügel abzuwerfen ...' Und alle standen auf und sahen sich suchend um!“

Jerry Moss hat Joe's Sinn für Humor wirklich auf die härteste Probe gestellt. „Dazu muß man wissen, daß Jerry zu den Menschen gehört, denen man nur mit größter Mühe ein Lächeln entlocken kann. Ich wollte es immer versuchen - nur um zu sehen, wie sich der Mann verändert, oder um ihn zu schockieren oder sonst etwas. Und es ist mir nie gelungen ... Aber eines Abends bin ich mit ihm in ein Restaurant gegangen ... und ich hatte mir diese roten Schuhe gekauft, und dazu diese grellrote Schuhcreme ... Wir sitzen also alle im Restaurant und, als keiner herschaut - ich war damals ein Verrückter - nehme ich eine Handvoll Schuhcreme in den Mund und wische dann schnell die Hand wieder ab. Und sitze da ... und gebe stöhnende Laute von mir ... und halte mir mit schmerzverzerrtem Gesicht den Bauch. Und jeder will helfen: 'Du lieber Himmel, Joe! Was ist denn los?' ... während Jerry auf seinem Stuhl sitzen bleibt. In der Zwischenzeit quillt Rotes aus meinem Mund - und Jerry sagt ganz ruhig: 'Übrigens ... weißt du, das nächste Album ...' als ob nichts passiert wäre! Alle anderen dachten, ich hätte einen Magendurchbruch oder sonst etwas, aber er hat sich nicht beeindrucken lassen. Ich habe mir das Gesicht abgewischt und nur gesagt: 'Wieder nicht drangekriegt!'"

Schockbehandlungen anderer Art wurden an Leon Russell ausprobiert, als Joe ihn eines Tages zusammen mit Denny Cordell aufsuchte. Es war ungefähr zur Zeit von 'I Can Stand A Little Rain', und Cordell, dessen Zusammenarbeit mit Russell bei Shelter Records kurz danach ein bitteres Ende finden sollte, traf Joe ganz zufällig und nahm ihn mit. Cordell: „Leon war inzwischen ein großer Star, wohnte in dieser neuen Wohnung mit einem größeren und besseren Studio und wir kamen vorbei. Er wirkte angespannt und kühl. Er versuchte es mit Smalltalk, aber Joe ließ sich nicht darauf ein. Er sagte: 'Mach weiter so, Leon, mein Lieber. Mach was. Reiß mich zur Abwechslung mal vom Hocker. Mach irgendwas ... Los doch!' Und Leon tat nichts. Und so ging's weiter ... Leon versuchte es weiter mit Smalltalk ... und sagte: 'Erzähl mir Joe ... wie geht's mit Jim Price?'

'Jim Price, mein Lieber? Ich hasse Jim Price.'

'Du haßt ihn, Joe? ... Aber so redet man doch nicht über seinen Kumpel.'

'Kumpel, mein Lieber? Ich hasse ihn! Ich hasse seine Frau ... ich hasse seine Kinder - und ich hasse seinen beschissenen Hund!'"

In Wirklichkeit hegte Joe nicht den geringsten Groll gegenüber Jim Price, der für den Erfolg solcher Cocker-Klassiker wie 'Guilty' und 'You Are So Beautiful' verantwortlich war. Er wollte damit lediglich den immer-coolen Leon Russell schockieren. Und das hat er laut Cordell auch geschafft. „Das einzige Problem war, wenn Joe einmal loslegte, wußte man nie, wie weit er gehen würde!"

Denny Cordell kannte Joe in den Jahren nach seinem ersten Durchbruch besser als jeder andere. Er war Zeuge seiner Triumphe im Jahr 1969 und hat auch die schweren Zeiten der Mad Dogs im darauffolgenden Jahr miterlebt. Er war auch Zeuge so vieler Szenen, die Joe's Überleben als Wunder erscheinen lassen. „Joe glaubte, er wäre unzerstörbar ... jede Art von Drogen, die zu kriegen war - kein Problem, einfach runter damit und so tun, als wäre nichts geschehen. Er hatte diesen besonderen Stolz der Leute aus dem Norden - nichts kann mich umhauen, ich kann den höchsten Berg erklimmen, das tiefste Meer durchschwimmen. Ich erinnere mich - wir waren in New York während der besagten '69er-Tour. Verdammt kalt. Diese echte New Yorker beißende Kälte. Wir hatten vor, vom Club aus zu Fuß zu gehen und ich sagte: 'Du ziehst dir besser einen Mantel über, Joe, draußen ist es kalt.' Er hat nur ein winziges T-Shirt angehabt ... ich hab einen dicken Mantel getragen und trotzdem gefroren. Er stapft raus ... ich sage: 'Joe - du wirst erfrieren.' Er sagte: 'Ich brauche keinen Mantel, mein Lieber!, zog sein T-Shirt aus und stopfte es in seine Tasche und ging mit nacktem Oberkörper die 8. Avenue entlang. Das war typisch Joe!"

Joe's unbeirrbare Haltung bedeutete, daß auch die Geschäfte anderen überlassen wurden - deren Motive, wie er später herausfand, nicht immer zu seinem Besten waren. Aber für jemanden, dessen Karriere beinahe durch Managementstreitigkeiten zunichte gemacht worden wäre, hegt er erstaunlich wenig Groll. „Wozu soll das gut sein? Wenn man's genau nimmt, muß ich mir selber die Schuld geben - nie Verträge gelesen ... ich hab' seither viel dazugelernt. Wenn ich etwas klüger gewesen wäre ... wie Spencer Davis - wenn man ihn betrachtet - er war der beste Geschäftsmann überhaupt ... von dem Frank

Barsalona erzählte: 'Ich will das Geld holen und stelle fest, daß Spencer es bereits abgeholt hat!' Aber das war, bevor ich noch irgend etwas begriffen hatte ... Ich sag dir, wie man damals dachte ... Ich sagte zum Beispiel: 'Hey Dee, - wo ist mein Geld?' 'Was meinst du, wo ist mein Geld?' 'Wo sind meine Kohlen .. von der Tour?' 'Warum? Was willst du? Willst du ein Haus? Willst du ein Auto' 'Eigentlich nicht ... Ich will bloß meine Kohlen' - Gebündelt, und die haben's einfach nicht begriffen. 'Aber warum denn, Joe? Sag uns, was du willst ... Willst du ein Paar Rollschuhe?' 'ICH WILL MEIN GELD.' Und sie haben's einfach nicht begriffen. Sie haben mir alles Mögliche gekauft, aber das haben sie nicht begriffen ... Sie haben zum Beispiel gesagt: 'Du bist ein Rock and Roll-Sänger ... jemand wie du sollte solche Sachen nicht sagen ... Hey Joe - das ist nicht cool! Um GELD bitten?' Sie hätten einem lieber zehn Riesen gegeben ... Ich glaube, das stammt noch aus der alten schwarzen Schule ... wie Marvin Gaye ... diese Typen standen drauf, mit zwanzig Riesen in der Tasche herumzuspazieren ... große Sache, stimmt's?"

„Genauer gesagt ... je klüger man in solchen Dingen ist, desto mehr mußt du dich mit ihnen herumärgern. 'Joe! Du bist doch ein Sänger, oder?' 'Ja ... eh, ich versuch's zumindest.' 'Also dann ... warum konzentrierst du dich dann nicht einfach aufs Singen ... versuch erst gar nicht, ein Geschäftsmann zu werden ... Laß mich dafür sorgen, daß dir das Geld aus der Tasche gezogen wird.'"

„Aber ich hab mit diesen Leuten so eng zusammengearbeitet ... daß ich mich nie mit ihnen streiten könnte ... Wenn ich einen von ihnen nach all den Jahren morgen wiedertreffen würde, könnte ich mich ohne weiteres mit ihm an einen Tisch setzen. Warum? Weil es Rock and Roll ist. Die Welt ist so wie sie ist und die Welt des Rock and Roll ist kein bißchen anders."

* * *

Joe's unbekümmerte Einstellung zu Geld hatte in der Vergangenheit dazu geführt, daß es so schnell wieder verschwand, wie er es bekam - und häufig waren die Nutznießer die Leute um ihn herum seine sogenannten Freunde und nur selten er selbst. Wenn man voraussetzt, daß die Schecks auch wirklich eingelöst wurden. Nigel Thomas: „Als ich Joe's Manager wurde, gab es zwei Schecks, die er in den letzten achtzehn Monaten verloren hatte. Der eine stammte von Warner Brothers für die Woodstock-Platte und der andere von A & M für Mad Dogs-Tantiemen. Er hatte die Schecks erhalten - er wohnte damals bei seiner Mutter - und er hatte sie einfach verloren. Ans Tageslicht kam die Sache erst, als Jerry Moss mich eines Tages anrief und sagte, daß diese Schecks niemals eingelöst worden waren. Ich sagte: 'Das ist unmöglich' - aber es stimmte tatsächlich.""

Aus solchen Geschichten entstehen gerne Mythen, aber diese ist hundertprozentig wahr. Im September 1987 stöberte Harold Cocker in einem Schallplattenschrank in seinem Wohnzimmer. Seit ewigen Zeiten hatte niemand mehr dort nachgesehen. Neben alten 78er-Platten von Joe und Vic, Aufnahmen von Lonnie Donegan, Chas McDevitt, Eddie Cochran und Jerry Lee Lewis; den Noten zu 'Makin' Whoopee', zwei Büchern - 'The Right Way To Play The Chromatic Harmonica' und 'Ray Charles - 24 Songs' sowie drei ungeöffneten Rechnungen eines New Yorker Zahnarztes, fand er zwei Schecks. Einer war von A & M, ausgestellt am 4. Juni 1971 über 197.054,51 Dollar, der andere, in der Höhe von 26.000 Dollar, stammte von Warner Bros. Sie waren während Joe's Rückzugs-Phase nach den Mad Dogs angekommen, und er hatte sie beiseite gelegt und vollkommen vergessen.

Heute zeigt Joe - älter, klüger und dankbar dafür, in der Welt des Rock and Roll eine zweite Chance bekommen zu haben - mehr Interesse für seine geschäftlichen und finanziellen Angelegenheiten. Jetzt ist er auch darum bemüht, sich die Schmarotzer und Schnorrer vom Leib zu halten. Über die Mitte der Siebziger sagt er: „Eine Menge Leute trampelten damals auf mir herum. Ich bin benutzt worden - das weiß ich."

Manche ließen sich auch nicht so leicht abschütteln. Tom Sullivan: „Als ich begann, mit Joe zu arbeiten, konnte es vorkommen, daß ich nach einer Tour mehr Geld in der Tasche hatte als er. Er hat so viel Geld ausgegeben ... für verschiedene Dinge ... Um ehrlich zu sein, ich hatte keine Ahnung, was eigentlich los war ... Das war auch bei der ARMS Tour so - in diesem Raum eines Tages mit all diesen Leuten. Alles Millionäre - bis auf Joe. Er hatte genug gehabt, aber es ist ihm einfach durch die Finger geflossen."

* * *

Es ist kein Geheimnis, daß Joe einen beträchtlichen Teil seines Geldes für Drogen ausgab. Auch nachdem er 1973 vom Heroin losgekommen war, hat er noch jahrelang mit anderen pharmazeutischen Freuden experimentiert. 1979 hat er einem ungläubigen Bart Mills von der Tribune seine Erfahrungen mit PCP, das normalerweise als Beruhigungsmittel für Nashörner benutzt wird, auseinandergesetzt. „Alles, was mein Verhältnis zur Musik hin verändert interessiert mich", erklärte er ihm. „Man nimmt eine Droge wie diese - und hat plötzlich ein anderes Gehör. Obwohl man weiß, daß die Droge das Gehirn schädigt ... man hört plötzlich Maschinengewehrfeuer im Hinterkopf."

Mit Drogen haben sich einige große Zeitgenossen von Joe Cocker ihr eigenes Grab geschaufelt. Er hat überlebt und die Sinnlosigkeit des Ganzen erkannt. Obwohl er ein Mann ist, der nicht viel im Leben bereut, hat er doch gelegentlich sein Bedauern darüber zum Ausdruck gebracht, daß er in der Vergangenheit nicht sorgsamer mit sich selbst umgegangen ist. „Wir glaubten, wir seien unverletzlich, aber alles hat seinen Preis - körperlich und geistig", erklärte er einem Interviewer vor nicht allzu langer Zeit. Heute kann er es sich nach dem schwierigen, aber erfolgreichen Kampf gegen die Versuchung leisten, zufrieden auf das zu blicken, was er erreicht hat.

„Ich will nichts mehr davon wissen. Heute kann ich in einer Bar in Holland oder sonstwo sitzen ... Es ist spät und ich bin allein und jemand spricht mich an: 'Hey Joe! Willst du mit raufkommen und es dir gut gehen lassen ... Coke?' Es interessiert mich nicht im geringsten ... ich bin froh, daß ich jetzt damit umgehen kann."

Schwer umzugehen ist jedoch damit, daß manche Interviewer nur über die alten Drogentage reden wollen und dabei die Musik und alles andere völlig unterbewerten. „Es ist zermürbend und lästig. Es heißt immer: 'Nimmst du immer noch Drogen?' - 'Nein.' 'Wie war es, als du Drogen genommen hast?' - 'Tja, ich versuche, nicht mehr daran zu denken.'

'Warum machst du keine Antidrogenwerbung?' '- 'Ich mache überhaupt keine Werbung.' 'Was willst du den jungen Leute von heute sagen?' 'Was soll ich ihnen sagen? - Laßt die Finger davon. Man muß die gleiche Straße wieder runter auf der man hinaufgekommen ist.' Manchmal ist es ganz schön frustrierend ... weil sie nichts anderes hören wollen."

Auch seinen legendären Alkoholkonsum hat er eingeschränkt. Ein schwerer Biertrinker bereits seit seinen Jugendtagen, ist Joe wie viele andere ehemalige Heroinsüchtige voll auf Alkohol als Ersatzdroge umgestiegen - und auch, um seine Nervosität vor den Shows zu bekämpfen. Und ebenso wie an Drogen, gab es auch keinen Mangel an „guten Geistern", die sich alle darum bemühten, Joe von seinem „Stress" zu erlösen. Mick Weaver erinnert sich an einen Vorfall im Jahr 1974. „Wir kamen in einem Hotel an, checkten ein, und der Typ an der Rezeption schiebt eine Flasche herüber und sagt: 'Hey Joe, das ist für dich.' Es war eine Flasche Ansatzkorn, ungefähr sechzig-prozentig ... Nur ein kleines Geschenk, mit dem der Mann ihm eine Freude machen wollte. Ich muß jedoch sagen, daß ich noch nie jemanden gesehen haben, der so viel trinken konnte wie Joe - er hat eine richtige Pferdenatur!"

Jerry Moss staunte nicht schlecht, als Joe's gute körperliche Verfassung ärztlich bestätigt wurde. Ungefähr zu der Zeit, als 'I Can Stand A Little Rain' aufgenommen wurde, erhielt er spät nachts einen Anruf von Jim Price, der ihm aufgeregt mitteilte, daß Joe anscheinend Blut spuckte. „Wir kamen in Joe's Motelzimmer und fanden ihn schlafend auf dem Fußboden ... wir schüttelten ihn wach, er war ganz benommen, und schleppten ihn ins Krankenhaus. Allmählich wurde er nüchtern ... 'Was ist den hier los, Mann?' wollte er wissen, und in diesem Moment kam der Arzt durch die Tür. Joe sagte: 'Wer sind Sie denn?', und er: 'Ich bin der Arzt.' Und auf einmal ging alles drunter und drüber. Ich kam mir vor wie in einem Film der Marx Brothers. Joe ging auf den Gang hinaus und inzwischen fühlte er sich wieder großartig ... er fühlte sich wunderbar, aber er hat mir versprochen, zur Durchuntersuchung dazubleiben."

„Der Arzt rief mich zwei Tage später an und sagte: 'Er hat einen Reflex in seinem Körper, der ihn jedesmal, wenn er riesige Mengen Alkohol in sich hineinschüttet, sich übergeben läßt.' Ich sagte: 'Interessant, Herr Doktor. Aber wie lang kann ein Mensch damit überleben?' Und er sagte: 'Damit kann er achtundneunzig Jahre alt werden ... er ist einer der robustesten Menschen, die ich kenne! Er hat eine unverwüstliche Gesundheit, wie sie mir noch selten untergekommen ist!' Er ist ein Wunder!"

Michael Lang: „Jerry Moss konnte nie mit ihm nie vernünftig über seine Trinkerei reden, weil er sofort aggressiv reagierte. Deshalb mußte ich solche Dinge machen wie ... wenn irgendwo eine Flasche Scotch herumstand, mußte ich einen Teil davon trinken ... damit er nicht mehr so viel trinken konnte ... Es gab viele solche Dinge, die ihm helfen sollten, wieder aufs richtige Gleis zu kommen ... aber das meiste hat er selbst geschafft. Er hat sich wirklich von ganz unten wieder hochgezogen."

Ein Besuch bei einem Arzt in der Harley Street, den sein englischer Steuerberater, Bernard Pendry, für ihn arrangiert hatte, überzeugte ihn von der Notwendigkeit, seinen Lebenstil zu ändern. „Ich habe ihn hingeschickt, weil er wirklich in schlechter Verfassung war. Er hat Joe gründlich untersucht und dann kein Blatt vor den Mund genommen. Er erklärte ihm: 'Ihre Leber ist durchlöchert ... wenn Sie nicht sofort aufhören, zu trinken, sind

Sie bald unter der Erde.' Danach hatte es den Anschein, als ob er wirklich kürzer treten würde."

Gefahren lauern jedoch überall, besonders auf Tour und nicht immer dort, wo man sie erwartet. „Es gibt so viele Idioten", sagt Larry Marshall, „die aufgrund seines Rufs sagen: 'Kommt - wir wollen uns den besoffenen Joe Cocker ansehen - das ist der, von dem wir alle gehört haben. Wir wollen ihn besoffen machen.' Und das nicht nur mit Alkohol - es kann alles Mögliche sein. Es ist kriminell. Besonders einige seiner Freunde' - in Anführungszeichen - Joe's alte Kumpel, die ab und zu vorbeischauen ... aber auch Stewards im Flugzeug bieten ihm eine Flasche an ... selbst Veranstalter ... und dann sind sie plötzlich echt schockiert, wenn Joe auf der Bühne herumtorkelt!"

In den achziger Jahren wurden solche Vorfälle jedoch aufgrund der zunehmenden Standhaftigkeit von Joe und dank der Wachsamkeit von Tom Sullivan, der kaum von seiner Seite wich, immer seltener. Tom hatte keine leichte Aufgabe. „Ich wollte ursprünglich nicht so lange dabei bleiben", sagte er im Juni 1987, bereits im achten Jahr der Zusammenarbeit mit Joe. „Ich habe nach der ersten Tour ziemlich deutlich erklärt, daß ich eigentlich nicht mehr länger mitmachen will. Es war manchmal ganz schön schwer, mit diesen Situationen fertig zu werden ... Ich wollte andere nicht vor den Kopf stoßen, aber irgendwann habe ich begriffen, daß ich lernen mußte, damit zu leben. Warum? Es hatte viel damit zu tun, daß sich zwischen Joe und mir allmählich eine Freundschaft entwickelte."

Tom Sullivan hat Ende 1987 beschlossen, das harte Leben unterwegs gegen ein ruhigeres Leben in L.A. einzutauschen. Kurz vor dem Abschied sagte Joe über seine schwierige Aufgabe: „Tom ist mehr als nur ein Roadie ... wir haben eine Beziehung ... wenn er nicht da ist, sagen die Leute: 'Joe ... mach das ... oder mach jenes ...' aber Tom erklärt ihnen: 'Hey - er braucht seine Ruhe.' Er weiß genau, wie man das macht."

Heute trinkt Joe vor Auftritten überhaupt nicht mehr. „Die Show ist die Hauptsache. Früher war ich mehr mit dem Trinken beschäftigt, aber heute geht es mir nur darum, eine gute Show zu machen." Nach der Show und an freien Abenden zwischendurch kann er entspannen. Aber die Zeiten, wo er auf der Bühne herumstolperte, nicht mehr sprechen konnte und sich vor dem Publikum übergeben hat, sind endgültig vorbei.

* * *

Anfang 1988 beschloß Joe, daß es an der Zeit war, einige Veränderungen in seiner Band vorzunehmen. Gegen Ende der letzten Tour hatte er davon gesprochen, daß die alte Besetzung zur vertrauten Gewohnheit geworden war und er das Bedürfnis nach neuer Anregung verspürte. „In der Vergangenheit hatte ich das Gefühl, daß ich musikalisch nicht das erreichte, was ich wollte - und dieses Gefühl habe ich immer noch. Ich brauche einen neuen Kick, irgend etwas, das mir wieder neuen Schwung gibt."

Er war von den Musikern, die auf 'Unchain my Heart' mitgespielt hatten, beeindruckt gewesen und als er Ende Februar in Italien zur nächsten Europatournee eintraf, begleiteten ihn eben diese Studio-Musiker aus New York als Kern seiner neuen Band.

Es war mit Ausnahme der Sängerin Maxine Green eine komplette Neubesetzung. Die ehemalige Ikette - 'my all-time angel' - wie Joe sie auf der Bühne nannte - hatte, seit sie 1980 zu Cocker gekommen war, viele Musiker und Vokalisten kommen und gehen sehen; jetzt war sie die einzige, die nach dem großen Wechsel übrig war.

Joe's Entscheidung, sich von seiner alten Band zu trennen, erfolgte nicht ohne Schmerz und Zögern. Die schwierigste Aufgabe bestand darin, dem langjährigen Gitarristen Cliff Goodwin die Trennung beizubringen: „Ich war sehr nervös, als ich's ihm gesagt habe ... ich konnte kaum mit ihm darüber reden. Er hat mich zehn Jahre lang begleitet und die Nachricht hat ihn schwer getroffen, schwerer als die anderen. Aber ich habe ihnen allen gesagt ... ich glaube, auf lange Sicht gesehen - ist es keine schlechte Referenz, wenn ihr sagen könnt, ihr habt einige Jahre mit mir gearbeitet."

Die neue Band setzte sich aus den Musikern zusammen, die auf der Platte gespielt hatten - Jeff Levine, Keyboards; David Beal, Schlagzeug; T.M. Stevens, Bass und Phil Grande, Gitarre verstärkt durch den zweiten Gitarristen Jeff Pevar, Marty Kersich, Saxophon und Danny Louis, Trompete und Keyboards. Renee Geyer, die als Gastsängerin auf der Platte zu hören ist, begann die Tournee als Partnerin von Maxine Green, wurde aber ein paar Wochen später durch Carla Vaughn ersetzt.

Den Auftakt der Tournee bildeten das San Remo Television Festival sowie ein einwöchiger täglicher Fernsehauftritt in der Fernsehshow DOC in Rom. Das erste Livekonzert fand vor großem Publikum im Le Zenith in Paris statt. Darauf folgten hintereinander Auftritte in Holland, Belgien und Spanien, dann in der Schweiz sowie in Westdeutschland.

Vier Monate lang stürmte er durch Europa, wobei es nur wenige freie Tage gab. überall waren die Zuschauer begeistert; die neuen Musiker - von der Begrenzung der Studios befreit - erzeugten eine Stimmung und Spannung, wie man sie in einer Cocker-Show seit Mad Dogs and Englishmen nicht mehr auf der Bühne erlebt hatte. Optisch und musikalisch gesehen brachte die Band eine Menge Neues und Joe hatte noch selten so entspannt und überzeugend gewirkt wie bei diesen zweistündigen energiegeladenen Sets. „Ein nie zuvor dagewesenes Selbstvertrauen" schrieb ein holländischer Kritiker. „Joe ist zu einer Turboversion seiner selbst geworden" hieß es in der *Berliner Morgenpost.*

In Hamburg, ungefähr nach der Hälfte der Tournee, sprach Joe über seine Zufriedenheit mit der Entwicklung der neuen Band: „Wir sind immer noch im Experimentierstadium, aber es gibt ein neues Element mit der Band ... Ich gehe jetzt raus und habe nicht mehr das Gefühl, daß ich sie irgendwie antreiben muß - in der alten Band wurde das langsam zur Belastung. Die neuen Musiker haben eine andere Einstellung - nicht die „solange wir bloß irgendwo spielen, können wir eine ruhige Kugel schieben, wir brauchen uns nicht anzustrengen."

„Ich will damit nichts Schlechtes über sie sagen, denn sie haben in all den Jahren hart für mich gearbeitet. Und es gab Abende, das gebe ich zu, wo ich die Bühne betrat und die Musiker waren gut in Form und ich nicht ... aber es gab Abende, an denen es hieß: 'Hey Joe - wir sind doch hier nur in so und so' ... wir sollten überall versuchen, unser Bestes zu geben. Diese Band ist sehr viel beständiger. Ich gehe raus und ich weiß, daß sie hundertprozentig da sind. Daß alles stimmt."

Die neuen Bandmitglieder machten kein Geheimnis aus ihrer Freude darüber, mit Joe auf Tour zu sein. „Die Chance zu bekommen, mit jemandem zu arbeiten, den man immer verehrt hat ... einfach jeden Abend auf der gleichen Bühne mit ihm zu stehen ... das ist ein schönes Gefühl", sagte Phil Grande, der einräumte, daß er viel mehr Geld hätte verdienen können, wenn er zu Hause geblieben wäre und weiter im Studio gespielt hätte. „Mit Joe arbeiten?" sagte David Beal. „Es ist eine Wucht ... eine großartige Erfahrung. Im Studio muß alles präzise sein ... und neu, etwas, das keiner vorher gehört hat. Hier können wir einfach Rock and Roll spielen. Joe ist einfach unglaublich in dem, was er macht."

T.M. Stevens, der bei den Aufnahmen von 'Unchain My Heart' einige Monate davor dabei gewesen war, tourte mit Little Steven, als er mit Joe wieder im Town and Country Club in London zusammentraf. „Ich wußte nicht einmal, daß er dort war. Ich kam auf die Bühne und machte die Show ... es war eine heiße Nacht, der Laden war voll - wir rockten. Dann gingen wir auf diese Presse-Party, und da war Joe. Ich habe an dem Abend keine Interviews gegeben und seine Frau sagte: 'Spielst du mit Joe?' Wir lachten darüber - jetzt bin ich hier. Joe ist so bescheiden ... und davon können wir alle lernen. Ich will damit sagen, wenn ich ihn so ansehe - er hat seinen Preis bezahlt."

Anfang Juni trat Joe zum erstenmal hinter dem Eisernen Vorhang auf; er gab zwei Open Air-Konzerte, die von der deutschen Regierung ermöglicht worden waren. Zu der Vorstellung in Ostberlin kamen schätzungsweise hundertausend Menschen ... In Dresden, wo Joe von einem Regierungsbeamten erfuhr, daß er der erste ausländische Star seit vierzig Jahren sei, waren es sogar 125.000 - „Menschen, so weit das Auge reichte." 1969 war er während der Sommer-Rockfestivals in Amerika vor ähnlich riesigen Mengen aufgetreten. Damals standen jedoch unzählige Stars auf dem Programm. In Ostdeutschland strömten die Menschen nur eines Mannes wegen zusammen - Joe Cocker.

Zwei Höhepunkte bildeteten das Ende dieser Europatournee: am 6. Juni ein Auftritt in der Royal Albert Hall in London aus Anlaß der Prince's Trust Rock Gala, bei dem der Kronprinz und die Prinzessin von Wales anwesend waren. Von Midge Ure's All Stars begleitet sang Joe 'The Letter' zu tumulartigen Begeisterungsstürmen. 'With A Little Help From My Friends' war das Finale der Show, bei dem Eric Clapton, Mark Knopfler, Peter Gabriel, Phil Collins und die Bee Gees gemeinsam auf der Bühne standen. Die Fernsehausstrahlung der Gala brachte Joe mehr Popularität, als er sie in den letzten zwanzig Jahren in England gehabt hatte.

Das andere große Ereignis war das Nelson Mandela Birthday Concert am 11 Juni. Das Wembley Stadium füllten etwa achzigtausen Fans und eine Milliarde Menschen, so hieß es, sahen die zehnstündige Show im Fernsehen. Joe sang 'Unchain my Heart' im Soulteil am Nachmittag, wobei er von Jeff Levine und einem großen Orchester unter der Leitung von H.B. Barnum begleitet wurde. Im Spätsommer folgten mehrere Kurz-Tourneen, darunter einige erfolgreiche Shows in Amerika, von denen die erste in Los Angeles stattfand. Danach trat er in Montreal, Toronto und Atlanta auf; in New York spielte Joe in einer der heißesten Nächte des Jahres im Pier. Die *New York Post* war beeindruckt: „Er hat seine Hits und seine gleichfalls exzellenten Plattenstücke mit einer Mischung aus Gefühl und rauher Kehle vorgebracht, die ihm nach und nach auch die jüngeren Generationen erschließt."

Für die siebzehn Shows in Amerika und die zehn in Australien holte Joe keinen geringeren als Chris Stainton zurück in die Band, der zusätzlich zu Jeff Levine Keyboards spielte. Seit der ARMS Tour im Dezember 1983 hatte er immer wieder davon gesprochen, mit seinem alten Pianisten zu spielen, und jetzt wurde es schließlich wahr. Die Wiedervereinigung kam durch Michael Lang zustande, der Stainton kontaktierte, nachdem er Eric Claptons Band verlassen hatte und im Londoner West End im Musical-Orchester zu Andrew Lloyd-Webbers 'Starlight Express' spielte. Fünfzehn Jahre, nachdem die Partnerschaft Cocker/Stainton aufgelöst worden war, spielten sie wieder zusammen und Joe war hocherfreut - „Wir haben uns immer ziemlich nahegestanden und deshalb war diese Wiedervereinigung sehr bewegend. Und die ganze Band ist voller Bewunderung für ihn. Wie Musiker nun einmal so sind, haben sie gleich gefühlt, daß Chris etwas Besonderes ist. Ich habe mit einigen ausgezeichneten Musikern gearbeitet, aber er ist einzigartig."

* * *

Den ganzen Winter über arbeitete Joe an seinem neuen Album 'One Night Of Sin.' Wieder war Charlie Midnight der Produzent, und die Band, die schon für 'Unchain My Heart' zusammengestellt worden war und jetzt durch Chris Stainton verstärkt wurde, begleitete ihn.

'When The Night Comes', der erste Titel auf der Platte, die eine ausgewogene Mischung aus Rocknummern und Balladen bietet, stammt von dem kanadischen Star Bryan Adams, der bei dieser Aufnahme selbst Rhythmusgitarre spielt. Joe: „Yeah, ich mag seine besondere Art zu spielen ... Er hat zunächst ein bißchen gezögert, mir das Stück zu geben, weil er wahrscheinlich selbst einen Hit damit hätte landen können, aber ich war dankbar." Tatsächlich landete Joe mit dem Song in ganz Europa in den Single-Charts und kam in Amerika zum ersten Mal seit 1982 wieder in die Billboard Top Twenty, und zwar auf Platz 11.

Joe's Auswahl der Songs brachte neben neuem Material auch einige alte Titel zum Vorschein. Gerry Goffins 'Got To Use My Imagination' hat viel Saxophon und Bläserhintergrund, während 'Unforgiven', ein Stück von Tim Hardin, das fast 15 Jahre lang in der Schublade war, nur mit Klavier und Saxophon instrumentiert. „Wir hatten den Song schon damals, als ich mit Rob Fraboni an 'Stingray' gearbeitet habe", sagt Joe. „Keiner hat ihn seither versucht und deshalb schien es eine gute Idee. Es ist ein wirklich schwieriges Lied."

Michael Lang schlug 'Fever' vor, ein Stück mit einem starken Arrangement und den hervorragenden Uptown Horns. Joe hatte die Nummer, die in den fünfziger Jahren durch Peggy Lee populär wurde, als Schuljunge zum erstenmal gehört; eine 78er Scheibe steht immer noch im Plattenschrank seines Vaters in Sheffield.

Produzent Charlie Midnight schrieb die beiden Nummern 'Letting Go' und 'Bad Bad Sign', das einem der besten Stücke der Platte, 'I'm Your Man', vorausgeht. „Ich stand schon immer auf Leonard Cohen. Irgendwo habe ich noch eine neue Nummer von ihm. Auch das war Michaels Idee. Leonard singt in einer so ungewöhnlichen Tonart, daß man kaum sagen kann, ob ein Song eine Melodie hat oder nicht, aber es ist ganz gut geworden."

'One Night Of Sin', der Titelsong, was Charlie Midnights Idee. „Wir sind beide alte Bluesfans, und er dachte, es wäre ganz nett. Elvis hatte damit einen Hit gelandet, aber er nannte es damals 'One Night With You.' Ich vermute, daß damals, als alle noch auf ihr Image achteten, das Wort Sünde nicht vorkommen durfte, aber so heißt die Originalversion von Smiley Lewis. Eine Nacht der Sünde hat mein Leben zerstört."

Die Aufnahmen für das Album in New York waren nicht einfach, es war tiefster Winter und Joe hatte eine schlimme Erkältung, aber einer der befriedigendsten Momente war die Aufnahme eines selbstgeschriebenen Titels, des ersten nach sechs Platten und vierzehn Jahren. Zusammen mit Chris Stainton und Jeff Levine schrieb Joe 'Another Mind Gone', nachdem er hörte, daß sein alter Schlagzeuger B.J. Wilson an einem Beatmungsgerät hängt, nachdem er versucht hatte, sich umzubringen. „Das hat mich aufgewühlt ... B.J. hat lange Zeit mit mir gearbeitet, er war mein Freund. Es hat mich wütend gemacht und ich glaube, der Text hat viel damit zu tun. Es gibt viele Rocktragödien, aber die ist wirklich tragisch."

'One Night Of Sin' landete in Europa sofort ganz vorne in den Charts, bevor es im Spätsommer 1989 in Amerika veröffentlicht wurde. Bis Weihnachten waren weltweit bereits über eine Million Exemplare verkauft und das Album war auf dem besten Weg, den vorhergehenden Bestseller 'Unchain My Heart' noch zu übertreffen. Wie Joe während eines Rundfunkinterviews für die BBC richtig bemerkte: „Nicht schlecht für einen 45jährigen Bluessänger!"

Im Februar 1989, kurz nachdem die Aufnahmen beendet waren, wurde Joe ins Weiße Haus nach Washington eingeladen, um auf der Einführungsparty des neuen Präsidenten George Bush zu singen. Die langjährigen Schwierigkeiten mit den US-Einwanderungsbehörden wegen einer Arbeitserlaubnis war nur eine der Ironien. Joe: „Ich bin kein politischer Mensch, aber wenn ich einer wäre, würde es mich wahrscheinlich mehr zu den Demokraten hinziehen. Die meisten meiner Nachbarn waren überrascht, daß ich es gemacht habe, aber für mich war es eine Ehre, glaube ich, vom Präsidenten eingeladen zu werden. Das Schlimme dabei war, daß ich während der Proben soviel gesungen habe, daß ich beim eigentlichen Auftritt keine Stimme mehr hatte. Aber er kam zu mir und sah mir in die Augen und ich sagte: 'Ich gratuliere, Herr Präsident', und er sagte: 'Gut so!'"

Im Juni begann Joe eine weitere Tournee und gab bis Ende November mehr als achtzig Konzerte. Der erste Teil bestand aus Open Air-Auftritten in Europa in den üblichen Stadien und Arenen, vor fünfzigtausend Menschen am Strand von De Panne in Belgien und in Salzburg am Stadtplatz. „Mozarts Heimatstadt - es gab ein großes Gewitter, ein bißchen wie Woodstock, ein wunderbar farbiger Himmel. Im Rathaus konnte man sich nicht entscheiden, wen man zum ersten Mal auf dem Stadtplatz spielen lassen würde, und dann entschied man sich für mich. Es war eine Art Familienfest und hat viel Spaß gemacht."

Später kehrte Joe nach Österreich zurück, um weitere sieben Konzerte zu geben, deren Erfolg sich in den Verkaufszahlen des neuen Albums widerspiegelte. „Ich war erstaunt. Wenn man bedenkt, daß sie mich vor sechs Jahren noch am liebsten eingesperrt hätten - wir haben fast 150000 Platten verkauft. Nicht schlecht, wenn man an die Größe des Landes denkt."

In der Band gab es, im Vergleich zum vorangegangenen Jahr, einige Veränderungen: Chris Stainton war jetzt ein reguläres Mitglied, und Steve Holley - von den Wings - hatte David Beal am Schlagzeug abgelöst. Der einzige Bläser war Deric Dyer. Ursprünglich in der American Standard Band, die mit Joe 1977 und 1978 auf Tournee war, hatte er sich danach mit Tina Turner einen Namen gemacht. Maxine Green sang jetzt mit einer anderen Partnerin, Doreen Chanter von den Chanter Sisters. In Europa und bei den folgenden Auftritten in Amerika spielte Glenn Nightingale Rhythmusgitarre, wurde jedoch noch vor den Herbstdaten von Keith Mack abgelöst.

In Amerika spielte Joe hauptsächlich an Veranstaltungsorten mit fünf- bis sechstausend Plätzen. Er begann am 8. September in Seattle und beendete die Tour einen Monat später in Wilkes Barr, Pennsylvania. Bei den Auftritten, die mitgeschnitten wurden, wurde die Band durch die Memphis Horns verstärkt - Wayne Jackson, Andrew Love und Gary Gazoway. Das Endresultat ist auf dem Album 'Joe Cocker Live' zu hören - aufgenommen am 5. Oktober in Lowell, Massachusetts.

Wieder in Europa, begann der letzte Teil der Tournee '5 1/2 Weeks of Sin.' Zum Eröffnungskonzert in der Budapester Sporthalle kamen am Abend vor der Auflösung des ungarischen Parlaments zwölftausend Leute. Es war die Zeit des Umbruchs in Osteuropa, die mit dem Fall der Berliner Mauer ihren Höhepunkt erreichte. Im Zuge der Feiern wurde Joe ausdrücklich gebeten, das eilig geplante 'Konzert für Berlin' am 12. November als Headliner anzuführen. „Wir waren am Freitag in Hamburg, als wir von den dramatischen Ereignissen erfuhren, aber wir sollten an diesem Sonntag in Dänemark auftreten. Ich erklärte mich einverstanden, eine Show an der Mauer am Nachmittag zu machen. Am Morgen flogen wir nach Berlin, aber weil alle Hotels mit Journalisten voll waren, wurden wir irgendwo am Stadtrand untergebracht. Wir fuhren hin und da waren Udo Lindenberg und BAP und alle großen deutschen Namen ... Mir wurde wirklich warm ums Herz, als ich auf die Bühne kam .... und die ganzen Menschen sah. Ich glaube, die meisten waren Ostdeutsche. Das ist mir wirklich nahe gegangen." Zehntausend Menschen waren in der Deutschlandhalle und noch einmal Hunderttausend davor und verfolgten das Konzert live im Radio. Millionen von Zuschauern sahen einen kurzen Ausschnitt in den Nachrichtensendungen - Joe, wie er am Ende von 'With A Little Help From My Friends' in die Luft springt, wonach die Kamera nach draußen umschwenkt. Joe: „Yeah, das sah ganz gut aus in den Nachrichten - als sei ich an der Mauer hochgesprungen!"

Der Höhepunkt der Tournee '5 1/2 Weeks of Sin' war die letzte Nacht in der Sheffield City Hall. Seit er 1982 im Lyceum aufgetreten war, sprach Joe von einer Rückkehr in seine Heimatstadt, und jetzt machte er es wahr. Diesmal gab es keine Anzeichen von Streß wie bei seinen früheren Auftritten - ein zuversichtlicher, strahlender Joe marschierte auf die Bühne, während das Publikum zu 'Bad Bad Sign' in Begeisterungsstürme ausbrach. „Kein Auge blieb trocken, als der heimgekehrte Held Joe Cocker sein Herz und seine Seele gab", schrieb der *Sheffield Star*.

Aufgrund seines vollen Terminkalenders hat Joe heute wenig Gelegenheit, Sheffield zu besuchen. Er spielt nur selten in England und seine Probleme mit der Arbeitsgenehmigung in Amerika, die jetzt gelöst sind, hatten für einige Jahre zur Folge, daß er nur beschränkt aus seiner neuen Heimat ausreisen konnte. Nicht, daß es seinen Vater Harold, der immer noch in der Tasker Road wohnt und für einen Mann über Achtzig sehr agil ist, stören würde: „Die Leute, die mich anrufen, und denen ich sage, daß ich schon so und so lange nichts mehr von ihm gehört habe, glauben mir oft nicht. Er ruft mich gelegentlich an - aus Australien oder Deutschland oder aus irgendeinem anderen Land, und irgendwann steht er plötzlich vor der Tür. Aber ich höre nicht oft von ihm, weil er weder vom Schreiben noch vom Telefonieren viel hält. Wie ich schon immer gesagt habe, im Fall unseres Sohnes John sind keine Nachrichten immer ein gutes Zeichen! Deshalb mache ich mir keine unnötigen Sorgen, wenn ich länger nichts von ihm höre."

Harold Cocker war dagegen gewesen, als Joe 1964 seine Arbeit bei den Gaswerken aufgegeben hat, und die Schicksalsschläge und Schwierigkeiten, die sich am Weg zum Erfolg in den folgenden Jahren einstellten, bestärkten ihn in der Auffassung, daß Rock 'n' Roll keine sehr erstrebenswerte Beschäftigung sei. „Ich war mir immer ziemlich sicher, daß sich darauf keine Zukunft aufbauen läßt und daß er es als Gasinstallateur besser gehabt hätte ... Ich habe einige seiner Werkzeuge noch lange aufgehoben - unser John hat immer gelacht, wenn er uns besucht hat . 'Nicht zu fassen, daß ihr glaubt, ich könnte wieder als Klempner arbeiten!' Ich kann mich nicht erinnern, daß ich jemals meine Meinung geändert hätte. Ich glaube immer noch, daß er es als normaler Arbeitnehmer besser gehabt hätte - obwohl, wenn man sich umsieht, wie sich die Dinge entwickeln... überall Arbeitslosigkeit ..."

Vic Cocker hat keine solchen Zweifel über den Weg, den sein kleiner Bruder eingeschlagen hat. „Es gibt nicht viele Menschen, die den Mut haben, das zu tun, was sie tun wollen. Und Joe hat es getan. Die Menschen sehen, wie andere berühmt werden, und denken, es ist einfach nur Glück. Aber man muß an sich selbst glauben - und man muß auch dann an sich selbst glauben, wenn die anderen es nicht tun."

Es ist kein Zufall, daß der zurückgekehrte Erfolg von Joe mit einer Beständigkeit im privaten Bereich zusammenfällt. Joe schreibt viel seiner Frau Pam zu. „Ich will ehrlich sein, Pam hat viel damit zu tun. Sie hat viel für mich getan. Ich will damit sagen, als wir uns kennenlernten, war ich ... ein abgetakelter Künstler. Aber wenn ich jetzt auf die Bühne gehe, fühle ich mich viel besser ... Ich habe mehr Selbstvertrauen als vor ein paar Jahren. Ich glaube, mich hat sehr bestärkt, daß ich in den letzten Jahren ziemlich regelmäßig gearbeitet habe."

Pam kümmert sich auch um die schwierige Aufgabe der Auswahl von neuen Songs. „Er bekommt Millionen von Bändern geschickt und meist höre ich sie mir vor ihm an. Es ist einfach unmöglich, daß er sich die meisten davon anhört, aber ich fühle mich geehrt, daß wir diese Sammlung von Demobändern und Songs haben, die nur wir uns anhören können. Es gibt einen Song, der uns beiden seit Jahren wirklich gut gefällt, und den er versucht hat, auf den letzten zwei oder drei Platten aufzunehmen. Er bedeutet uns viel - er heißt 'She Keeps Me In One Piece', aber keiner, der ihn hört, versteht, was wir meinen. Ja - er hört auf meinen Rat - aber natürlich habe ich nicht das letzte Wort."

„Ich muß meinem eigenen Instinkt folgen", sagt Joe. „Und das mache ich auch - unabhängig davon, wem ich vertraue. Aber meine Frau Pam inspiriert mich ganz entscheidend. Wenn ich einen Song auswähle und sie nicht beeindruckt ist, bin ich sauer. Aber es kommt sehr selten vor, daß wir uns uneinig sind."

***

Zuhause in Kalifornien führt Joe ein ruhiges Leben. „Ich glaube, als ich hierhergezogen bin, habe ich wahrscheinlich in jeder Bar in Santa Barbara gesungen, aber ich habe wirklich genug davon. Es war nie so, daß sie mich gefragt haben 'Joe, hast du vielleicht Lust einzusteigen', sondern sie haben mich gleich angekündigt und ich habe mich immer schrecklich verpflichtet gefühlt. Deshalb gehe ich heute kaum noch aus."

Statt dessen pflegt er seine Dahlien, malt ein bißchen und sieht sich eine Menge Filme im Satellitenfernsehen an. Abseits von Bühne und Scheinwerfern geht er mit Freunden wandern und fischen. „Sie interessieren sich nicht für die Rock 'n' Roll-Seite. Wenn ich nach Hause komme, fragen sie zwar, wie es war, aber vom Rock 'n' Roll wollen sie nichts wissen. Eher so: 'Hey - weißt du schon, daß im Haus Nr. 49 der Abfluß nicht funktioniert?'" Joe ist auch ein aufmerksamer Leser - auf Tour wie auch daheim. Seine Kenntnisse der Tagesereignisse und seine Ansichten zu politischen und sozialen Themen überraschen mitunter die, die ihn zum erstenmal treffen - und vielleicht eine Art von ausgebranntem Wilden erwarten, als den ihn die Presse so oft dargestellt hat.

* * *

Nach einer Reihe unerfreulicher Beziehungen mit Managern in der ersten Hälfte der Siebziger Jahre, wird Joe nun seit über einem Jahrzehnt von Michael Lang vertreten. Obwohl die Partnerschaft sehr erfolgreich ist, war sie nicht immer reibungslos. Lang: „Einfach würde ich es nicht gerade nennen ... aber jetzt ist vieles anders, er ist klüger geworden und er hat in der Vergangenheit eine Menge seltsamer Erfahrungen mit Managern gemacht, viele davon haben ihn ausgenutzt. Es dauert lange, bis sich Vertrauen entwickelt ... Ich glaube, wir haben's geschafft, obwohl manchmal ... Ja, ich glaube, so liegen die Dinge. Ich meine, ich habe das Projekt jahrelang unterstützt - eine Menge Geld hineingesteckt, um die Dinge am Laufen zu halten. Damals war nicht viel los ... aber unser Verhältnis hat sich dadurch bewährt."

Joe: „Ich glaube, es war vor 'Sheffield Steel', daß Michael nach Santa Barbara gekommen ist. Wir hatten ein ernstes Gespräch, indem ich gesagt habe: 'Versuchen wir's ... wenn du versprichst, hart zu arbeiten, dann werde auch ich hart für dich arbeiten.' So haben wir eine Art Abkommen getroffen, und wir haben nur langsam Fortschritte gemacht - aber schließlich hat es sich gelohnt, wie man heute sieht." Was den Tiefpunkt seiner Karriere betrifft, als Michael das Management übernahm, stimmt Joe zu. „Ja, ich schulde ihm viel für diese Zeit ... es besteht kein Zweifel, er arbeitet hart für mich. Michael ist ein Workaholic."

Kevin Falvey, ehemaliges Mitglied der American Standard Band und jetzt Mitarbeiter von Michael Lang, hat die Beziehung zwischen Cocker und Lang aus nächster Nähe beobachten können. „Michael liebt Joe ... es ist eine interessante Beziehung, weil Michael ebenfalls ein eigenwilliger Mensch ist. Er und Joe waren in den letzten Jahren nicht immer einer Meinung ... aber gleichzeitig muß man sagen, daß die Sache, geschäftlich gesehen, bisher funktioniert hat. Die Beziehung zwischen Künstler und Manager ist von Natur aus schwierig ... Wenn man sich zum Beispiel in Europa durch eine Tour quält, auf der ständig irgendwas schiefläuft - wegen der Veranstalter oder einfach der Organisation - egal, wie man es dann sieht, es fällt immer auf das Management zurück."

* * *

Mit dem Album 'Unchain My Heart' und der neuen Band hat 1987 eine weitere Phase in Joe Cockers ständiger Suche nach neuen musikalischen Entwicklungsmöglichkeiten begonnen. Kurz vor Erscheinen der Platte sprach er voller Zufriedenheit über die Zusammenarbeit mit Produzent Michael Midnight. „Ich habe seinen Schatten so gut wie nie gespürt ... ich weiß nicht, ob wir viele Platten verkaufen werden, aber ich habe eine neue Sichtweise über das, was ich machen will bekommen ... Ich bin mehr Rythm & Blues, aber ich liebe auch seine Soulmusik."

Er sprach weiter über den Einfluß seines ersten Produzenten Denny Cordell, der sich inzwischen aus dem Musikgeschäft zurückgezogen hat und in Irland Rennpferde züchtet. „Denny ist ein faszinierender Mensch, ich verdanke ihm wirklich sehr viel. Wir hatten schwierige Zeiten zusammen, aber als Produzent war er makellos. Denny hat mich mit einer musikalischen Welt bekannt gemacht, von der ich nichts wußte. Ich weiß nicht - ich hatte einfach einen sehr persönlichen Geschmack, ich war schwarz ... mein Denken war schwarz - durch und durch. Und ist es immer noch."

Es war auch diese Verbundenheit mit der schwarzen Musik, die Joe ein lukratives Angebot aus Sun City, Süd-Afrika ablehnen ließ. „Ich habe von dieser Oase in der Mitte von Afrika gehört - und sie haben mir eine Million Dollar für vier Tage Arbeit angeboten. Mein Buchhalter meinte: 'Joe - du bist verrückt, wenn du das Angebot nicht annimmst.' Ich sagte: 'Hast du noch nie von Apartheid gehört?' und er antwortete: 'Du lieber Gott! Ich hab nicht gewußt, daß du so ein soziales Gewissen hast!' Aber ich hab' schon in der Schule nichts von Apartheid gehalten, wo Weiße eingesperrt werden, wenn sie mit Schwarzen verkehren. Ich habe immer gedacht ... was sind das für schreckliche Menschen - wie können die nur so antischwarz sein."

Seine Weigerung, Werbung im Fernsehen zu machen, beruht auf ähnlichen Prinzipien. „Es ist Prostitution ... Alle sagen: 'Hey - denk doch an das Geld', aber ich tu's trotzdem nicht." Angebote hat es genügend gegeben. „Haufenweise", sagt Michael Lang. „Einige ganz interessante ... Kodak, eine Telefongesellschaft ... seriös genug, wenn er dazu bereit wäre. Aber er sagt Nein und das muß man respektieren."

Was die Zukunft anbelangt, gibt es kurzfristig Pläne für eine neue Eroberung Amerikas, wo Joe's Anhänger in den letzten Jahren stetig abgenommen haben. Er hätte sich einen neuen Markt nach dem Erfolg von 'Up Where We Belong' mit Balladen erobern können, aber das wollte er nicht. Joe singt gerne ein paar Balladen, aber seine Fans sind ein Rock and Roll-Publikum und wollen, daß er Rock und Blues singt.

Genau das wurde im Sommer 1990 während einer langen Tournee in den Staaten ganz groß geschrieben, als er zusammen mit dem großartigen Gitarristen Steve Ray Vaughan unterwegs war. Während der Tournee, die ihn wieder in größere Stadien führte, wechselten sich Joe und der Bluesmann aus Texas je nach Stadt und Fangemeinde als Headliner ab.

Sein Erfolg in Ostdeutschland im Jahr 1988 und die Öffnung der Grenzen sorgen für ein großes Potential an künftiger Arbeit. „Wenn man darüber nachdenkt, dann ist es ganz schön spannend, daß man auf einmal sechzehn Millionen Menschen mehr erreicht. Man hat mir angeboten, in der Tschechoslowakei aufzutreten, und auch aus der Sowjetunion sind in den letzten Jahren ständig Angebote gekommen. Plötzlich gibt es mehr Länder, als man in einem Jahr schaffen kann." Irgendwann in der ferneren Zukunft wollen Joe und Pam ein Pub im englischen Stil in Santa Barbara eröffnen. „So wie die Yorkshire Pubs - ein Spielzimmer, Backgammon und Darts. Eine gemütliche Lounge mit viel Plüsch, so richtig elegant. Ich habe schon Leute, die sich an der Finanzierung beteiligen wollen ... Vielleicht wenn ich Fünfzig bin oder so ... Ich habe zu Pam gesagt ... Ich will nicht wie Tom Jones oder Engelbert meinen Lebensabend in Las Vegas verbringen ... Das ist zwar einträglich, aber wenn ich daran denke, zwei Vorstellungen pro Abend zu geben ... die größten Hits ... das paßt nicht zu mir ... lieber habe ich selbst einen kleinen Konzertraum, wo ich immer dann auftrete, wenn ich Lust dazu habe..."

Derzeit gibt es aber keine Anzeichen, daß sich Joe's übervoller Tourneekalender lichtet. Dabei wurde für ihn nichts einfacher - er hat Schlaf- und Eßprobleme unterwegs und sein großer Erfolg in Europa fordern einen immer größeren Tribut an Zeit, von der im Moment nur wenig zum Ausspannen bleibt. „Solange das Auf-der-Bühne-Stehen noch Spaß macht", sagt er. „Solange mir dieser Teil Spaß macht ... immer noch Befriedigung gibt ... kann ich mich auch damit abfinden, um fünf Uhr morgens aufzustehen, und all die anderen Unannehmlichkeiten. Aber wenn ich auf der Bühne auch keinen Spaß mehr habe ..."

Er denkt darüber nach, welche Motive ihn dazu treiben, auch weiterhin nicht nachzulassen und lange Zeit aus dem Koffer zu leben. „Es hat nichts mit Geld zu tun ... überhaupt nichts mit Geld. Wie bei Ray Charles mit seinem vielen Geld ... er hat Millionen für eine einzige Kaffeewerbung bekommen. Aber trotzdem treibt irgendetwas Ray Charles immer noch auf die Bühne ... Wie der Chauffeur einmal sagte, der mich immer am Flughafen in L.A. abholt und nach Santa Barbara fährt. Vor nicht allzu langer Zeit ... da bin ich gerade von einer sehr anstrengenden Tour zurückgekommen ... hatte weder gegessen noch geschlafen ... und hatte wegen eines gebrochenen Fingers starke Schmerzen. Und er sagte: 'Hey Joe - es ist deine PFLICHT!' Ich weiß nicht ... eine ganz schön harte Pflicht manchmal."

* * *

Für viele Menschen im Musikgeschäft ist es ein echtes Wunder, daß Joe Cocker immer noch obenauf ist. Noch unfaßbarer scheint ihnen, daß er Platten veröffentlicht, die zu Platin werden, daß er eine Fangemeinde hat, die sich mittlerweile aus zwei Generationen zusammensetzt, und daß er eine Beständigkeit in seinem Privatleben gefunden hat, die viele, die ihn in seinen schlechten Jahren kannten, für schlichtweg unmöglich gehalten hätten.

Albert Lee, heute einer der gefragtesten Rockgitarristen, kannte Joe in seinen schwärzesten Zeiten Mitte der siebziger Jahre. Er spricht vielen aus der Seele, wenn er sagt: „Ich staune, wie er sich wieder hochgearbeitet hat. Ich freue mich, aber ich staune ... Wenn es jemals einen Mann gab, der auf dem besten Weg war, sein Leben zu zerstören, dann war es Joe."

Chris Stainton, der Joe in all dem Chaos und der Verwirrung, die den Mad Dogs folgten, näher war als jeder andere, bewundert ebenfalls, wie sein alter Kumpel es geschafft hat, wieder hochzukommen. „Ich weiß einfach nicht, wie er es schafft, jede Nacht eine Riesenshow abzuliefern", sagte er am Ende ihrer jüngsten Tournee. „Wir sind ungefähr achtzig Mal aufgetreten und er steht jedesmal zwei Stunden lang oder mehr auf der Bühne. Und es ist nicht wie früher - alles so exakt und präzise. Er ist erstaunlich."

Rita Coolidge gibt zu, daß sie in den dunklen Tagen seine Gesellschaft nicht gerade gesucht hat. „Ich habe so viele Horrorgeschichten gehört - es hat mir das Herz gebrochen. Ich habe im Laufe der Jahre viele Gespräche mit Joe geführt, aber er war meist zu betrunken, als das ich verstand, was er eigentlich meinte. Und dann, es war glaube ich im Jahr 1982, als Joe in Los Angeles aufgetreten ist und nach dem Auftritt zu mir nach Hause gekommen ist. Wir saßen in der Küche und haben bis sechs Uhr morgens geredet - und plötzlich habe ich alles, was er gesagt hat, verstanden. Er hat mir Sachen erzählt, die ich schon längst vergessen hatte, und zitierte Wort für Wort, was irgend jemand einmal zu ihm gesagt hatte und was ich gesagt hatte. Damals wußte ich, daß er es schaffen würde."

Jerry Moss hat niemals daran gezweifelt, daß Joe wieder ganz oben landen würde. „Ich bin einfach glücklich, daß es dem Kerl gutgeht. Er ist einer, den das Leben nicht losläßt, das steht fest. Er hat einfach jemanden gebraucht, der ihn in beruflicher Hinsicht unterstützt, und ich glaube, das hat Michael Lang getan. Er verdient dafür die größte Anerkennung, denn ich weiß, wie schwer so etwas ist."

Für Michael Lang war Joe's Comeback mit großer persönlicher Befriedigung verbunden. Als sie Anfang 1977 zusammenkamen, war Joe enttäuscht, niedergeschlagen und fast ständig betrunken. Heute ist er positiv, begeisterungsfähig und endlich in der Lage, sein Leben so zu genießen, wie es ist. Michael Lang blickt zurück auf die dazwischenliegenden Jahre. „Ich muß wirklich sagen, es war eine Heldentat ... und er hat es verdient, glaube ich, er war immer zu gut. Wenn man ihn heute sieht, spürt man, daß er endlich gelernt hat, die Führung der Band zu übernehmen ... Im Laufe der letzten Jahre hat er für immer mehr Dinge die Kontrolle übernommen ... Er hat sich wirklich sein Leben neu geschaffen. Und Pam war ihm dabei eine wertvolle Hilfe ... es tut gut, all das zu sehen. Er ist ein Star - es ist nicht so, daß er einen Hit bräuchte, um zu überleben ... ein richtiger Star, wie er es als großer Künstler sein sollte - aufgrund seines Könnens. Man hört so viele Geschichten mit Happy End ... Aber diese Geschichte führt wirklich zu einem guten Ende - ins Leben."

Discographie

Singles

1964	
Decca F11974	**I'll Cry Instead/Precious Words**
1968	
Regal Zonophone RZ3006	**Marjorine/The New Age Of The Lily**
Regal Zonophone RZ3013	**With A Little Help From My Friends/ Something's Coming On**
1969	
Regal Zonophone RZ3024	**Delta Lady/She's So Good To Me**
1970	
Regal Zonophone RZ3027	**The Letter/Space Captain**
Fly Bug 3	**Cry Me A River/Give Peace A Chance**
1971	
Fly Bug 9	**High Time We Went/Black-Eyed Blues**
1972	
Cube Bug 25	**Woman To Woman/Midnight Rider**
Cube Bug 28	**Pardon Me Sir/She Don't Mind**
1974	
Cube Bug 47	**Put Out The Light/If I Love You**
Cube Bug 57	**You Are So Beautiful/She Don't Mind**
1975	
Cube Bug 61	**It's All Over But The Shoutin'/Sandpaper Cadillac**
1976	
A&M AMS7243	**The Jealous Kind/You Came Along**
A&M AMS7257	**I Broke Down/You Came Along**
1978	
Asylum K13138	**Fun Time/I Can't Say No**
Asylum K13148	**A Whiter Shade Of Pale/Watching The River Flow**

1981

Cube Bug91	**Let It Be/Marjorine**
MCA 741	**I'm So Glad I'm Standing Here Today/ Standing Tall** (mit den Crusaders)

1982

Island WIP6708	**Sweet Little Woman/Look What You've Done**
Island WIP6802	**Many Rivers To Cross/Talking Back To The Night**

1983

Island WIP6830	**Up Where We Belong/Sweet Little Woman** (A-Seite mit Jennifer Warnes)
Island499	**Threw It Away/Easy Rider**

1984

Capitol CL333	**Civilised Man/A Girl Like You**
Capitol CL347	**Edge Of A Dream/Tempted**

1986

Capitol 1563	**Now That You're Gone/Don't Drink The Water**
Capitol CL 362 (Maxi-Single)	**Shelter Me/One More Time & If You Have Love Give Me Some**
Capitol Cl404	**Don't You Love Me Anymore/Tell Me There's A Way**
Capitol CL413	**You Can Leave Your Hat On/Instrumental**

1987

Capitol CL465	**Unchain My Heart/The One** (B-Seite mit Phoebe Snow)
MCA MCAS1219	**Love Lives On/On My Way To You**

1989

Capitol CL535 (Maxi-Single)	**When The Night Comes** (ext. version)/ **Ruby Lee** (live version) **& When The Night Comes**

1990

Capitol CL572	**What Are You Doing With A Fool Like Me/ Living In The Promiseland**

LP's

1969 **With A Little Help From My Friends** (Regal Zonophone SLRZ 1006): Feeling Alright; Bye Bye Blackbird; Change In Louise; Marjorine; Just Like A Woman; Do I Still Figure In Your Life?; Sandpaper Cadillac; Don't Let Me Be Misunderstood; With A Little Help From My Friends; I Shall Be Released.

Joe Cocker! (Regal Zonophone SLRZ 1011): Dear Landlord; Bird On The Wire; Lawdy Miss Clawdy; She Came In Through The Bathroom Window; Hitchcock Railway; That's Your Business; Something; Delta Lady; Hello, Little Friend; Darling Be Home Soon.

1970 **Mad Dogs and Englishmen** (A&M AMLD 6002 – Double Album): Honky Tonky Women; Sticks And Stones; Cry Me A River; Bird On The Wire; Feelin' Alright; Superstar; Let's Get Stoned; Blue Medley – I'll Drown In My Own Tears, When Something Is Wrong With My Baby, I've Been Loving You Too Long; Girl From The North Country; Give Peace A Chance; She Came In Thru' The Bathroom Window; Space Captain; The Letter; Delta Lady.

1973 **Something To Say** (Cube HIFLY 13): Pardon Me Sir; High Time We Went; She Don't Mind; Black-Eyed Blues; Something To Say; Midnight Rider; Do Right Woman; Woman To Woman; St. James Infirmary.

1974 **I Can Stand A Little Rain** (Cube HIFLY 18): Put Out The Light; I Can Stand A Little Rain; I Get Mad; Sing Me A Song; The Moon Is A Harsh Mistress; Don't Forget Me; You Are So Beautiful; It's A Sin When You Love Somebody; Performance; Guilty.

1975 **Jamaica Say You Will** (Cube HIFLY 20): (That's What I Like) In My Woman; Where Am I Now; I Think It's Going To Rain Today; Forgive Me Now; Oh Mama; Lucinda; If I Love You; Jamaica Say You Will; It's All Over But The Shoutin'; Jack-A-Diamonds.

1976 **Stingray** (A&M SP4574): The Jealous Kind; I Broke Down; You Came Along; Catfish; Moon Dew; The Man In Me; She Is My Lady; Worrier; Born Thru' Indifference; A Song For You.

Live in L.A. (Cube HIFLY 23): 1972 live in der Long Beach Arena und Hollywood Bowl, Los Angeles, und in New Haven, Conneticut. Released by David Platz's Straight Ahead Productions: Dear Landlord; Early In The Mornin'; Didn't You Know You've Got

To Cry Sometime?; St. James Infirmary; Hitchcock Railway; Midnight Rider; What Kind Of Man Are You?; High Time We Went; Love The One You're With.

1978 **Luxury You Can Afford** (Asylum 6E 145):
Fun Time; Watching The River Flow; Boogie Baby; A Whiter Shade Of Pale; I Can't Say No; Southern Lady; I Know (You Don't Want Me No More); What You Did To Me Last Night; Lady Put The Light Out; Wasted Years; I Heard It Through The Grapevine.

1982 **Sheffield Steel** (Island ILPS 9700):
Look What You've Done; Shocked; Sweet Little Woman; Seven Days; Marie; Ruby Lee; Many Rivers To Cross; So Good, So Right; Talking Back To The Night; Just Like Always.

1984 **Civilised Man** (Capitol EJ240139 1):
Civilised Man; There Goes My Baby; Come On In; Tempted; Long Drag Off A Cigarette; I Love The Night; Crazy In Love; A Girl Like You; Hold On (I Feel Our Love Is Changing); Even A Fool Would Let Go.

1986 **Cocker** (Capitol EST 2009):
Shelter Me; A To Z; Don't You Love Me Anymore; Living Without Your Love; Don't Drink The Water; You Can Leave Your Hat On; Heart Of The Matter; Inner City Blues; Love Is On A Fade; Heaven.

1987 **Unchain My Heart** (Capitol EST 2045):
Unchain My Heart; Two Wrongs; I Stand In Wonder; The River's Rising; Isolation; All Our Tomorrows; A Woman Loves A Man; Trust In Me; The One; Satisfied.

1989 **One Night Of Sin** (Capitol EST 2098):
When The Night Comes; I Will Live For You; Got To Use My Imagination; Letting Go; Just To Keep From Drowning; Unforgiven; Another Mind Gone; Fever; You Know It's Gonna Hurt; Bad Bad Sign; I'm Your Man; One Night Of Sin.

1990 **Joe Cocker Live** (Capitol ESTSP 25 – Double Album):
Feelin' Alright?; Shelter Me; Hitchcock Railway; Up Where We Belong; Guilty; You Can Leave Your Hat On; When The Night Comes; Unchain My Heart; With A Little Help From My Friends; You Are So Beautiful; The Letter; She Came In Through The Bathroom Window; High Time We Went; What Are You Doing With A Fool Like Me*;Living In The Promiseland*.
(*Studio tracks)

Eine Aufnahme der 1980 Central Park, NYC show ist in Australien unter dem Titel LIVE IN NEW YORK erschienen (Liberation 5002). Tracks: Put Out The Light; Look What You've Done; So Blue; Guilty; Jealous Kind; Hitchcock Railway; Sweet Forgiveness; You Are So Beautiful; The Letter; With A Little Help From My Friends.

Film Soundtracks mit Joe Cocker

1970	**Woodstock** – With A Little Help From My Friends
1982	**An Officer And A Gentleman** – Up Where We Belong (mit Jennifer Warnes)
1983	**Teachers** – Edge Of A Dream
1986	**Wildcats** – We Are Alone
1986	**9 1/2 Wochen** – You Can Leave Your Hat On
1987	**Zabou** – Now That You're Gone
1987	**Harry And The Hendersons** – Love Lives On
1988	**Bull Durham** – When A Woman Loves A Man
1989	**An Innocent Man** – When The Night Comes

Diverse LP's mit Joe Cocker

1970	**Leon Russell** – Leon Russell
1971	**Delaney And Bonnie** – Motel Shot
1974	**John Lee Hooker** – Free Beer And Chicken
1976	**Bo Diddley** – The 20th Anniversary Of Rock'n'Roll
1981	**The Crusaders** – Standing Tall
1987	**James Brown** – James Brown And Friends

Im Hannibal-Verlag sind folgende Musikbücher erschienen:

In der Reihe: **Rockbiographien – Rockgeschichte**

I WAS THE ONE, Elvis Presley, Die Biographie mit Elvis' eigenen Worten
von Larry Geller, Joel Spector und Patricia Romanowski
Broschur, 304 Seiten + 16 Seiten s/w Photos incl. Discographie
Format 17 x 24 cm **DM 39,80**

RIDERS ON THE STORM, Mein Leben mit Jim Morrison und den Doors
von John Densmore
Broschur, ca. 320 Seiten + 32 Seiten s/w Photos incl. Discographie
Format 17 x 24 cm, erscheint Ende Mai 1991 **DM 39,80**

PURPLE HAZE, Jimi Hendrix von Charles Shaar Murray
Broschur, 228 Seiten + 8 Seiten s/w Photos incl. Discographie
Format 17 x 24 cm **DM 39,80**

WITH A LITTLE HELP FROM MY FRIENDS, Joe Cocker, Durch die Hölle zum Erfolg
von J. P. Bean
Broschur, ca. 220 Seiten + 16 Seiten s/w Photos incl. Discographie
Format 17 x 24 cm, erscheint Ende Juni 1991 **ca. DM 29,80**

ÜBERDOSIS, Das kurze und schnelle Leben des John Belushi von Bob Woodward
Broschur, 464 Seiten + 52 Seiten s/w Photos incl. Filmographie und Discographie
Format 17 x 24 cm **DM 39,80**

DRUGS & ROCK'n'ROLL, Rauschgift und Popmusik von Harry Shapiro
Broschur, 228 Seiten + 16 Seiten s/w Photos
Format 17 x 24 cm **DM 39,80**

ROCK IN RUSSLAND, Rock und Subkultur in der UdSSR von Artemy Troitsky
Broschur, 207 Seiten + 42 Seiten s/w Photos incl. Filmographie, Platten-
und Kassettendiscographie Format 13,5 x 20 cm **DM 29,80**

In der Reihe: **Jazz- und Swingbiographien – Jazzgeschichte**

BLUES FELL THIS MORNING, Die Bedeutung des Blues von Paul Oliver
Hardcover, 350 Seiten + 25 Seiten s/w Photos incl. Discographie
Format 17 x 24 cm, erscheint Oktober 1991 **ca. DM 39,80**

FRAUEN IM JAZZ, Von der Jahrhundertwende bis zur Gegenwart von Sally Placksin
Hardcover, 375 Seiten + 43 Seiten s/w Photos incl. Bibliographie und Discographie
Format 17 x 24 cm **DM 49,80**

DUKE ELLINGTON, Genius des Jazz von James Lincoln Collier
Hardcover, 326 Seiten + 27 Seiten s/w Photos
Format 17 x 24 cm **DM 49,80**

GLENN MILLER, Sein Leben, seine Musik von George T. Simon
Hardcover, 480 Seiten + 230 Seiten s/w Photos
Format 17 x 24 cm **DM 49,80**

GEORGE GERSHWIN, Vom Erfolg zur Größe von Davis Ewen
Hardcover, 390 Seiten + 48 Seiten s/w Photos
Format 17 x 24 cm **DM 49,80**

THE WOODCHOPPER's BALL, Woody Herman von Woody Herman und Stuart Troup
Hardcover, ca. 250 Seiten + 33 Seiten s/w Photos incl. Discographie
Format 17 x 24 cm, erscheint im Oktober 1991 **ca. DM 29,80**

THE WILL TO SWING, Oscar Peterson, Ein Leben für die Musik von Gene Lees
Hardcover, 272 Seiten + 8 Seiten s/w Photos incl. Discographie
Format 17 x 24 cm **DM 45,–**

ROUND MIDNIGHT, Dexter Gordon, ...nicht nur um Mitternacht von Stan Britt
Hardcover, 200 Seiten + 16 Seiten s/w Photos incl. Discographie
Format 17 x 24 cm **DM 39,80**

TO BE OR NOT TO BOP, Dizzy Gillespie und Al Frazer
Hardcover, 505 Seiten incl. 106 s/w Photos, incl. Discographie und Filmographie
Format 17 x 24 cm **DM 49,80**

ROUND ABOUT MIDNIGHT, Miles Davis von Eric Nisenson
Hardcover, 206 Seiten + 24 Seiten s/w Photos incl. Discographie
Format 17 x 24 cm **DM 39,80**

BIRD LEBT, Charlie Parker von Ross Russell
Hardcover, 255 Seiten + 30 Seiten s/w Photos incl. Discographie
Format 17 x 24 cm **DM 39,80**

CHASIN THE TRANE, John Coltrane von J. C. Thomas
Hardcover, 211 Seiten + 20 Seiten s/w Photos incl. Discographie
Format 17 x 24 cm **DM 39,80**

JAZZ ON RECORD, Die Geschichte des Jazz auf Schallplatte von Brian Priestley
Hardcover, 214 Seiten + 16 Seiten s/w Photos incl. Discographie
Format 13,5 x 20 cm **DM 35,–**

IN THE MOMENT, Jazz der 80ziger Jahre von Francis Davis
Broschur, 270 Seiten + 8 Seiten s/w Photos incl. Discographie
Format 13,5 x 20 cm **DM 34,80**

DER TOD DES RHYTHM & BLUES von Nelson George
Hardcover, 255 Seiten + 21 Seiten s/w Photos incl. Discographie
Format 17 x 24 cm **DM 39,80**

RUNDHERUM UM MITTERNACHT von Boris Vian, Band 1
franz. Broschur, 180 Seiten + 8 Seiten s/w Photos
Format 17 x 24 cm **DM 39,80**

STOLZ UND VORURTEILE von Boris Vian, Band 2
franz. Broschur, 224 Seiten + 8 Seiten s/w Photos incl. Discographie
mit Sacherläuterungen, Quellenangaben und Gesamtregister für beide Bände zusammen
Format 17 x 24 cm **DM 39,80**

SWING UNTER DEN NAZIS, LA TRISTESSE DE SAINT LOUIS von Mike Zwerin
Hardcover, 212 Seiten + 45 Seiten s/w Photos
Format 17 x 24 cm **DM 35,–**

RED AND HOT, Jazz in Rußland von 1917 – 1990 von S. Frederick Starr
Hardcover, 331 Seiten + 24 Seiten s/w Photos
Format 17 x 24 cm **DM 49,80**

NIGHTS IN BIRDLAND, Jazz-Fotos von 1954 – 1960
mit einem Essay von Jack Kerouac, von Carole Reiff
Broschur, 128 Seiten, Photos meist ganzseitig s/w auf Kunstdruckpapier
Format 21 x 27,5 cm **DM 39,90**